高职高专公共基础课规划教材

商务礼仪与职业形象塑造

李 歆 主编

电子工业出版社

Publishing House of Electronics Industry

北京·BEIJING

内 容 简 介

本书根据高职教育发展需要，主要介绍如何培养和塑造商务人员所应具备的良好职业形象和综合素质。

全书分为商务人员职业形象篇和商务活动礼仪篇，共 7 个项目 17 个学习任务。本书的编写依据是，商务礼仪必须围绕一个主题进行，且它的工作组成必须依照严格合理的工作程序，即商务人员职业形象礼仪、商务接待礼仪、商务宴请礼仪、商务专题会务礼仪和商务仪式活动礼仪。这样编排的目的是按照相对独立的项目和任务设计，各项目和任务都可以独立成册、组合裁剪，可作为企业的培训教程，体现了课程内容的工学结合及课程为企业服务的开放性。

本书涉及面广、实用性强、体系完整、内容丰富，并配以大量的高清彩色图片，不仅可作为高等专科院校、高等职业院校、成人院校经济管理类专业学生的教材，也可作为高职高专其他专业学生公共选修课教材，同时也可作为相关企事业单位、酒店、服务类行业从业人员的自学参考用书和培训用书。

未经许可，不得以任何方式复制或抄袭本书之部分或全部内容。
版权所有，侵权必究。

图书在版编目（CIP）数据

商务礼仪与职业形象塑造 / 李歆主编 . —北京：电子工业出版社，2015.9
高职高专公共基础课规划教材

ISBN 978-7-121-26486-3

Ⅰ．①商… Ⅱ．①李… Ⅲ．①商务－礼仪－高等职业教育－教材②个人－形象－设计－高等职业教育－教材 Ⅳ．① F718 ② B834.3

中国版本图书馆 CIP 数据核字（2015）第 145410 号

策划编辑：束传政
责任编辑：束传政
特约编辑：罗树利　彭　瑛
印　　刷：北京七彩京通数码快印有限公司
装　　订：北京七彩京通数码快印有限公司
出版发行：电子工业出版社
　　　　　北京市海淀区万寿路 173 信箱　　邮编：100036
开　　本：787×1092　1/16　　印张：11.75　字数：505.6 千字　彩插：128 页
版　　次：2015 年 9 月第 1 版
印　　次：2020 年 9 月第 6 次印刷
定　　价：50.00 元

凡所购买电子工业出版社图书有缺损问题，请向购书店调换。若书店售缺，请与本社发行部联系，联系及邮购电话：（010）88254888。
质量投诉请发邮件至 zlts@phei.com.cn，盗版侵权举报请发邮件至 dbqq@phei.com.cn。
服务热线：（010）88258888。

前　言

　　教养体现细节，细节展现素质。在商务交往中，对个人的印象好坏往往取决于其形象和谈吐。对个人而言，在与人交往的最初 3 秒钟就可能决定你在他人心中的印象。一个人的内在涵养越丰富，外部表现出来的美也就越有深度。我们常说："行为举止是一个人的心灵的外衣。"这不仅反映一个人的外表，更反映一个人的品格和精神气质。诚如培根所说："相貌的美高于色泽的美，而优雅合适的动作美又高于相貌的美。这是美的精华。"因此，"内强素质、外塑形象"，从而在人际交往中给他人留下日臻完美的印象，是每一位职场人士的必修课。为了能够在当今竞争激烈的商界中取得成功，你就需要了解商业的规则。《商务礼仪与职业形象塑造》就是一套规则和指导，你可以把它当作一项有力的、实际的、能够带来利益的技巧来使用。基于此，我们特编写了本书。

　　本书在注重岗位技能训练的同时，重视学生的职业能力训练。课程内容重心由知识学习向技能训练和职业素质养成转变，并与学生素质养成工程结合，强化课程应用，关注学生情商的培养。每个项目都明确了应具备的"知识目标"和要达到的"能力目标"，以"项目案例导入"引起学生的思考和讨论；然后进行这个项目的"任务分解"，让学生带着任务去学习。每一个任务都进行"任务分析"，做到任务实践具化，并以"知识链接"拓展和延伸相关学习；再进行"案例分析"，解决实际问题，强化"实践训练"。每个任务都安排"课后训练"，让学生能将课堂上的知识和能力转化成日常行为和习惯，最终达到在不同场合会以全新的方法"做"某事的目的。

　　《商务礼仪与职业形象塑造》涉及面广、实用性强，内容深入浅出、翔实具体，选取了当下最新的商务礼仪信息，并配以大量的高清彩色图片，形象生动地展示了相关技能和技巧；旨在帮助商务人员塑造良好的职场形象，并通过商务活动礼仪开展商务合作，提升企业形象。

　　本书由宁波城市职业技术学院李歆担任主编，左显兰和施佳丽参与编写。具体编写分工如下：项目一至项目五由李歆编写，项目六由左显兰编写，项目七由施佳丽编写。

　　本书在编写过程中，参考了大量的相关文献、业界的研究成果和图片，在此对这些文献、成果和图片的原创者表示衷心的感谢。由于编者学识、经验和时间的局限，书中难免存在不足，敬请各位专家和读者给予指正。

李　歆
2015 年 6 月 20 日

目 录

上篇　商务人员职业形象篇

项目一　商务人员职业形象塑造..................2
　　学习任务 1-1　商务人员美丽仪容设计..................4
　　学习任务 1-2　商务人员优雅仪态设计..................16
　　学习任务 1-3　商务人员得体职业着装设计..................49

项目二　商务人员办公室形象礼仪..................82
　　学习任务 2-1　商务人员办公室日常礼仪..................84
　　学习任务 2-2　商务人员办公室交往沟通礼仪..................94

项目三　成功求职礼仪和面试技巧..................109
　　学习任务 3-1　制作求职应聘资料..................111
　　学习任务 3-2　面试礼仪与技巧..................126

下篇　商务礼仪

项目四　商务拜访、接待和礼品馈赠礼仪..................146
　　学习任务 4-1　拜访客户礼仪..................147
　　学习任务 4-2　访客现场接待礼仪..................161
　　学习任务 4-3　商务礼品馈赠礼仪..................191

项目五　商务宴请礼仪..................208
　　学习任务 5-1　中式宴请礼仪..................210
　　学习任务 5-2　西式宴请礼仪..................231

项目六　商务专题会务礼仪..................253
　　学习任务 6-1　商务会议礼仪..................254
　　学习任务 6-2　商务谈判礼仪..................268

项目七　商务仪式活动礼仪..................283
　　学习任务 7-1　签字仪式及相关礼仪..................284
　　学习任务 7-2　开业庆典及相关礼仪..................292
　　学习任务 7-3　剪彩仪式及相关礼仪..................303

参考文献..................311

上 篇

商务人员职业形象篇

项目一

商务人员职业形象塑造

知识目标：

1. 了解商务人员的仪容规范要求。
2. 掌握商务人员化妆、发型等仪容礼仪。
3. 掌握商务人员站姿、坐姿、走姿、蹲姿及手势的规范要求。
4. 掌握商务人员职业装的穿着礼仪。
5. 掌握商务人员表情礼仪。

能力目标：

1. 能设计自己的职业形象。
2. 能按照商务人员仪容要求进行个人妆容修饰。
3. 能根据商务人员的仪态要求进行举止训练。
4. 能正确地运用体态及表情传达对他人的礼貌和尊敬。
5. 能按照商务人员着装礼仪进行穿着打扮。
6. 能将礼仪规范与日常行为养成相结合。

项目案例导入　修养是第一课

有一批应届毕业生22个人，实习时被导师带到北京的国家某部委实验室里参观。全体学生坐在会议室里等待部长的到来，这时有秘书给大家倒水，同学们表情木然地看着她忙活，其中一个还问了句："有绿茶吗？天太热了。"秘书回答说："抱歉，刚刚用完了。"林然看着有点别扭，心里嘀咕："人家给你水还挑三拣四。"轮到他时，他轻声说："谢谢，大热天的，辛苦了。"秘书抬头看了他一眼，感到很意外，虽然这是很普通的客气话，却是她今天唯一听到的一句。

门开了，部长走进来和大家打招呼，不知怎么回事，静悄悄的，没有一个人回应。林然左右看了看，带头鼓掌，同学们这才稀稀落落地跟着拍手，由于不齐，越发显得凌乱起来。部长挥了挥手："欢迎同学们到这里来参观。这次由我来给大家介绍有关情况。我看同学们都没有带笔记本，这样吧，王秘书，请你去拿一些我们部里印的纪念手册，送给同学们作纪念。"接下来，更尴尬的事情发生了，大家都坐在那里，很随意地接过部长双手递过来的手册。部长脸色越来越难看，来到林然面前时，林然礼貌地站起来，身体微倾，双手握住手册，恭敬地说了一声："谢谢您！"部长不觉眼前一亮，拍了拍林然的肩膀："你叫什么名字？"林然照实作答，部长微笑点头，回到自己的座位上。导师看到此景，才微微松了一口气。

两个月后，同学们各奔东西，林然的去向栏里赫然写着国家某部委实验室。有几位颇感不满的同学找到导师："林然的学习成绩只能算是中等，凭什么推荐他而没有推荐我们？"导师看了看这几张尚属稚嫩的脸，笑道："是人家点名来要的。其实你们的机会是完全一样的，你们的成绩甚至比林然还要好，但是除了学习之外，你们需要学的东西太多了，修养是第一课。"

资料来源：http://home.51.com/lixiao30/diary/item/10002331.html

> **首轮效应：30秒决定第一印象！**
> 美国心理学家奥伯特·麦拉比安发现人的印象形成是这样分配的：——55%取决于你的外表；——38%取决于你的自我表现；——7%才是你所讲的内容。
> 伦敦商学院著名行为心理学家尼克森教授说："人们会用三个概念描叙成功的领导者——性格，能力，形象。"人们普遍认为成功的领导者首先得"看起来就像领导人"。
> 西方有句名言："你可以先装扮成'那个样子'，直到你成为'那个样子'。"

世界著名公关大师说过：形象是金，在世人眼里，每名商务人员的个人形象如同他所在单位生产的产品、所提供的服务一样重要，因为他不仅真实反映了商务人员本身的

教养、阅历，以及是否训练有素，而且准确体现了所在单位的管理水平和服务质量。可见，一个人的仪表在社会交往过程中是构成第一印象的主要因素，你的仪容仪表会影响别人对你的专业能力和任职资格的判断。

我们都有过这样的体验，不管你是否愿意，你带给别人的都是关于你的形象的一种直接印象。当一个人进入陌生的房间时，即使这个房间里面没有人认识你，房间里面的人也可以通过你的形象得出关于你的结论：经济、文化水平如何；可信任程度，是否值得依赖；社会地位如何，老练程度如何；你的家庭教养的情况，是否是一个成功人士。对你的好恶亲疏，往往都是根据其见面之初对于仪容仪表仪态的基本印象"有感而发"的。

以貌取人是人类的本性，来源于人们爱美的心理，人们习惯把穿着漂亮的人与才华出众、品位高雅、真诚善良、甚至健康、乐观、积极向上等优秀品质联系起来。所以人们比较热衷于修饰自己的外表和容貌，但在不同的文化里对美和丑的定义其实存在很大差异，对于职业形象却有一个统一的标准。

职业形象塑造，实际上是企业形象的展示。要塑造良好的职业形象，你需要严格恪守一些原则性尺度，来促进自己职业的升值。本项目你要完成如下几种典型的职业形象塑造任务：（1）商务人员美丽职业仪容设计；（2）商务人员优雅职业仪态设计；（3）商务人员得体职业着装设计。

➲ 【任务分解】

学习任务 1-1：商务人员美丽仪容设计

学习任务 1-2：商务人员优雅仪态设计

学习任务 1-3：商务人员得体职业着装设计

学习任务 1-1 商务人员美丽仪容设计

职业场合的仪容礼仪，不仅反映了个人的精神面貌和内在气质，也代表了公司形象，体现了公司的企业文化。职业场合仪容礼仪的基本要求是干净整洁、端庄大方。

➲ 【任务分析】

商务人员仪容设计涉及方方面面，但如下几个方面是必须考虑的：

○ 头部——仪容的重心。

- 面部——皮肤的保养。
- 面部修饰。

一、头部——仪容的重心

"远看头,近看脚",头发位于人体的"制高点",它往往最先吸引别人的注意力,在人的仪容中占有举足轻重的地位。因此,修饰仪容,头发不可忽略。

(一)商务人员头发的规范要求

1. 男士头发的规范要求

男士的头发要清洁,长度要适宜,前不及眉,旁不遮耳,后不及衣领;不能留长发、大鬓角;不留络腮胡子或小胡子(见图1-1)。

2. 女性头发的规范要求

对于女性来说,太长的头发是非职业化的信息,工作场合女士不宜梳披肩发,头发不可挡盖眼睛,不留怪异的新潮发型;头发过肩的,工作时要扎起,宜拢在脑后,或束或挽或盘,以深色的发夹网罩为好(见图1-2)。

图 1-1

图 1-2

(二)发型的选择

发型可以快速改变你的形象,如果发型不得当,美丽马上会打折扣。为了更好地提升自己的形象,应根据脸型和体型来选择发型。

1. 与脸型协调

发型对人的容貌有极强的修饰作用,甚至可以"改变"人的容貌。任何一种脸型都有其特殊的发型要求,根据自己的脸型选择发型,这是发型修饰的关键(见图1-3~图1-7)。例如,圆脸型适合将头顶部分头发梳高,两侧头发适当遮住两颊,要避免遮挡额头使脸部视觉拉长;长脸型适宜选择用"刘海"遮住额头,加大两侧头发的厚度,以使脸部丰满。

圆脸型

关键字：圆脸型 + 斜边扎发

搭配指数：95%

图 1-3

椭圆脸型

关键字：圆脸型 + 斜边盘发

搭配指数：100%

图 1-4

长脸型

关键字：长脸型 + 齐刘海俏短发

搭配指数：98%

图 1-5

项目一　商务人员职业形象塑造

方脸型

关键字：方脸型＋卷发斜扎

搭配指数：92%

图 1-6

倒三角脸型

关键字：倒三角脸型＋俏皮短卷发

搭配指数：92%

图 1-7

2. 与发质协调

各人的发质不一，不同的发质适合不同的发型。例如，柔软的头发容易整理，适合做任何一种发型，但俏丽的短发更能体现柔软发质的个性美；自然的卷发适合留长发，这能展现其自然的卷曲美；服贴的头发最好将头发剪短，如在修剪时将发根稍微打薄一点，使颈部若隐若现，这样能给人以清新明媚之感；细少的头发适合长发，将其梳成发髻比较理想；直硬的头发很容易修剪得整齐，所以设计发型时最好以修剪技巧为主，同时尽量避免复杂的花样，做出比较简单而且高雅大方的发型来。

3. 与体型协调

发型的选择得当与否，会对体型的整体美产生极大的影响。比如，脖颈粗短的人，适宜选择高而短的发型；脖颈细长者，宜选择齐颈搭肩、舒展或外翘的发型；体型瘦高的人，适宜留长发；体型矮胖者，适宜选择有层次的短发。

7

4. 发型与年龄、职业相协调

发型是一个人文化修养、社会地位、精神状态的集中反映。通常，年长者最适宜的发型是大花型短发或盘发，以给人精神、温婉可亲的印象；而年轻人适合活泼、简单、富有青春活力的发型。

5. 发型与服饰协调

头发为人体之冠，为体现服饰的整体美，发型必须根据服饰的变化而改变。如穿着礼服或制服时，女性可选择盘发或短发，以显得端庄、秀丽、文雅；穿着轻便服装时，可选择各式适合自己脸型的轻盈发式。

（三）不同脸型的发型

1. 方形脸的发型搭配

- 脸型描述：方形脸的人一般前额宽广，下巴颧骨突出，人显得木讷。
- 适合发型：波浪形状发型（见图 1-8）。
- 最忌讳发型：忌讳留短发尤其是超短型的运动头。

2. 圆脸的发型搭配

- 脸型描述：圆脸的宽度和长度似乎一样，因此额前发际都比较低，耳部两侧较宽，脸部肌肉比较丰满，总给人一种胖乎乎、很孩子气的感觉。
- 适合发型：最好采用五五分头，发缝一定要笔直清晰（见图 1-9）。
- 最忌讳发型：都不能留过长的刘海，头发避免偏分，否则使人感觉脸更大。

图 1-8

图 1-9

3. 长形脸的发型搭配

- 脸型描述：长形脸的人天生拥有难以言说的高贵气质，是古代贵妇所钟爱的脸型。
- 适合发型：蓬松式发式最为恰当（见图 1-10）。
- 最忌讳发型：垂直长发或短发，这让你显得老成而且呆板，无形中进一步使脸部拉长了。

4. 三角形脸的发型搭配

- 脸型描述：脸型比较尖，具有上宽下窄的特征，额头较宽下巴较尖，会给人忧愁的感觉。
- 适合发型：尽量把刘海剪高一点，使额头看起来高一些（见图1-11）。
- 最忌讳发型：下巴附近头发太多，发尾有厚重感。

图 1-10

图 1-11

二、面部——皮肤的清洁与护理

1.脸的清洁与护理

（1）洗脸的时间与次数：洗脸的时间一般是早上起床和晚上睡觉前，一天两次。男性的皮肤多为油性或偏油性，可以增加洗脸次数，以除去油光，保持面部皮肤的爽洁。

（2）洗脸的步骤与方法：取洗面奶适量，用双手的中指和无名指的指肚在脸上打圈揉搓。

（3）清洗的步骤是：T字区——额头——鼻翼及鼻梁两侧——嘴巴四周——清水洗去泡沫见图1-12。天冷时要使用温水洗脸，以免毛细孔紧闭而影响清洗效果。洗脸后用毛巾擦拭脸上水分时，不可用力揉搓，以免伤害肌肤。正确使用毛巾的方法是将毛巾轻敷在脸颊上，让毛巾自然吸干水分。

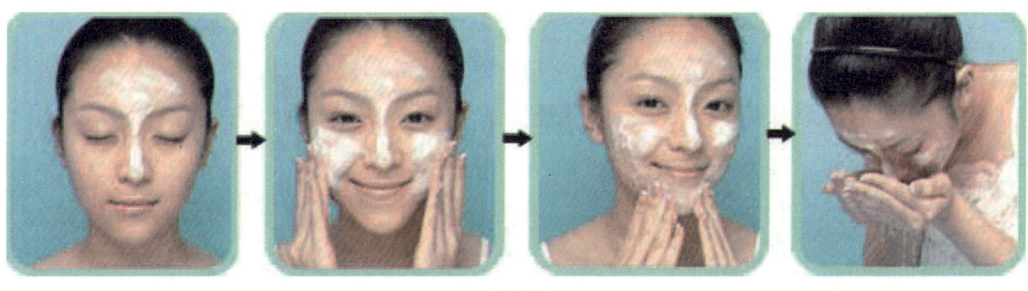
图 1-12

要保持面部的润泽光洁，仅仅洗脸是不够的，面部的保养也很重要。面部保养需要使用基础护肤品，一般包括洗面奶、柔肤水（爽肤水）和乳液。正确的步骤是：用洗面奶洗脸——拍打柔肤水（爽肤水）——涂抹乳液（见图1-13）。

图1-13

2. 手的清洁与护理

手是仪容的重要部位，交往时的最低要求莫过于一双清洁的手。在职业场合，与人打招呼、跟别人握手，给对方递名片……手时刻充当着友谊的使者，所以，手时常被称为人的第二张脸，一双清洁并精心护理的手显示了一个人的良好教养。

1）手的清洁

养成勤洗手的良好习惯。做好手部保洁，要自觉坚持"五必洗"，即吃东西前洗手，上过卫生间后洗手，外出归来洗手，上班前后洗手，手脏以后洗手等。

2）手的护理及指甲修饰

洗手后要及时涂抹护手霜，对指甲周围的死皮要定期修理。要经常修剪指甲，指甲一般修剪成椭圆形，指甲的长度，不应超过手指指尖。特别注意手指甲缝中不能留有污垢。养成"三日一修剪，一日一检查"的良好习惯。同时，职业女士指甲上的彩妆要与环境场合相适宜，可以涂透明或淡粉系列的指甲油。特别要提醒，在任何公共场合修剪指甲，都是不文明、不雅观的举止。

3. 口部清洁与护理

口部清洁主要是口腔卫生，牙齿是口腔的门面，坚持刷牙，防止产生异味。正确的刷牙方法是将牙刷毛束尖端放在牙龈和牙冠的交界处，稍微加压按摩牙龈，同时顺着牙缝上下颤动地竖着刷。从卫生保健角度讲，刷牙最好做到"三个三"，即每天刷牙三次，每次刷牙宜在进餐后三分钟内进行，每次刷牙用时三分钟。

与人会面前应禁食容易产生异味的食物，如葱、蒜、韭菜、酒等，也不要吸烟。如果口腔有异味，可含茶叶、嚼口香糖等以去除异味。但需注意，在他人面前嚼口香糖是不礼貌的，特别是与人交谈时，更不应嚼口香糖。

商务男士要尽量少抽烟，少喝浓茶。在社交场合进餐后，切忌当着别人的面剔牙，可以用手掌或餐巾纸掩住嘴角，然后再剔牙。

4. 其他部位的修饰

（1）上肢不外露腋毛。腋毛在视觉中不美观也不雅观。在正式场合，男士和女士应有意识地不穿暴露腋毛的服饰。如女士穿着使腋窝外现的服装，必须先剃除腋毛，以免有损整体形象。

（2）下肢。在正式场合，男士不穿短裤，不挽起长裤的裤管，以免体毛显露。女士在穿裙装和薄型丝袜时，如腿毛显现，应先将其剃除。

三、面部修饰

（一）商务男士面部修饰

商务男士的面部修饰比较简单，保持面部整洁干净，勤刮脸、不留胡须；保持耳和鼻的清洁，及时对耳鼻进行除垢，时常检查耳鼻毛是否超出"国境"，勤剪鼻毛即可。男士在商务活动当中经常会接触到香烟、酒等有刺激性气味的物品，要随时保持口气的清新。

（二）商务女士面部修饰——化妆与卸妆

化妆可以使人增添自信、缓解压力，对交往对象表示礼貌和尊重。化妆用具如图1-14所示职业女性的化妆受到职业环境的制约，必须给人一种专业性、责任性、知识性的感觉，所以职业场合化妆以淡妆为佳。

图1-14

1. 化妆的步骤与方法

1）底妆

粉底的作用主要是均匀面部肤色（见图1-15、图1-16），所以要选择与自己肤色接近的颜色，要注意脸与脖子的衔接，还有一个方法，选择和脖子颜色相同的粉底，就不会出现面具脸了。

商务女士平时化妆，用粉底液就可以，可根据自己面部的情况选择含油或不含油的，尽量不要用膏状粉底，打不好会显得底妆很厚重。有些女士脸上有痘痘，觉得用膏状粉底打厚一点就可以遮住，如果是很平的痘印，遮盖力较强的粉底液就可以遮住，如果是突出的痘痘或凹凸不平的痘印，粉底越厚越明显；淡妆的粉底要薄而透。

2）定妆

化淡妆蜜粉要选择与粉底颜色相近的颜色，定妆散粉要用清洁的海绵蘸取蜜粉，稍微用一些力气，按压在脸上、鼻、额头等处，这些部位油脂分泌较旺盛，容易脱妆，要多搽几次（见图1-17）。不要忘了脸与颈部的交接处和露出的颈部也要扑上一层蜜粉。当粉充分附着肌肤后，用粉刷由上往下刷落多余的粉。特别要注意，皮肤油脂分泌较多的T区，多擦几次，每次要薄。粉扑的清洁要做好，防止微生物对皮肤的感染。

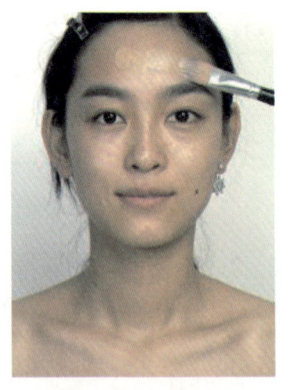

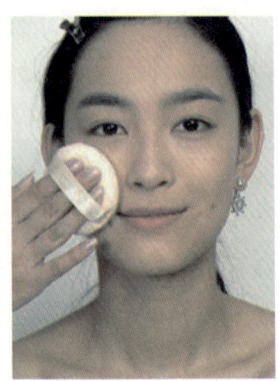

图 1-15　打粉底前　　　　图 1-16　打粉底后　　　　图 1-17

3）眼妆

① 眼影要贴近睫毛根部开始画，越往上颜色越淡，要有一个渐渐消失的过程，切忌眼皮上有一个很明显的印记。日常妆的眼影面积不用很大，颜色上可以根据自己的肤色或服装来选择。

下眼影也是要贴着睫毛根部画，从外眼角开始慢慢过渡到内眼角，颜色的重点在外眼角上（见图 1-18）。

② 眼线也要贴着睫毛根部开始画，一般是由内眼角画到外眼角，宽度和长度根据自己的眼型来定（见图 1-19）。还有就是眼线的边缘不要画得很明显，那样会使眼睛看起来很呆板。女士用眼线笔直接画若画不好，可以再用小刷子或棉棒将眼线晕开，这样就不会让眼睛看起来很呆板；日常妆的下眼线可不画。

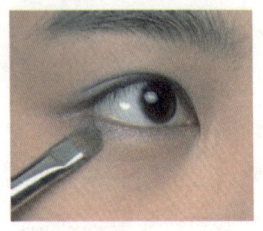
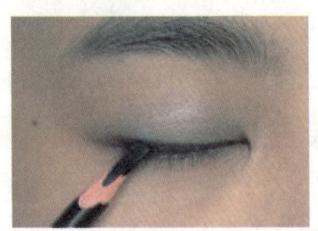

图 1-18　　　　　　　　　图 1-19

③ 用睫毛夹在睫毛根部、中部、尾部夹三下，使睫毛很自然地向上弯曲（见图 1-20）。

刷睫毛（见图 1-21）。睫毛刷呈之字形从睫毛根部慢慢往上刷，可以多刷几遍，让睫毛看起来浓密。下睫毛也用同样的方法，可多刷几遍（见图 1-22）。其实淡妆眼睛的重点是眼线和睫毛，不一定是眼影颜色要多好看画多重才行。如果只画眼影而不注重眼线和睫毛，眼睛一样没有神。

项目一　商务人员职业形象塑造

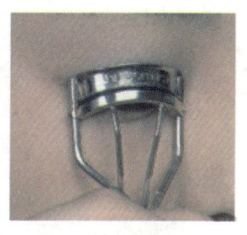  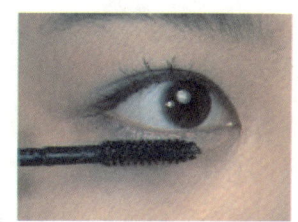

　　图 1-20　　　　　　　图 1-21　　　　　　　图 1-22

看一下眼妆的效果（见图 1-23）。

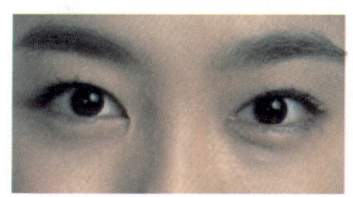

图 1-23

　　④ 眉毛形状可以改变，所以适当地修整和描画，就可以让我们拥有自然、出色的眉毛。从鼻翼朝外眼角画一条无形的对角线，最适当的眉尾，就在这无形的对角线上，而眉峰的位置在眉尾的 2/3 处，这两点决定之后，画眉就会变得很容易。利用眉笔或眉粉将眉毛较稀疏处补上色彩，最后，利用眉刷将眉毛刷整齐，呈现美丽的眉型。要注意定期修剪眉毛，保持一定的眉型。

　　4）腮红

　　腮红的颜色要根据肤色、眼影颜色或服装来定。腮红的打法主要有两种，团式和结构式（见图 1-24）。腮红也有帮助修饰脸型的作用。标准脸型，根据妆容或自己喜好就可以进行打理。圆形脸，用结构式，从太阳穴的位置开始斜向下扫，由重到浅。方形脸，用结构式，从太阳穴的位置开始往嘴角方向出发，但颜色不能低于鼻翼线。长形脸，在笑肌最突出的位置，用团式横向扫，颜色要柔和。颧骨较高，用结构式，从太阳穴位置开始斜向下扫。

　　日常妆的腮红颜色不要过重，一般根据妆容选择淡粉色或淡橘色即可。

图 1-24

　　5）唇妆

　　唇妆包括唇线、唇膏和唇彩（见图 1-25）。先画唇线，唇线笔的颜色与唇膏颜色相近或比唇膏的颜色稍微深些。上唇线先画唇峰，然后由嘴角向中间描画；下唇线则先画唇底边，然后由嘴角向中间描画。

　　在涂唇膏之前，可先涂一层透明润唇膏，能令唇部肌肤变得柔软，更易于上色。要

13

想唇膏的效果更加持久和饱满，可在第一次涂完唇膏后，用纸巾轻轻在嘴唇上印一下，将多余的唇膏和油分吸去，提高唇膏与唇部的融合感，然后再重新涂上一层唇膏。如果要营造有光泽而又透明的唇部效果，则可以在涂完唇膏后再涂一层透明润唇膏。完妆后要检查唇膏是否沾到了牙齿上。

至此，整个妆就都完成了，其实挺简单的，把重点放在眼妆上即可。淡妆适合商务女士上班或平时出门都可以。

2. 卸妆

图 1-25

卸妆是我们需要特别强调的，因为往往在精心的妆容背后，卸妆的重要性容易为大家所忽视。化妆品残留在皮肤上过久，就会造成毛孔堵塞，阻碍皮肤正常的新陈代谢，从而导致肤色晦暗、长暗疮等问题。因此，彻底卸妆是美丽肌肤的第一步。

面部卸装，取适量的卸妆乳，用化妆棉或指尖均匀地涂于脸部、颈部，以打圈的方式轻柔按摩。鼻子位置以螺旋状由外而内轻抚，卸除脖子的粉底要由下而上清洁。用面巾纸或化妆棉拭净，直到面巾纸或化妆棉上没有粉底颜色为止。特别注意，卸妆完毕，应再用性质温和的洗面奶洗脸，然后再用爽肤水对肌肤做最后的清洁，以及平衡肌肤的PH值。

→【知识链接】

从医学和美学角度讲，健康毛发的前提就是清洁，就如同保养脸部皮肤的基础在于洗脸一样。近年来，中国健康教育协会正在积极开展"头发天天清洁，把握成功瞬间"的宣传活动，建议人们根据个人发质的不同，养成每周洗头4～7次的卫生习惯。大量的科学研究已证明，常洗发不仅不会使头皮屑增多、头发干燥、枯黄、脱落，反而还能促进头皮部分的血液循环，令头发更富有光泽和弹性，更有利于头发的生长并延长其寿命。

再者，干净的头发对塑造发型有非常重要的作用。美发界中的行话"发根不直立，发尾不飘逸"，充分说明了干净的头发对塑造发型的重要性。清洁的发根有助于自然地支撑起发型，让头发看上去蓬松而富有动感；如果不及时清洗，头发会显得油腻厚重，黯淡而缺乏生气。

根据皮脂膜的分泌量，头发可分为油性、中性和干性三类。一般而言，洗发间隔的时间因发质而定，只要感觉不洁便要清洗。此外，选用的洗发水性质也要配合得当，选用的洗发水一般略带微酸性者较佳，泡沫太多反而不好。洗发时，不应摩擦或抓揉头发，最好的方法是用边按摩头皮边清洗的方式进行洗发。清洗时双手要适度地移动，注意不要使洗发水残留在头发上。使用护发素后，应将多余的护发素用温水冲洗干净。洗完头发后，要用毛巾将头发上的水分轻柔地擦干净。最好是用温水，37～38℃是洗发最适当的水温。要仔细洗净，最后用温水将头发彻底冲净，洗发次数要适度，油性头发的人，由于头皮油脂分泌非常旺盛，头发易显油腻黏重，建议每天洗发一次。中性或干性的头发，建议一周清洁4～5次，这样可使头发更粗壮，更亮泽。

【案例分析】

面试前不应这样做准备

某科研机构招聘科研人员，由于待遇优厚，应者如云。某高校李云小姐前往面试，只见她挽着同宿舍的张某的胳膊袅袅婷婷地步入科研所面试大厅，进入前她又掏出化妆盒补了一下妆。进入面试所在的房间后，主考官问她有什么特长，她说她在学校是公关部长，有能力组织各种文艺活动，说着她从包里翻找资料，结果在包里翻了半天，好不容易找到了，准备将资料拿给主考官看时，不小心将她的系列化妆品也带出来了，撒了一地。主考官们面面相觑。

试分析下李云小姐面试失败的原因。

【实践训练】

大学毕业的王小姐刚入职新立公司，该公司将和日方客户进行商务洽谈，王小姐将作为公司的代表出席洽谈会。

任务：

1. 为王小姐设计面部的妆容、发型等外形。

2. 模拟洽谈场景等王小姐可能遇到的商务场合，做出王小姐在此场景下恰当的举止与神态。

3. 说出作为一名商务人员应注意哪些仪容仪态礼仪与规范？

操作：

把全班同学分组，分别扮演任务中的新立公司和日方客户的代表，运用所学的仪容仪态礼仪规范知识完成上述任务。

商务礼仪与职业形象塑造

【课后训练】

一、简答题

1. 仪容礼仪的内涵及仪容礼仪的意义是什么？
2. 要成为一名令人喜欢的职场人士，在仪容仪态方面应具有哪些素养？

二、实训操作

各位女同学课后观看专业化妆师毛戈平的《现代美容化妆技法》录像，学习他的"日妆"及"晚妆"的化妆技法，并试着进行自我化职业淡妆的练习。学生相互化妆以熟悉化妆步骤并对比指导。

三、案例分析题

王女士工作认真负责，几次晋升却与她失之交臂。原来王女士特别注重自己的个人形象，不管置身何处，只要稍有闲暇，便会掏出化妆盒来，一边"顾影自怜"，一边旁若无人地"发现问题，就地解决"，补一点香粉，涂两下唇膏，描几笔眉型。她这样注重自我形象固然正确，但若当众化妆，尤其是在工作岗位上这样做，则会显得很不庄重；也会让周围的人觉得她对待工作不用心。

案例思考：请分析王女士为什么几次晋升失败？请为王女士改变现状提出建议。

学习任务 1-2　商务人员优雅仪态设计

阅读材料：

面试还没开始就已经结束了

一次，有位老师带着三个毕业生同时应聘一家公司做业务员，面试前老师怕学生面试时紧张，同人事部主任商量让三个同学一起面试。三位同学进入人事部主任办公室后，主任上前请三位同学入座。当主任回到办公桌前，抬头一看，欲言又止，只见两位同学坐在沙发上，一个架起二郎腿，而且两腿不停地颤抖，另一个身子松懈地斜靠在沙发一角，两手攥握手指咯咯作响，只有一个同学端坐在椅子上等候面试，人事部主任起身非常客气地对两位坐在沙发上的同学说："对不起，你们二位的面试已经结束了，请退出。"两位同学面面相觑，不知何故，心中都感到疑惑，面试怎么什么都没问，就结束了？

你知道其中的缘故吗？

正确的坐姿如图 1-26 所示。

项目一　商务人员职业形象塑造

图 1-26

世界著名画家达·芬奇说："从仪态了解人的内心世界、把握人的本来面目，往往具有相当的准确性和可靠性。"用仪态表情达意，往往比语言更让人感到真实、生动。

仪态是一种不说话的"语言"，即"体态语言"，它反映了一个人的素质、受教育的程度，以及能够被人信任的程度。

仪态是指个人的举止、风度、神态和表情，在商务交往中，80%取决于仪态礼仪的表达，而且高雅庄重的举止和神态是一种无声的语言，反映出个人较高的礼仪修养，这一点在商务领域中尤为重要。仪态也称为举止，它是指人在行为中的姿势和风度。

【任务分析】

"行为举止是心灵的外衣"，它不仅反映一个人的外表，也可以反映一个人的品格和精神气质。有些人尽管相貌一般，甚至有生理缺陷，但举止端庄文雅、落落大方，也能给人以深刻良好的印象，获得他人的好感。为了让我们的举止、形态和谐得像一支动人的旋律，给人以意气风发、朝气蓬勃的印象，本次课注重如下训练：

- 仪态礼仪——站姿。
- 仪态礼仪——坐姿。
- 仪态礼仪——走姿。
- 仪态礼仪——蹲姿。

> 在美方面，相貌的美高于色泽的美，而优雅得体的动作的美又高于相貌的美。
> 这是美的精华，是绘画所表现不出来的。
>
> ——培根（英国哲学家）

17

商务礼仪与职业形象塑造

一、仪态礼仪——站姿

体态是一种不说话的"语言",是内涵极为丰富的语言。举止的高雅得体与否,直接反映出人的内在素养,举止的规范到位与否,直接影响他人对自己的印象和评价。

修饰你的仪态美,从细微处流露出你的风度和优雅的气质,远比一个衣服架子,更让人感到赏心悦目。正确的站姿如图1-27所示。

图1-27

(一)站姿礼仪

站立是人们生活交往中的一种最基本的举止。

站姿是人静态的造型动作,优美、典雅的站姿是发展人的不同动态美的基础和起点。优美的站姿能显示出个人的自信,衬托出美好的气质和风度,并给他人留下美好的印象。

1. 站姿要领

俗话说"站如松",就是说人的站立姿势要像青松一般端直挺拔才会美丽。站立时,整个人要收腹、立腰、提臀。具体是:一要平,即头平正、双肩平、两眼平视;二是直,即腰直、腿直,后脑勺、背、臀、脚后跟成一条直线;三是高,即重心上拔,人体有向上的感觉,两腿并拢,膝盖挺直,小腿向后发力,人体的重心在前脚掌。站立是人们生活交往中的一种最基本的举止。

优美的站姿会给他人留下美好的印象,特别是这样要注意如下几种情况。

1)肃立

肃立,指恭敬严肃地站着。肃立要求头正、脖颈挺直、双目平视、嘴唇微闭、下颌微吸、面容平和自然,两肩放松、稍向下沉,自然呼吸,躯干挺直,做到收腹、立腰、挺胸、提臀;双臂自然下垂于身体两侧、手指并拢自然弯曲,中指贴拢裤缝;双膝并拢,两腿直立,脚跟靠紧，脚掌分开呈"V"字形，角度呈45°～60°。肃立适用于隆重集会的场合，如升旗庆典、剪彩等仪式。

2）直立

①男士。两脚平行分开，两脚之间距离不超过肩宽，以20cm为宜，两手手指自然并拢，右手搭在左手上，轻贴在腹部，双目平视，面带微笑；或两脚跟相靠，脚尖展开呈现60°～70°，两手叠放在背后，双目平视，面带微笑，其余要求与肃立相同。

②女士。两脚并拢或两脚尖略展开，右脚在前，将右脚跟前于左脚内侧；两手自然并拢，大拇指交叉，右手放在左手上，轻贴在腹前；身体直立，挺胸收腹，身体重心可放在两脚上，也可放在一脚上，通过重心移动减轻疲劳，其余同肃立。此种站姿适用于商业服务，表示对客人的尊重与欢迎。

直立时，两脚展开的角度呈90°，右脚向前将脚跟靠于左脚内侧中间位置，成右丁字步，左手背后，右手下垂，身体直立，重心置于两脚，双目平视，面带微笑；或两脚展开的角度呈90°，左脚向前，脚跟靠于右脚内侧中间位置，成左丁字步，右手背后，左手下垂，身体直立，重心置于两脚，双目平视，面带微笑，其余要求与肃立相同。此种站姿适用于给客人指示方向，或解决疑难问题，提供其他服务。

2. 站姿手位

站立时，双手可取下列之一手位。

（1）双手置于身体两侧（见图1-28、图1-29）。

图1-28

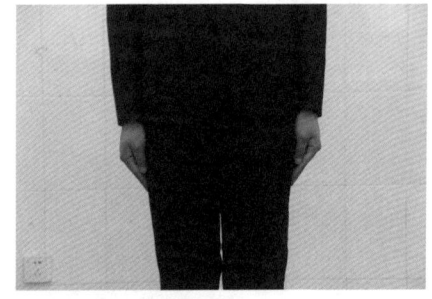

图1-29

（2）左手搭在右手上（右手搭在左手上）叠放于体前（见图1-30）。

（3）双手叠放于体后（见图1-31、图1-32）。

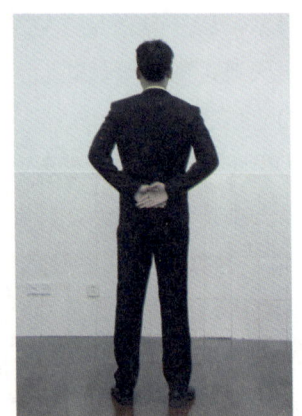

图 1-30　　　　　　图 1-31　　　　　　图 1-32

（4）一手放于体前一手背在体后（见图 1-33、图 1-34）。

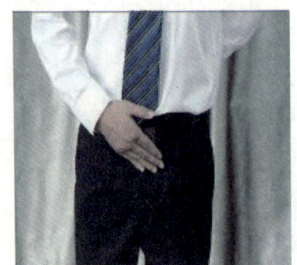

图 1-33　　　　　　图 1-34

3. 站姿脚位

站立时可采取如下几种脚位。

（1）"V"字形（见图 1-35、图 1-36）。

图 1-35　　　　　　图 1-36

（2）双脚平行分开不超过肩宽（见图 1-37）。

（3）小"丁"字形（见图 1-38）。

20

项目一　商务人员职业形象塑造

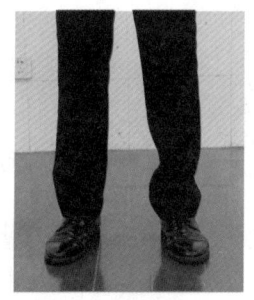

图 1-37　　　　　　　图 1-38

（二）基本站姿训练

1. 顶书训练

站立者按要领站好后，在头上顶一本书，努力保持书在头上的稳定性，以训练头部的控制能力（见图 1-39）。

图 1-39

2. 五点一线训练

背墙站立，脚跟、小腿、臀部、双肩和头部靠着墙壁，以训练整个身体的控制能力（见图 1-40）。

具体做法：

（1）头正。（2）肩平，双臂自然下垂。（3）背直，挺胸收腹。（4）提臀。（5）双腿并拢直立。（6）脚跟相靠。（7）身体重心放在两脚正中。（8）微收下颌，两眼平视前方。（9）嘴微闭，表情自然，面带微笑。

3. 三点一线训练

脚后跟离墙壁 10 厘米，背墙站立，臀部、双肩和头部靠着墙壁，以训练收腹及整个身体的控制能力（见图 1-41）。

21

商务礼仪与职业形象塑造

图 1-40　　　　　　　图 1-41

4. 背靠背夹纸站姿训练

背靠背夹纸站姿训练，要求训练者身高相差不多，背靠背站立，臀部、双肩和头部贴紧，可以在背部或小腿肚部夹张纸，以训练整个身体的控制能力（见图 1-42）。

特别提醒，站姿训练中需要注意如下问题：

（1）是否有歪头、斜眼、缩脖、耸肩、塌腰、挺腹、屈腿的现象。

（2）是否有叉腰、两手抱胸或插入衣袋的现象。

（3）是否有身体倚靠物体站立的现象。

（4）是否有身体歪斜、晃动或脚抖动的现象。

（5）是否面无表情，精神萎靡。

（6）是否身体僵硬，重心下沉等。

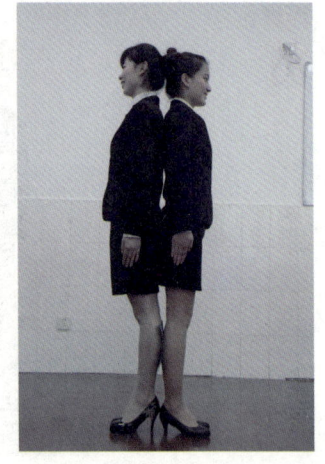

图 1-42

（三）常见的几种站姿

1. 标准站姿

头正、脖颈挺直、双目平视、嘴唇微闭、下颌微收、面容平和自然，两肩放松平齐、稍向下沉，自然呼吸，躯干挺直，做到收腹、立腰、挺胸、提臀；双臂自然下垂于身体两侧、手指并拢自然弯曲，中指贴拢裤缝，两脚并拢，身体重心落于两腿正中，从侧面看，头部肩部、上体与下肢应在一条垂直线上，总之，整个身体庄重挺拔（见图 1-43、图 1-44）。

2. "V" 字形

身体立直，抬头挺胸，下颌微收，双目平视，嘴角微闭，面带微笑，双手自然垂直于身体两侧，双膝并拢，两腿绷直，脚跟靠紧，脚尖分开呈 "V" 字形。女士双脚呈

30°～45°，男士双脚呈45°～60°（见图1-45、图1-46）。

图1-43

图1-44

图1-45

图1-46

3. 男士的背手位站姿

身体立直，抬头挺胸，下颌微收，双目平视，嘴角微闭，双脚平行分开，两脚之间距离不超过肩宽，一般以20厘米为宜，双手在身后交叉，右手搭在左手上，贴于臀部（见图1-47、图1-48）。

图1-47

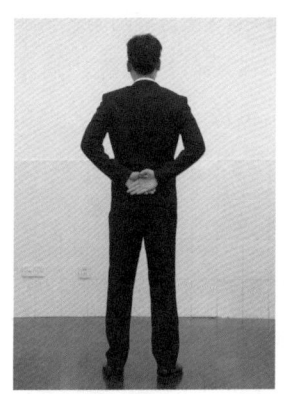

图1-48

4. 男士的前手位站姿

身体立直，抬头挺胸，下颌微收，双目平视，嘴角微闭，双脚平行分开，两脚间距离不超过肩宽，一般以 20 厘米为宜，双手手指自然并拢，右手搭在左手上，轻贴于腹部，不要挺腹或后仰（见图 1-49）。

5. 女士的前手位、侧手位、背手位站姿

身体立直，抬头挺胸，下颌微收，双目平视，嘴角微闭，面带微笑，两脚尖略分开，双手自然并拢，右手搭在左手上或一手在身体侧面、一手在身体前面或一手在身体侧面、一手在身体后面，轻贴于腹前，身体重心可放在两脚上，也可放在一脚上，并通过重心的移动减轻疲劳（见图 1-50 ～ 1-52）。

图 1-49

图 1-50

图 1-51

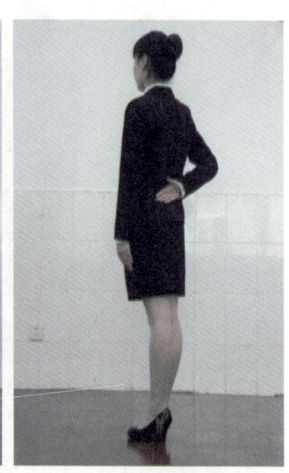

图 1-52

6. 女士的"丁"字形前手位站姿

身体立直，抬头挺胸，下颌微收，双目平视，嘴角微闭，面带微笑，右脚后撤，使左脚脚跟靠于右脚足弓处，两脚可成"丁"字形，双手自然并拢，右手搭在左手上，轻贴于腹前，身体重心可放在两脚上，也可放在一脚上，并通过重心的移动减轻疲劳（见图 1-53）。

（四）站姿禁忌

（1）一条腿抖动或整个身体晃动。这种举动会让人觉得你是一个漫不经心的人。

（2）双手抱臂或者交叉着抱于胸前，这种动作往往表

图 1-53

示消极、抗议、防御等意思。

（3）双手叉腰站立，这是一种潜意识中带有挑衅或者侵犯意味的举动，如果是在异性面前，它还可以透露出一种性侵害的意图。所以这是你千万要注意避免的动作。

（4）两腿交叉站立，这种方式很容易给人以轻佻的感觉。

（5）不得前仰后合或倚靠他物，不得两手插兜，不得东张西望、摇头晃脑，不得两人并立聊天。

二、仪态礼仪——坐姿

坐姿也是举止的主要内容之一，是身体的一种静态造型。商业服务主要是站立服务，但也有些岗位采用坐姿服务。总的来说，坐姿文雅、端庄，不仅给人以沉着、稳重、冷静的感觉，而且也是展现自己气质与修养的重要形式（见图1-54）。

图1-54

（一）正确的坐姿要求

（1）入座时要轻稳。入座时要轻稳。走到座位前转身后，右脚向后退半步，然后轻稳坐下，再把右脚与左脚并齐。如是女士，入座时应先背对着自己的座椅站立，右脚后撤，使右脚肚确认椅子的位置，再整理裙边，挺胸、双膝自然并拢，双腿自然、弯曲，双肩自然平正放松，两臂自然弯曲，双手叠放，自然放在左大腿或右大腿上，掌心向下。

（2）入座后上身挺直，收腹立腰，双手自然置于腿上，双膝并拢，足跟并拢，脚掌完全触地，切忌抖脚，上半部分身体与大腿侧面成90°，大腿与小腿成90°，坐在椅子的前2/3部分，后背不可以靠在椅背上（见图1-55、图1-56）。

（3）头正、嘴角微闭，下颌微收，双目平视，面容平和自然。

（4）离座时要自然稳当，右脚向后收半步，然后起立，起立后右脚与左脚并齐。

图 1-55

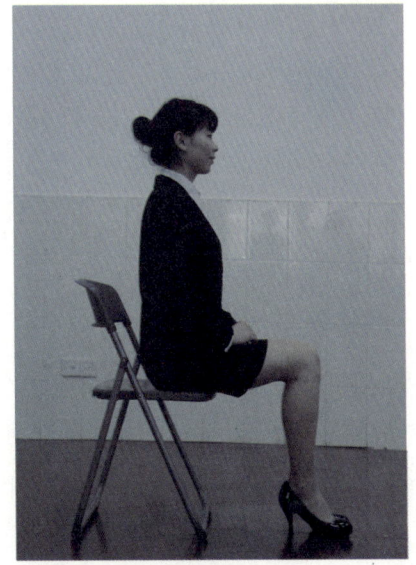
图 1-56

(二)双手的摆法

坐时,双手可采取下列手位之一。

1. 双手平放在双膝上(男士坐姿手位,见图 1-57)
2. 双手叠放,放在一条腿的中前部(见图 1-58)

图 1-57

图 1-58

3. 双手叠放，自然放在左大腿或右大腿上，掌心向下（女士坐姿手位，见图 1-59）

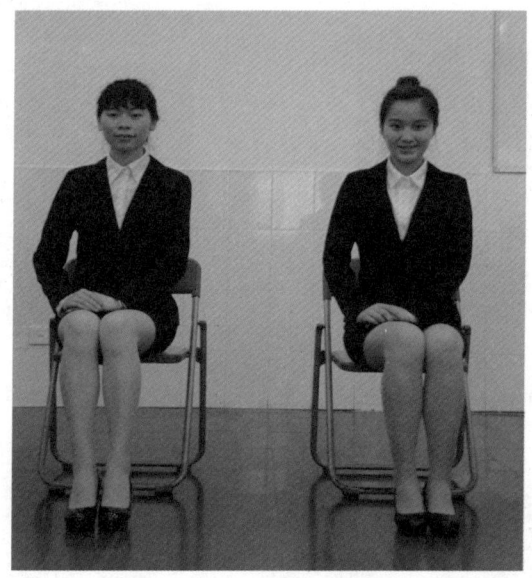

图 1-59

（三）双腿的摆法

坐时，双腿可采取下列姿势之一。

1. 标准式（见图 1-60、图 1-61）

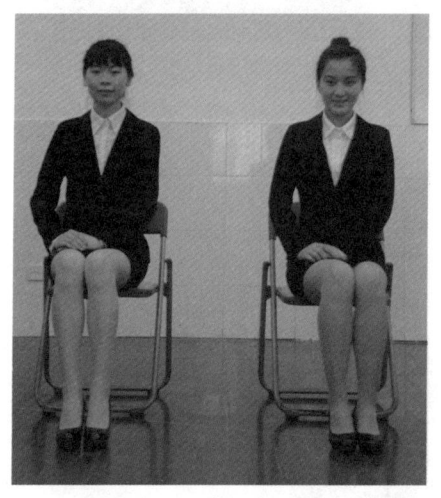

图 1-60

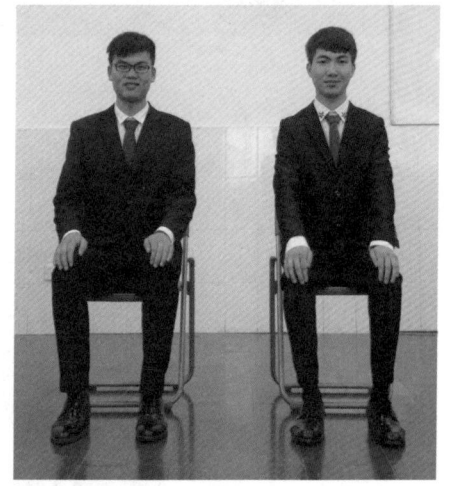

图 1-61

2. 侧腿式（女士坐姿腿位，见图 1-62）
3. 侧挂式（女士坐姿腿位，见图 1-63）

图 1-62　　　　　　　　　　　　图 1-63

4. 重叠式（见图 1-64、图 1-65）

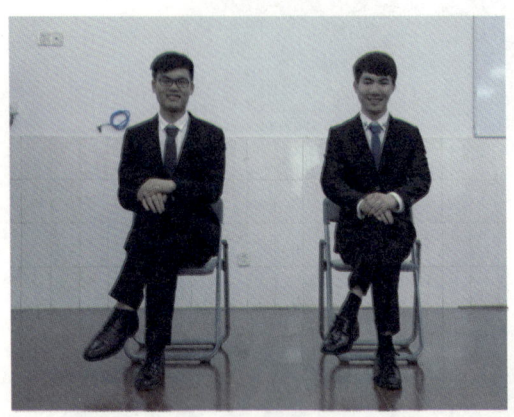

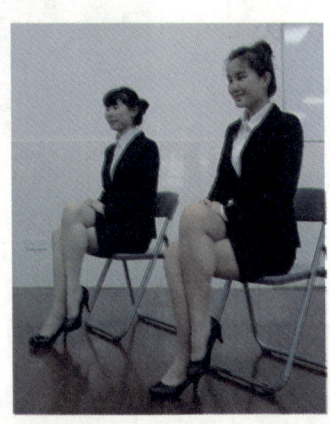

图 1-64　　　　　　　　　　　　图 1-65

5. 前交叉式（见图 1-66）

图 1-66

（四）女士常见的坐姿训练

（1）标准式：上身挺直，头部端正，双脚的脚跟、膝盖直至大腿都需要拢在一起，上半部分身体与大腿侧面成 90°，大腿与小腿成 90°，小腿垂直地面呈 90°，双手叠放于左（右）大腿上（见图 1-67、图 1-68）。

图 1-67

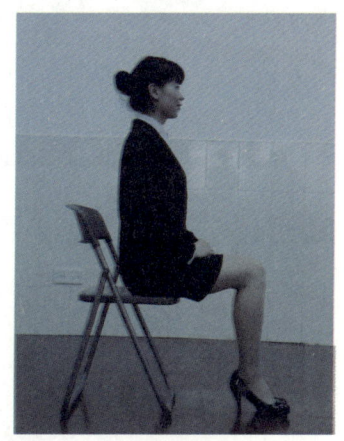

图 1-68

（2）前伸式：在标准坐姿的基础上，两小腿向前伸出一脚的距离，脚尖不要跷起（见图 1-69）。

（3）前交叉式：在前伸式坐姿的基础上，双腿并拢，右脚后缩，与左脚交叉，两踝关节重叠，两脚尖着地（见图 1-70）。

（4）曲直式：右脚前伸，左小腿屈回，大腿靠紧，两脚前脚掌着地，并在一直线上（见图 1-71）。

图 1-69

图 1-70

（5）重叠式：在标准坐姿的基础上，两腿向前，一条腿提起，腿窝落在另一条腿的膝关节上边，要注意上边的腿向里收，贴住另一条腿，脚尖向下（见图 1-72）。

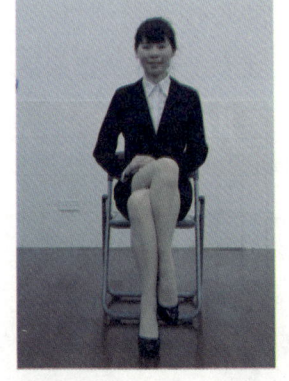

图 1-71　　　　　　　　图 1-72

（6）后点式：两小腿后屈，脚尖着地，双膝并拢。这也是变化的坐姿之一，尤其在并不受注意的场合，这种坐姿显得轻松自然（见图 1-73）。

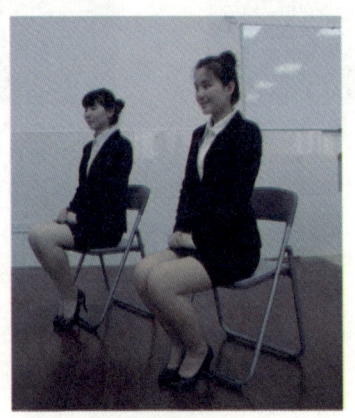

图 1-73

（7）左侧点式：两小腿向左斜出，两膝并拢，右脚跟靠拢左脚内侧，右脚掌着地，左脚尖着地，头和身躯向左斜。男士不宜采用这种坐姿（见图 1-74、图 1-75）。

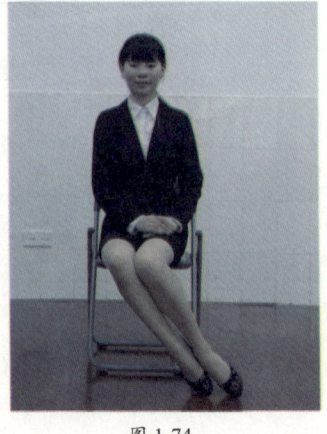

图 1-74　　　　　　　　图 1-75

(8) 右侧点式：两小腿向右斜出，两膝并拢，左脚跟靠拢右脚内侧，左脚掌着地，右脚尖着地，头和身躯向右斜。男士不宜采用这种坐姿（见图 1-76、图 1-77）。

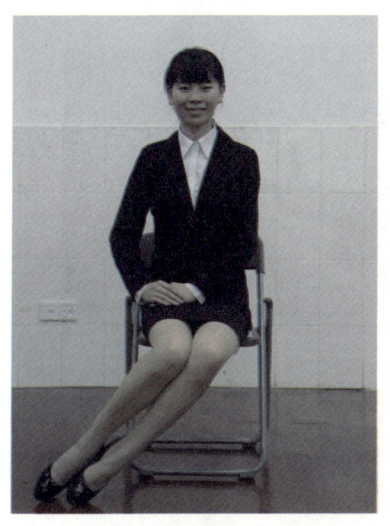
图 1-76

图 1-77

(9) 左侧挂式：在左侧点式基础上，左小腿后屈，脚绷直，脚掌内侧着地，右脚提起，用脚面贴住左踝，膝和小腿并拢，上身右转。男士不宜采用这种坐姿（见图 1-78、图 1-79）。

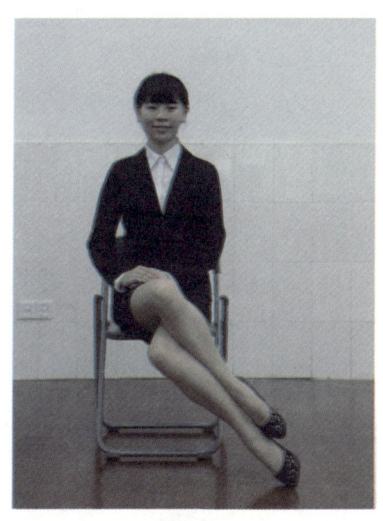
图 1-78

图 1-79

(10) 右侧挂式：在右侧点式基础上，右小腿后屈，脚绷直，脚掌内侧着地，左脚提起，用脚面贴住右踝，膝和小腿并拢，上身左转。男士不宜采用这种坐姿（见图 1-80、图 1-81）。

图1-80

图1-81

（五）男士常见的坐姿训练

（1）标准式：上身挺直，头部端正，男士双膝可略分开，但不应宽于双肩起，上半部分身体与大腿侧面成90°，大腿与小腿成90°，小腿垂直地面呈90°，双手平放在双膝上（见图1-82）。

（2）前伸式：在标准坐姿的基础上，两小腿向前伸出一脚的距离，脚尖不要跷起（见图1-83）。

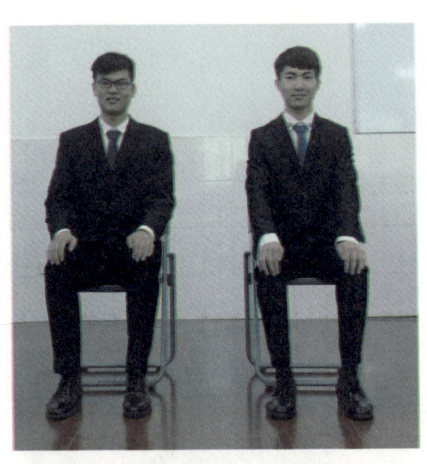
图1-82

图1-83

（3）前交叉式：在前伸式坐姿的基础上，双腿并拢，右脚后缩，与左脚交叉，两踝关节重叠，两脚尖着地（见图1-84）。

（4）曲直式：右脚前伸，左小腿屈回，大腿靠紧，两脚前脚掌着地，并在一直线上（见图1-85）。

图 1-84 　　　　　　　　　　　图 1-85

(5) 重叠式：在标准坐姿的基础上，两腿向前，一条腿提起，腿窝落在另一条腿的膝关节上边，要注意上边的腿向里收，贴住另一条腿，脚尖向下（见图1-86）。

(6) 后点式：两小腿后屈，脚尖着地，双膝并拢。这也是变化的坐姿之一，尤其在并不受注意的场合，这种坐姿显得轻松自然（见图1-87）。

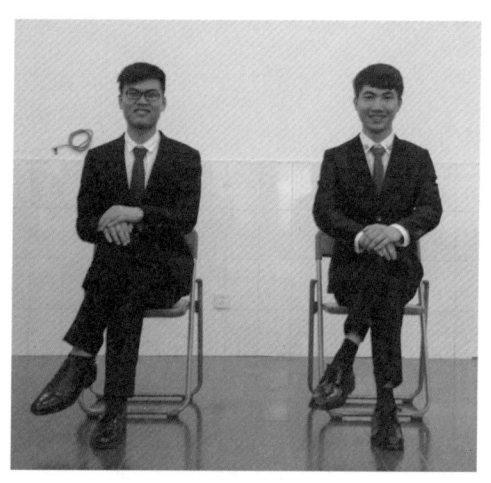

图 1-86 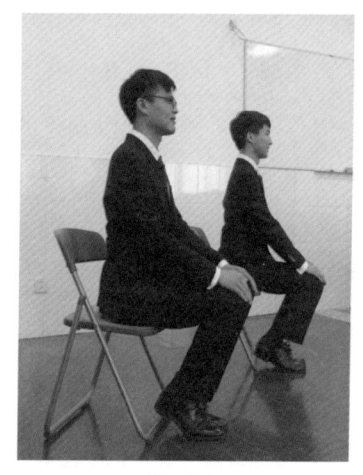　　　　　　　　　　　图 1-87

（六）坐姿禁忌

(1) 坐时不可前倾后仰，或歪歪扭扭。

(2) 双腿不可过于叉开，或长长地伸出。

(3) 坐下后不可随意挪动椅子。

(4) 不可将大腿并拢，小腿分开，或双手放于臀部下面。

(5) 高架"二郎腿"或"4"字形腿。

（6）腿、脚不停抖动。

（7）不要猛坐猛起。

（8）与人谈话时不要用手支着下巴。

（9）坐沙发时不应太靠里面，不能呈后仰状态。

（10）双手不要放在两腿中间。

（11）脚尖不要指向他人。

（12）不要脚跟落地、脚尖离地。

（13）不要双手撑椅。

（14）不要把脚架在椅子或沙发扶手上，或架在茶几上。

三、仪态礼仪——走姿

走姿是人体所呈现出的一种动态，是站姿的延续。走姿是展现人的动态美的重要形式。走路是"有目共睹"的肢体语言。

行如风：保持站姿的基础上，水平向前，步伐轻盈、快步行走（无紧急情况不得在酒店区域奔跑）双臂自然摆动，前后不超过30°，面部表情自然微笑，多人行走时不可并排同行，遇到客人，主动侧身让路问好。

（一）正确的走姿要求

（1）规范的走姿首先要以端正的站姿为基础。

（2）双肩应平稳，以肩关节为轴，双臂前后自然摆动，摆幅以30°～35°为宜，手臂外开不超过30°。

（3）上身挺直，头正、挺胸、收腹、立腰，重心稍向前倾，提臀、曲大腿带动小腿向前迈。

（4）注意步位。脚尖略开，起步时，身体微向前倾，脚跟先接触地面依靠后腿将身体重心送到前脚掌，使身体前移，两脚内侧落地时，行走的轨迹应是一条直线。行走中身体的重心要随着移动的脚步不断向前过渡，而不要将重心停留在后脚，并注意在前脚着地和后脚离地时要伸直膝部。

（5）步幅适当。一般是前脚的脚跟与后脚的脚尖相距为脚长，跨步时，两脚之间相距约一只脚到一只半脚，步伐稳健，步履自然，要有节奏感。保持一定的速度。速度过快容易给人以浮躁、慌张的印象；过慢则显得没有生气和活力。一般情况下，男士每分钟行走108～118步，女士每分钟行走118～120步。

男士穿西服时要注意保持身体挺拔，后背平正，走路的步幅可略大些，手臂自然放松、伸直摆动，手势要简洁、大方，步态要求舒展、矫健。

女士穿裙装时步幅不宜太大，两脚内侧要落到一条线上，脚尖略向外开，两手臂自然摆动，幅度也不宜过大，臀部可随着脚步和身体的重心移动而稍左右摆动，体现出柔和、含蓄、典雅的风格。穿高跟鞋时，由于鞋跟较高，身体重心自然前移，为了保持身体平衡，必须挺胸、收腹、提臀，膝盖绷直，全身有挺拔向上的感觉。行走时步幅不宜过大，膝盖不要过弯，两腿并拢，两脚内侧落到一条线上，脚尖略向外开，足迹形成柳叶状，俗称"柳叶步"。

（二）常见的走姿训练

1. 标准走姿

需要注意的问题：避免走路时前俯、后仰或脚尖向外、向内呈"外八字"、"内八字"的走步，步幅太小或双手反背（正确走姿见图1-88、图1-89）。

2. 后退步

向他人告辞时，应先向后退两三步，再转身离去。退步时，脚要轻擦地面，不可高抬小腿，后退的步幅要小。转体时要先转身体，头稍候再转。

3. 侧身步

当走在前面引导来宾时，应尽量走在宾客的左前方。髋部朝向前行的方向，上身稍向右转体，左肩稍前，右肩稍后，侧身向着来宾，与来宾保持两三步的距离。当走在较窄的路面或楼道中与人相遇时，也要采用侧身步，两肩一前一后，并将胸部转向他人，不可将后背转向他人。

图1-88 　　　　　　　　图1-89

4. 平行步

平行步走姿的注意要点是收腹、两眼平视前方、下颌微收、两臂前后摆动，两手离支撑腿的距离约15～20厘米，肘关节微屈。

训练初期在地上画好直线，练习者以立正姿势站好，出左脚时，脚跟着地，落于离直线 5 厘米处，迅速过渡到脚尖，脚尖稍向外，右脚动作同左脚，注意立腰、挺胸、展肩。

5. "一字步"走姿

在商务活动及服务工作中，女士常见的走姿是"一字步"。"一字步"走姿的要领是：行走时两脚内侧在一条直线上，两膝内侧相碰，收腰提臀、挺胸收腹，肩外展，头正颈直、微收下颌。

训练初期在地面上画好几条直线，练习者踩直线，以立正姿势站好，出左脚时，稍前送左胯，出右脚时，稍前送右胯，两脚踩在一条直线上。两臂自然摆动，前摆后摆距离相等，手半握拳，立腰，挺胸，收腹，沉肩，肩后展，两眼平视前方，头正，微收下颌，注意左右送臀时上体保持平稳，不可左右摇摆。

（三）不雅的走姿

（1）方向不定，忽左忽右。

（2）体位失当，摇头、晃肩、扭臀。

（3）扭来扭去的"外八字"步和"内八字"步。

（4）左顾右盼，重心后坐或前移。

（5）与多人走路时，或勾肩搭背，或奔跑蹦跳，或大声喊叫等。

（6）双手反背于背后。

（7）双手插入裤袋。

四、仪态礼仪——蹲姿

在日常生活中，当人们拿取、捡拾低处物品时，往往需要采用蹲姿。但是很多人却因不雅的蹲态而破坏了个人形象，同时也令旁观者感到尴尬。

（一）标准的蹲姿

下蹲时注意两腿靠近，臀部始终向下。如果旁边站有他人，尽量使身体的侧面对着别人，保持头、胸和膝关节自然、大方、得体。

（二）常见的蹲姿

1. 普通式

下蹲时，左脚在前，右脚稍后，两腿靠紧往下蹲。左脚全脚着地，小腿基本垂直于地面，右脚脚跟提起，脚掌着地。右膝低于左膝，右膝内侧靠于左小腿内侧，形成左膝高、右膝低的姿势，臀部向下，基本上靠一条腿支撑身体。男士选用这种蹲姿时，两腿之间可有适当距离。

男女蹲姿——普通式（见图1-90、图1-91）。

图1-90 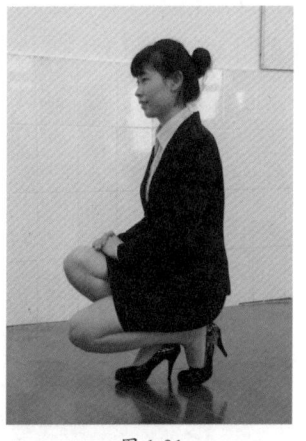   图1-91

2. 交叉式

下蹲时右脚在前，左脚在后，右小腿基本垂直于地面，全脚着地。左腿在后与右腿交叉重叠，左膝由后面伸向右侧，左脚跟抬起，脚掌着地。两腿前后靠紧，合力支撑身体。臀部向下，上身稍前倾。此姿势较适合于女性。

女蹲姿——交叉式（见图1-92、图1-93）。

图1-92 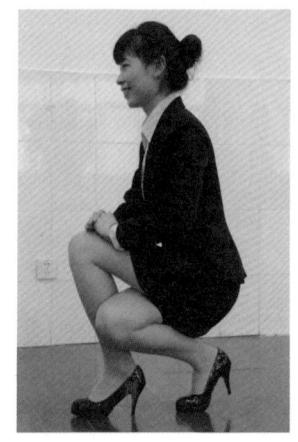   图1-93

（三）蹲姿的禁忌

1. 忌方位失当

如正对或背对客人蹲下，会让对方感到尴尬或不便。

2. 忌毫无遮掩

下蹲时，注意不要让背后的上衣自然上提，露出皮肤和内衣裤；女士无论采用哪种蹲姿，切忌两腿分开，既不雅观，更不礼貌。此外，下蹲的禁忌还有：忌弓背撅臀、忌突然下蹲、忌离人过近、忌蹲着休息。

错误蹲姿（见图 1-94、图 1-95）。

图 1-94 　　　　　　　　图 1-95

（四）优雅的取物姿态

（1）靠近，让物品在右前方。

（2）上身保持垂直地蹲下，略低头。

（3）眼睛看着物品。

（4）下蹲双膝一高一低。

（5）下蹲速度不易突然、过快、东张西望。

（6）避免露出内衣，裙装双腿并拢。

【知识链接】

一、仪态塑造的意义

（1）仪态的含义。姿态包括站立、行走、坐、手势等方面，姿态是人体的一种无声语言，不同的姿态显示着人们不同的精神状态和礼仪教养。商务人员必须十分注意自己的站姿、走姿、坐姿等，以体现良好的素质和教养。从体态知觉人的内心世界，把握人的本来面目，往往具有相当的准确性和可靠性。

（2）仪态的礼仪功能。表达简洁、生动、真实、形象、自然。

（3）仪态塑造的目的。为了打造美好的高素质的职业形象。

二、手势训练

手势是商务服务工作中极富表现力的一种"体态语言"，是通过手和手指的活动传递信息的，它作为信息传递方式不仅远远早于书面语言，甚至早于有声语言。商业人员正确地掌握和运用手势，可以增强感情的表达，提高服务效果。

1. 手势的不同含义

要想发挥手势的交际作用，就要了解、熟悉交际对象和环境的文化特征，不同文化背景下手势的不同含义。

例如，伸出拇指向上，在欧美国家表示好、赞同；中国表示称赞；日本表示老爷子。拇指向下，大多表示反对。食指上指，中国表示数字1，欧美代表打招呼，法国代表提问，而澳大利亚则表示给我一杯啤酒。

2. 手势的规范标准

五指伸直并拢，注意将拇指并严。腕关节伸直，手与前臂成直线。做动作时，肘关节既不要呈90°直角，也不要完全伸直，弯曲140°为宜，男性可用平行手。掌心斜向上方，手掌与地面成45°角。身体稍前倾，肩下压，眼睛随手走，位于头和腰之间。运用手势时，一定要目视来宾，面带微笑，体现出对宾客的尊重。

一般来说，掌心向上的手势有一种诚恳、尊重他人的意义，向下则不够坦率，缺乏诚意等，有时是权威性的，如对女士行礼，开会时领导要求"安静"等。

3. 手势的基本形式

1）横摆式

在商业服务中，表示"请"的意思时，经常采用手臂横摆式。

以右手为例，具体动作要求如下：五指并拢伸直，掌心向上，手掌平面与地面成45°，肘关节微曲为140°左右，腕关节要低于肘关节。做动作时，手从腹前抬起，至上腹部处，然后以肘关节为轴向右摆动。摆到身体右侧稍前的地方停住。注意不要将手臂摆到体侧或体后，同时身体和头部微微由左、向右倾斜，视线也随之移动；双脚并拢或成右丁字步，左臂自然下垂或背在身后，目视客人，面带微笑（见图1-96、图1-97）。

图1-96　　　　　　　　图1-97

2）直臂式

当给客人指示方向时，可采用横摆式，也可采用直臂式。

以右手为例，具体动作要求如下：五指并拢伸直，曲肘由身前向左斜前方抬起，抬到约与肩同高时，再向要指示的方向伸出前臂，身体微向左倾。与横摆式不同的是，手臂高度与肩基本同高，肘关节伸直（见图1-98）。

3）曲臂式

当工作人员一只手扶着门把手或电梯门，或一手拿着东西，同时又要做出"请"或指示方向的手势时，可采用曲臂式手势。以右手为例，具体动作要求如下：五指伸直并拢，从身体的右侧前方，由下向上抬起，抬至上臂离开身体105°时，以肘关节为轴，手臂由体侧向体前的左侧摆动，摆到距身体20厘米处停住，掌心向上，手指尖指向左方，头部随着客人的移动从右转向左方（见图1-99）。

图 1-98

图 1-99

4）双臂横摆式

在庆典活动中来宾较多，向众多来宾表示"请"或指示方向时，可采用双臂横摆式。具体动作要求如下：两手五指分别伸直并拢，掌心向上，从腹前抬起至上腹部处，双手上下重叠，同时向身体两侧摆，摆至身体的侧前方，肘关节略微弯曲，上身稍向前倾，面带微笑，头微点，向客人致意。如果来宾站在某一侧，也可将两手臂向同一侧摆动（见图1-100、图101）。

4. "三位"手势训练

（1）高位手势。高位：头（客人在5米以外）。

（2）中位手势。中位：肩（客人在2～5米处）。

（3）低位手势。低位：腰（客人在1米左右）。

图 1-100　　　　　　　　　　　图 1-101

5. 常见的"三位"手势运用

（1）请进。用中位手势。迎客时，站在一旁，先鞠躬问候，再抬手到身体的右前方。微笑友好地目视来宾，直到客人走过，再放下手臂。

（2）引导。用中位手势。在客人的左前方2～3步前引路，尽量让客人走在路的中央，并且要与客人步伐保持一致，注意客人的反应，适当地做介绍。如果要指引方向，先用语言回答来宾询问的内容，并用手势指出方向的位置，尽可能带来宾到适当的地方，再做手势，眼睛应同时兼顾到手指的方向和来宾，直到来宾表示清楚了，再把手臂放下。

（3）请坐。采用低位手势。接待来宾入座时，一只手由体前抬起，从上向下摆动到距身体45°处，使手臂向下形成一条斜线，表示请入座。

（4）请往高处看。采用高位手势。

（5）里边请。采用中位手势。

三、表情礼仪训练

现代心理学家认为，情感的表达是人们保持正常交往的纽带，它主要是通过言语、声音、表情方面来完成，并总结了一个公式：感情表达＝言语（7%）＋声音（38%）＋表情（55%）。可见表情在人与人的交往与沟通中占有相当重要的位置。

表情是指人的面部情感，是人们心理活动的外在表现。商务人员在表情方面应具备较强的自我约束力和控制力。

目光和笑容是服务人员面部表情的核心，恰当地运用目光和笑容会给顾客留下美好的印象，有助于完成更礼貌的服务。

（一）微笑训练

1. 微笑是人际交往的通行证

微笑在人类各种文化中的含义是基本相同的，是真正的"世界语"，能超越文化而传播。微笑是人类最富魅力、最有价值的体态语言，微笑既是一种人际交往的技巧，也是一种礼节。它表现着友好、愉快、欢喜等情感，几乎在所有的商业服务都提供"微笑服务"，微笑成了评价服务质量的重要标志。例如，著名美国的希尔顿集团的董事长在谈及企业成功秘诀时，自豪地说："是靠微笑的影响力。"因此，他经常问下属的一句话便是"今天，你对顾客微笑了没有？"

2. 微笑的内涵

（1）微笑是自信的象征。一个人只要充分尊重、重视自己，必然重视强化自我形象。

（2）微笑是道德修养的充分体现。懂礼貌、尊重别人，为表示热情、友好，常把微笑当作礼物，慷慨地奉献给别人。

（3）微笑是和睦相处的反映。见面时，微笑是问候语；客人到来时，微笑是欢迎曲；接待客人时，微笑是热情与尊重；送别时，微笑是告别词；不小心出了错，微笑便成为道歉语。

（4）微笑是心理健康的标志。一个心理健康的人，一定能将美好的情操、愉快的心境、善良的心地变成微笑。

3. 笑容训练

1）笑容训练的具体要求

商务人员在工作中应表现出笑容可掬的神态：略带笑容，不显著，不出声，热情、亲切、和蔼，是内心喜悦的自然流露，而非傻笑、抿嘴笑、奸笑、大笑、狂笑等。

根据人际关系学家的观点，笑可以分为三种，第一种是微笑（见图1-102），微笑时，嘴巴不张开，上、下牙齿均不露出，也不发出声音，是一种笑不露齿的笑，仅仅是脸部肌肉的美丽运动，这也是微笑的具体要求；第二种是轻笑（见图1-103），轻笑时嘴巴略微张开，一般下牙不露出，并发出轻微的声音；第三种哈哈大笑（见图1-104），哈哈大笑时，嘴巴张得较大，上牙和下牙均露出，并发出"哈哈"之声。

图1-102 微笑 　　　　图1-103 轻笑 　　　　图1-104 哈哈大笑

2）"三度"微笑及其运用

"一度"微笑（见图1-105）。只牵动嘴角肌，适于客人刚到时。

"二度"微笑（见图 1-106）。嘴角肌、颧骨肌同时运动，适用于交谈进行中。

"三度"微笑（见图 1-107）。嘴角肌、颧骨肌与其他笑肌同时运动，是一种会心的微笑，适用于生意成功或欢送宾客时，一般以露出"6～8颗牙"为宜。

图 1-105 "一度"微笑　　图 1-106 "二度"微笑　　图 1-107 "三度"微笑

（二）眼神训练

眼睛是心灵的窗户，眼神能准确地表达人们的喜、怒、哀、乐等一切感情，商务人员应学会正确地运用目光，为客户创造轻松、愉快、亲切的环境与气氛，从而消除陌生感，缩短距离，确立良好的合作关系。

1. 眼神运用的具体要求

（1）正视客户的眼部。向客户行注目礼接待客户时，无论是问话答话、递接物品、收找钱款，都必须以热情柔和的目光正视客户的眼部，向其行注目礼，使之感到亲切温暖。

（2）视线要与客户保持相应的高度。在目光运用中，正视、平视的视线更能引起人的好感，显得礼貌和诚恳，应避免俯视、斜视。俯视会使对方感到傲慢不恭，斜视易被误解为轻佻。比如站着的服务人员和坐着的客户说话，应稍微弯下身子，以求拉平视线；侧面有人问话，应先侧过脸去正视来客再答话。

（3）运用目光向来客致意。当距离较远或人声嘈杂，言辞不易传达时，服务人员应用亲切的目光致意，不致使来客感到受冷落。

（4）眼神的组成。眼神主要由视线接触的时间长短、视线接触的方向及瞳孔的变化三方面组成。

①接触时间。据心理学家研究表明，人们视线相互接触的时间，通常占交谈时间的 30%～60%。时长超过 60%，表示彼此对对方的兴趣大于交谈的内容，特殊情况下，表示对尊长者的尊敬；时长低于 30 秒表示对对方或交谈的话题没什么兴趣，有时也是疲倦、乏力的表现。

视线接触时，一般连续注视对方的时间最好在 3 秒钟以内。在许多文化背景中，长时间的凝视、直视、侧面斜视或上下打量对方，都是失礼的行为。

②接触方向。可分为视线接触三区。

a. 上三角区（眼角至额头），处于仰视角度，常用于学生对老师，下级对上级的场合，表示敬畏、尊敬、期待、服从等。

b. 中三角区（眼角以上面部），处于平视、正视的角度，表示理性、坦诚、平等、自信。

c. 下三角区（前胸），属于隐私区、亲密区，不能乱盯。视线向下，处于俯视角度，表示爱护、宽容。

③瞳孔的变化。瞳孔的变化即视觉接触瞳孔的放大或缩小。

美国心理学家赫斯经过长期研究得出如下结论：瞳孔的收缩与放大，既与光线刺激的强弱有关，也与心理活动机制有关，而且瞳孔的变化是无法自觉地和有意识地加以控制的。

不能死盯着对方，也不要躲躲闪闪、飘忽不定或眉来眼去，更应避免瞪眼、斜视、逼视、白眼、窃视等不礼貌的眼神。

2. 多种眼神的训练

（1）柔和、亲切的眼神。

（2）困惑、烦恼的眼神。

（3）激动、兴奋的眼神。

（4）高兴、快乐的眼神。

（三）微笑、眼神训练方法

（1）"筷子训练法"训练微笑（见图1-108）。微笑训练以教师传授要领后学生个人对着镜子自我训练为主，学生对着镜子来调整和纠正"三度"微笑。众所周知，嘴角、眼睛和眉毛缺少变化的人很难有美丽的笑脸，"筷子训练法"能让我们的嘴角上扬、脸部运动。具体做法如下。

图1-108

第一步：首先站在镜子前面，观察自己的嘴部形状，看看自己平时不笑的时候，嘴角是向上微翘还是嘴角下垂，并观察这时候的表情是否好看。

第二步：用上下两颗门牙轻轻咬住筷子，看看自己的嘴角是否已经高于筷子了。如果嘴角还是低于筷子，就不容易出现笑容。笑的时候注意要露出牙齿。

第三步：继续咬着筷子，嘴角最大限度地上扬。也可以用双手手指按住嘴角向上推，在上扬到最大限度的位置保持30秒。

第四步：保持上一步的状态，拿下筷子。这时的嘴角就是你微笑的基本脸型。能够看到上排10颗牙齿就合格了。记住这时候嘴角的形状，平时就要努力笑成这个样子。

第五步：再次轻轻地咬住筷子，发出"yi"的声音的同时嘴角向上向下反复运动，持续30秒。

第六步：拿掉筷子，察看自己微笑时的基本表情。用双手托住两颊从下向上推，同时要发出声音反复地数"1、2、3、4"，持续30秒。

第七步：放下双手，同上一个步骤一样数"1、2、3、4"，也要发出声音。重复30秒结束。数到"1"的时候嘴角要努力上扬。双手要一直托着两颊。

（2）多想想微笑的好处，回忆美好的往事，发自内心地微笑。嘴角露出微笑。

（3）发"一"、"七"、"茄子"、"威士忌"等音，练习嘴角肌，使嘴角露出微笑。

（4）同学之间通过打招呼、讲笑话来练习微笑，并相互纠正。

（5）情景熏陶法，通过美妙的音乐创造良好的环境氛围，引导学生会心地微笑。

（6）在眼神训练中，同样可采用面对镜子完成各种眼神练习的方法。

（7）手张开举在眼前，手掌向上提并随之展开，随着手掌的上提、打开，使眼睛一下子睁大有神。

（8）同学之间相互检测对方眼神是否运用恰当。

（9）在综合训练时，在教师监督下学会正确运用表情，注意微笑与眼神协调的整体效果。不当之处由教师现场指出、修正。

（四）鞠躬礼训练

鞠躬礼是向他人表示敬重的郑重礼节，常用于下级对上级、服务人员对宾客、庄严肃穆或喜庆欢乐的仪式上欢送宾客等场合。鞠躬时应从心底发出对对方表示感谢、尊重的意念，从而体现于行动，给对方留下诚恳、真挚的印象。

1.鞠躬礼的行礼规范及种类

1）基本规范

身体直立，面带微笑（没有微笑的鞠躬礼是失礼的），正对受礼者，男士双手自然下垂于体侧，女士则将双手在体前轻握，以腰部为轴，腰、背、颈、头成一条直线，身体前倾15°～90°，视线随之自然下垂，维持此状1秒钟。同时致以问候或告别语，如"您好"、"欢迎光临"、"欢迎下次再来"等。通常，受礼者应以与行礼者的上身前倾幅度大致相同的鞠躬还礼，但是，上级或长者还礼时，可以欠身点头或在欠身点头的同时伸出右手答之，不必以鞠躬还礼。

鞠躬礼节起身时，再恢复到标准的站姿，目光再注视对方脸部。

2）鞠躬的角度

鞠躬角度越大表示越恭敬。

3）鞠躬礼的种类及适用场合

15°（见图1-109）鞠躬礼运用于一般的服务性问候和应酬，如介绍、握手、问候、递物、让座、让路、接待身份对等的来访者等。

30°～45°的鞠躬礼（见图1-110、图1-111）表示向对方敬礼，常用于重要活动、重要场合中的问候礼节。通常为下级向上级，学生向老师，晚辈向长辈，以及服务人员对来宾表示致意所用。日本人比较讲究鞠躬礼，往往第一次见面时行"问候礼"是30°；分手离开时行"告别礼"是45°。

90°一般用于三鞠躬或用于向对方深度敬礼和道歉，属最高礼节。常用于中国传统的婚礼、追悼会等正式仪式，服务场合中很少使用。

图1-109　15°鞠躬　　图1-110　30°鞠躬　　图1-111　45°鞠躬

2. 行鞠躬礼的禁忌

（1）鞠躬时忌不脱帽。

（2）鞠躬时忌站立不直或不站立。

（3）鞠躬时忌眼睛不往下，而是翻起看着对方。

（4）忌边走边鞠躬。

（5）鞠躬时忌吃东西、抽烟、东张西望、晃头晃脑。

（6）忌手插衣裤口袋或双手提拿物品。

【案例分析】

案例一

请另谋高位

一次某公司招聘文秘人员，由于待遇优厚，应者如云。中文系毕业的小节同学前往面试，她的背景材料可能是最棒的：大学四年中，在各类刊物上发表了3万字的作品，内容有小说、诗歌、散文、评论、政论等，还为六家公司策划过周年庆典，一口英语表达也极为流利，书法也堪称佳作。小节五官端正，身材高挑、匀称。面试时，招聘者拿着她的材料等她进来。小李穿着迷你裙，露出藕段似的大腿，上身是露脐装，涂着鲜红的唇膏，轻盈地走到一位考官面前，不请自坐，随后跷起了二郎腿，笑眯眯地等着问话。孰料，三位招聘者互相交换了一下眼色，主考官说："李小姐，请下去等通知吧。"她喜形于色："好！"挎起小包飞跑出门。讨论题：

（1）李小姐的应聘为什么会失败？
（2）服装美的最高境界是外在美和内在美的统一，你对这个问题是怎样理解的？

案例二

小节误大事

风景秀丽的某海滨城市的朝阳大街，高耸着一座宏伟楼房，楼顶上"远东贸易公司"六个大字格外醒目，某照明器材厂的业务员金先生按原计划，手拿企业新设计的照明器样品，兴冲冲地登上六楼，脸上的汗珠未来得及擦一下，便直接走进了业务部张经理的办公室，正在处理业务的张经理被吓了一跳。"对不起，这是我们企业设计的新产品，请您过目"，金先生说。张经理停下手中的工作，接过金先生递过的照明器，随口赞道："好漂亮呀！"并请金先生坐下，倒上一杯茶递给他，然后拿起照明器仔细研究起来。金先生看到张经理对新产品如此感兴趣，如释重负，便往沙发上一靠，跷起二郎腿，一边吸烟一边悠闲地环视着张经理的办公室，当张经理问他电源开关为什么装在这个位置时，金先生习惯性地用手搔了搔头皮，好多年了，别人一问他问题，他就会下意识地用手去搔头皮，虽然金先生作了较详尽的解释，张经理还是有点半信半疑。谈到价格时，张经理强调："这个价格比我们预算的高出较多，能否再降低一些？"金先生回答："我们经理说了，这是最低价格，一分也不能再降了。"张经理沉默了半天没有开口，金先生却有点沉不住气，不由自主地拉松领带，眼睛盯着张经理。张经理皱了皱眉："这种照明器的性能先进在什么地方？"金先生又搔了搔头皮，反反复复地说："造型新，寿命长，节电。"张经理托辞离开了办公室，只剩下金先生一个人，金先生等了一会儿，感到无聊，便顺手抄起办公桌上的电话，同一个朋友闲谈起来，这时，门被推开，进来的却不是张经理，而是办

公室秘书。（资料资源：杨眉主编，《现代商务礼仪》东北财经大学出版社，2000年5月版）

问题：请指出金先生的问题出在哪儿。

【实践训练】

1. 各虚拟公司成员根据自己性别进行站姿训练，并将各种站姿练习拍照做成课件上交，实训课进行站姿作业展示。

2. 各虚拟公司成员根据自己性别进行坐姿训练，并将各种坐姿练习拍照做成课件上交，实训课进行坐姿作业展示。

【课后训练】

一、简答题

1. 请简述商务人员站姿、坐姿、行姿、蹲姿的规范要求。
2. 请结合实际，谈谈商务人员在商务场合要避免哪些走姿、坐姿？

二、实训操作

1. 五人一小组人人过关站姿考核，没有通过或做错的同学再随下一组考核，直至过关；教师示范男、女生不同的坐姿，同学分开练习，最后以小组对抗练习成果。

2. 五人一小组人人过关坐姿考核，没有通过或做错的同学再随下一组考核，直至过关；教师示范行姿及女生的蹲姿，同学分开练习，最后以小组对抗练习成果。

3. 五人一小组（女生）人人过关蹲姿考核，没有通过或做错的同学再随下一组考核，直至过关；教师示范礼姿、手势及微笑的礼仪规范，同学两人一小组训练。

三、案例分析题

酒店老板与无赖

一个人走进酒店要了酒菜，吃完摸摸口袋发现忘带钱了，便对老板说："店家今日忘带钱了，改日送来。"店老板连声说："不碍事，不碍事。"并恭敬地把他送出了门。

这个过程被一个无赖给看见了，他也进了饭店要了酒菜，吃完后摸了一下口袋对店老板说："店家今日忘带钱了，改日送来。"

谁知店老板脸色一变，揪住他，非剥他的衣服不可。

无赖不服说："为什么刚才那人可以记账，我就不行？"

店家说："人家吃饭，筷子在桌子上放齐，喝酒一盅盅地筛，斯斯文文，吃罢掏出手绢揩嘴,是个有德行的人,岂能赖我几个钱,你呢?筷子在胸前放齐,狼吞虎咽,吃上瘾来,脚踏上条凳,端起酒壶直往嘴里灌,吃罢用袖子揩嘴,分明是个居无定室、食无定餐的无赖之徒,我岂能饶你!"

一席话,说得无赖哑口无言,只得留下外衣,狼狈而去。

读过这个案例之后,你可以得到什么启示?

学习任务 1-3　商务人员得体职业着装设计

> 一个人其实就是服装!——范思哲
> 西方的服装设计大师认为:"服装不能造出完人,但是第一印象的 80% 来自于着装。"
> 世界知名的服装心理学家高莱说:"着装是自我的镜子。"

美国有关部门曾做了一个试验:让一个人到 100 家公司洽谈业务,前 50 家,他的衣冠不整,不修边幅,结果只有 20% 的公司勉强接待了他;后 50 家,他注重了自己的服饰,西装、领带、皮鞋穿戴正确,结果 80% 家公司热情接待了他,同一个人遇到了不同的结果。可见服饰是一个人在现代生活中尤其是商务活动中非常重要的一部分。因此,有必要专门来介绍商务人员职业着装设计。

服装是一种无声的语言,在人与人的交流中,服饰给人留下的印象是深刻、鲜明的,一个商务人员的服饰是否得体,不仅反映了其审美情趣和修养,同时也反映了其对待他人的态度,因此应谨慎对待。

对商务人员而言,个人服饰是个人教养和阅历的最佳写照。对交往对象尊重与否,对场合是否关注和重视,关键一个问题就是,选择搭配是否到位,是否给别人和谐美感。

➥【任务分析】

商务着装礼仪是成功人士设计形象即外表的塑造的重要内容,涉及方方面面,但必须考虑如下几个方面:

- 商务人员职业着装基本原则。
- 不同场合的着装搭配。
- 男士西装仪表礼仪。
- 女士套装仪表礼仪。

> "见人不可不饰。不饰无貌,无貌不敬,不敬无礼,无礼不立"——孔子

"佛要金装，人要衣装"，一个对生活充满信心的人，他的服饰应是整洁、美观的；一个文化素养高的人，他的穿戴常常是端庄、高雅的。服饰是非言语交流的主要媒介，反映了一个人的社会地位、身份、职业、收入、爱好、甚至一个人的文化素养、个性和审美品位。

一、商务人员职业着装基本原则

得体的穿着，不仅可以使人显得更加美丽，还可以体现出一个现代文明人良好的修养和独到的品位。作为一个成功的职场人，必须掌握如下职业着装的基本原则。

（一）场合原则

即穿着要与场合气氛相和谐。工作场合的着装，要求与职业相协调；社交场合的着装，应该根据所处场合气氛的变化来选择服饰。如在宴会、联欢会等喜庆的场合，服装颜色可相对鲜亮，款式可相对新颖；在庆典、仪式、接见外宾等庄重的场合，穿着就要规范得体；在追悼会等悲伤、肃穆的场合，服装款式就应该简洁庄重，颜色则应以深沉的颜色来应时应景。

与顾客会谈、参加正式会议等，衣着应庄重考究；听音乐会或看芭蕾舞，则应按惯例着正装；出席正式宴会时，则应穿中国的传统旗袍或西方的长裙晚礼服；而在朋友聚会、郊游等场合，着装应轻便舒适。试想一下，如果大家都穿便装，你却穿礼服就有欠轻松；同样的，如果以便装出席正式宴会，不但是对宴会主人的不尊重，也会令自己颇觉尴尬。

（二）时间原则

即穿着要应时。一般包含三个含义，第一个含义是指每天的日间和晚上的变化；第二个含义是指每年的春、夏、秋、冬四季的不同；第三个含义是指时代的差异。在不同的时间里，着装的类别、式样、造型应有所变化。比如，冬天要穿保暖、御寒的冬装，夏天要穿通气、吸汗、凉爽的夏装。白天穿的衣服需要面对他人，应当合身、严谨；晚上睡觉时穿的衣服不为外人所见，应当舒适、随意等。

不同时段的着装规则对女士尤其重要。男士有一套质地上乘的深色西装或中山装足以包打天下，而女士的着装则要随时间而变换。白天工作时，女士应穿着正式套装，以体现专业性；晚上出席鸡尾酒会就须多加一些修饰，如换一双高跟鞋，戴上有光泽的佩饰，围一条漂亮的丝巾；服装的选择还要适合季节气候特点，保持与潮流大势同步。

（三）地点原则

即穿着要因地制宜。在不同的地点，着装的款式理当有所不同，切不能以不变应万变。例如，穿泳装出现在海滨、浴场，是人们司空见惯的，但若是穿着泳装去上班、逛街，

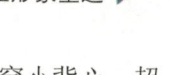

则定会令人瞠目结舌。在中国或欧美国家，一位少女只要愿意，随时可以穿小背心、超短裙；但她若以这身打扮出现在着装保守的阿拉伯国家，就会显得有些不尊重当地人了。

在自己家里接待客人，可以穿着舒适但整洁的休闲服；如果去公司或单位拜访，穿职业套装会显得专业；外出时要顾及当地的传统和风俗习惯，如去教堂或寺庙等场所，不能穿过露或过短的服装。

（四）角色原则

人们的社会生活是多方面、多层次的，人们经常在不同的社会场合扮演不同的社会角色。在社会活动中，人们的仪表、言行必须符合其身份、地位、社会角色，才能被人所理解、接受。如一位成功人士，以蓬头垢面、破衣烂衫的形象出现在众人面前，就很难让人相信他的经济实力。因此，利用得体的着装，可以满足他人对自己社会角色的期待，促成社交的成功。

场合与着装

1983年6月，美国总统里根初访欧洲四国时，由于在庄重严肃的正式外交场合没有穿黑色礼服，而穿了一套花格西装，引起了西方舆论一片哗然。有的新闻媒体批评里根不严肃、缺乏责任感，与其演艺生涯有关；而有的新闻媒体甚至评论里根自恃大国首脑，狂妄自大，没有给予欧洲伙伴应有的尊重和重视。里根的出访受到了这件花格西装严重的影响，无论怎么解释都无济于事。

（五）整洁平整

无论是商务场合的正装，还是休闲场合的便服，均应以整齐、洁净为原则。如衣服不能沾有污渍，尤其要注意衣领和袖口处；衣服不能有脱线的地方，更不能有破洞；衣服的扣子等配件应齐全等。再新款的时装若不整洁，也将大大影响穿着者的仪表。

服装并非一定要高档华贵，但须保持清洁，并熨烫平整，穿起来就能使人显得大方得体、精神焕发。整洁并不完全为了自己，更是尊重他人的需要，这是良好仪态的第一要务。

（六）整体性原则

培根说："美不在部分而在整体。"孤立地看一个事物的各个部分可能不美，但就整体看却可能显得很美。着装同样也是如此，服装颜色、质地、款式、配件的和谐搭配才能起到修饰形体、容貌等作用，与个人浑然一体，真正达到整体美。

1. 色彩技巧

不同色彩会给人不同的感受，如深色或冷色调的服装会使人产生视觉上的收缩感，显得庄重严肃；而浅色或暖色调的服装会有扩张感，使人显得轻松活泼。因此，可以根据不同需要进行选择和搭配。

1）不同颜色的含义

- 黑色：象征神秘、庄重、刚强、坚定等。
- 白色：象征纯洁、明亮、朴素、高雅、神圣等。
- 黄色：象征炽热、光明、高贵、权威、庄严、希望等。
- 大红色：象征活力、热烈、激情、喜庆、福禄、爱情、革命等。
- 粉红色：象征温馨、温情、柔和等。
- 紫色：象征高贵、华贵、庄重等。
- 橙色：象征快乐、热情、活泼等。
- 绿色：象征生命、青春、自然、朝气、新生等。
- 浅蓝：象征纯洁、清爽、文情、梦幻等。
- 深蓝：象征自信、沉静、深邃、平稳等。
- 灰色：象征中立、和气、文雅等。
- 褐色：象征谦和、平静、沉稳、亲切等。

2）服饰色彩搭配技巧

服饰色彩搭配得当，可使人显得端庄优雅、风姿绰约。

同种色彩搭配，如深红与浅红、深绿与浅绿、深灰与浅灰等，这样搭配的上下衣，可以产生一种和谐、自然的色彩美。

邻近色相配，如红与黄、橙与黄、蓝与绿等颜色的配合。

主色调相配，以一种主色调为基础色，再配上一二种或几种次要色，使整个服饰的色彩主次分明、相得益彰。

男性的服装以不超过三种颜色为好。

男士着装三色原则：指服饰色彩在正规场合时，全身的颜色不得多于三种，包括上衣、下装、衬衫、领带、鞋和袜。当然这三种颜色指的是三大色系，可以深浅不同。

如果看见一位男士迎面走过来，不用管他的头衔、职位和名片，只要把他身上的颜色数一数就明白了。

- 三种颜色——正规军。
- 四种颜色——游击队。
- 五种颜色——比较傻。
- 五种以上——尤其傻。

男士没有女士那么多色彩斑斓的衣服可以更换，只能做到细节的完美。

三一定律：男士的鞋子、腰带、公文包这三个地方的颜色应该一致。通常都采用黑色，协调美观、搭配到位。

女子常用的各种花型面料，色彩也不要过于堆砌，色彩过多，显得太浮艳、俗气；不同色彩相配，常采用对比手法，在不同色相中，红与绿、黄与紫、蓝与橙、白与黑都是对比色，对比的色彩，既有相互对抗的一面，又有互相依存的一面，在吸引人或刺激人的视觉感官的同时，产生出强烈的审美的效果。

2. 配套齐全

除主体衣服外，鞋袜手套等的搭配也要多加考究。如袜子以透明近似肤色或与服装颜色协调为好，带有大花纹的袜子不能登大雅之堂。正式、庄重的场合不宜穿凉鞋或靴子，黑色皮鞋是适用最广的，可以和任何服装相配。

3. 饰物点缀

巧妙地佩戴饰品能够起到画龙点睛的作用，给女士增添色彩，但是佩戴的饰品不宜过多，否则会分散对方的注意力。佩戴饰品时，应尽量选择同一色系。佩戴首饰最关键的就是要与你的整体服饰搭配统一起来。

（七）个性化原则

着装的个性化原则，主要指依个人的性格、年龄、身材、爱好、职业等要素着装，力求反映一个人的个性特征。选择服装因人而异，其重点在于扬长避短，显现独特的个性魅力和最佳风貌；现代人的服饰呈现出越来越强的表现个性的趋势。

二、不同场合的着装搭配

（一）礼服

传统的西方男士礼服有大礼服（见图 1-112）、小礼服（见图 1-113）、晨礼服之分。大礼服也称为燕尾服，由黑色或白色衣料做成，背后裁剪得像燕子的尾巴。大礼服是夜晚的正式礼服，如授勋仪式、诺贝尔奖授奖仪式等场合穿燕尾服（见图 1-112、图 1-117）。小礼服也称为晚餐服或便礼服，一般参加晚 6 时以后举行的晚宴、音乐会、剧院演出等活动着的礼服，小礼服配饰是领结而不是领带（见图 1-113、图 1-117）。晨礼服则为白天参加典礼、星期日教堂礼拜的着装。女士礼服可分为大礼服、小礼服和长礼服（见图 1-114～图 1-116），使用场合与男士的传统礼服相对应。女士礼服特点是日间密实，夜间露肤，晚礼服使用闪光面料及装饰品。

近些年，大多数国家在礼服方面日趋简化，男士均可以质料上好的深色西装作为礼服。而在中国，服装没有严格的礼服、便服之分，在正式场合男士不用穿礼服，穿正规西装、中山装（见图 1-118）、唐装等，颜色可多样，与身体和谐，要适合自己。女士则按季节和场合不同，以西装套裙、民族服装、旗袍（见图 1-119）或连衣裙等作为礼服。

图 1-112　大礼服（燕尾服）　　　　图 1-113　小礼服

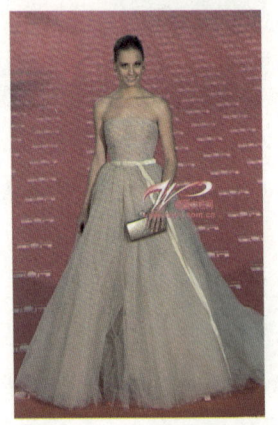

图 1-114　女士大礼服　　图 1-115　女士小礼服　　图 1-116　女士长礼服

图 1-117

图 1-118 　　　　　　　图 1-119

（二）职业装

1. 男士西装

西装在欧洲已有一百多年的历史，清朝末年传入中国。西装造型优美，做工讲究。合体的西装，能体现男士的风度。西装实用性强，四季皆宜，已被绝大多数人所接受（见图 1-120）。

2. 女士的职业套装

与男式的西装相对应的女式职业套装（见图 1-121）更具多样性，但是有些规则是所有女性都必须遵守的，每位女性都要树立一种最能体现自己个性和品位的风格。女性职业套装由四个部分组成：西服、西裤、衬衫和套裙。正规来说，女式套装的下装应该是裙装。在西方社会，正统正规的女式职业装一定是以裙装为主的。某些比较传统的人甚至认为，只有裙装才是真正意义上的套装搭配。因此，套装也称为"套裙"。但是，在现代社会，裤装也成为与套装搭配的重要"伴侣"。职业女性着裤装也能很好地体现大方、优雅的气质。

图 1-120 　　　　　　　图 1-121

（三）商务便装

商务便装是相对于商务正装而言在商务活动中较为随意的服装（见图 1-122、图

1-123），但仍然属于正式着装范畴。商务便装的着装时间一般在星期五和周末。但如果有正式活动或见客户，还是要穿着正式的职业装。

图 1-122　男士商务便装　　　　图 1-123　女士商务便装

三、男士西装仪表礼仪

（一）国际上男士西装的分类与分别适合的人群

1. 美式西装

（1）特点：基本轮廓特点是 O 型，就是比较宽松，不太强调腰身，垫肩不是很明显，通常是后面中间开一个衩，最明显的特征是单排扣，一般是两粒扣或三粒扣（见图 1-124）。

图 1-124

（2）适合人群：适合稍微宽松的场合和身材高大魁梧的男人，特别是肥胖一些的男人。

2. 意式西装，也称为欧式西装

（1）特点：此款基本轮廓（版型）是倒梯形，实际上就是宽肩收腰。相比美式西装，意式西装严格、讲究。有特别夸张的垫肩，最明显的特征是双排扣，且与之配套的裤子是卷边的（见图 1-125）。

图 1-125

（2）适合人群：意式西装和欧洲男人高大魁梧的身材相吻合，对人的身材比较挑剔，身材过于矮小和身材比较肥胖的人不太适合这种西装的款式。

3. 英式西装

（1）特点：是意版的一个变种。英式西装多是单排扣，领子较狭长，强调掐腰，肩部也经过特殊的处理，后面一般是双开的（骑马衩），还有一种衩是中间衩。有两粒扣，但以三粒扣子居多（见图1-126）。

（2）适合人群：对身材方面不是特别的挑剔，适合普通身形的人。

图 1-126

4. 日式西装

（1）特点：基本轮廓是H型，一般而言，日本版型的西装多是单排扣式，衣后不开衩（见图1-127）。

（2）适合人群：适合亚洲男人的身材——肩不特别宽，不高不壮。对身材方面不是特别的挑剔，适合普通身形的人。

图 1-127

（二）男士西装及配件

1. 西装外套

西装有单件上装和套装之分。非正式场合，可穿单件上装配以各种西裤或牛仔裤等；半正式场合，应着套装，可视场合气氛在服装的色彩、图案上选择多些；正式场合，则必须穿颜色素雅的套装，以深色、单色为宜。

西装的肩宽应略宽于穿着者的实际肩宽，把男士标准的"倒三角"体型展现出来（见图 1-128）；胸围应以可着一件羊毛衣为标准；袖长以到手腕为宜，可把里面所穿着的衬衫袖子露出 1～2 厘米；西装的长度以盖住自己臀部的 4/5 为佳。

根据西装的纽扣，西装有单排扣和双排扣之分。双排扣西装比较庄重，一般要求将扣全部扣好；单排扣西装是传统规范的式样，其扣法很有讲究：若是三粒扣子的只系中间一粒，两粒扣子的只系上面的一粒，或者全部不扣。

西装外套的左胸袋，又称为手帕兜，除了可插入一块用以装饰的真丝手帕外，不要再放其他任何东西，尤其不应当别钢笔、挂眼镜；西装上衣内侧的胸袋，可用来别钢笔、放钱夹或名片夹，但不要放过大或过厚的东西；西装裤子上两侧的口袋只能够放纸巾、钥匙包；其后侧的两只口袋大都不放任何东西。穿西装之前，西装袖口的商标牌应摘掉；西装要经常熨烫，保持平整挺括；穿西服套装必须穿皮鞋。

2. 西装的长裤

穿着西裤要考虑两个因素：一是大小，二是长短。裤子大小的检测标准是，将裤扣扣好，拉链拉好之后，一只手的五指并拢从腰间插进裤子。如刚好插进一个手掌，则表示合适；如能插进两个手掌，则太大；如一个手掌都不能伸进，则太小。西裤长短的检测标准是，西裤穿上后，以裤脚前面接触脚背，后面达到皮鞋后帮的一半为佳（见图 1-129）。

项目一　商务人员职业形象塑造

图 1-128　　　　　　　　图 1-129

3. 衬衣

搭配西装的衬衣（见图 1-130），颜色应与西装颜色协调，在正式场合，一般选择棉质的白色衬衣。西装穿好后，衬衫领应高出西装领口 1～2 厘米，衬衫袖长应比西装上装衣袖长出 1～2 厘米。在正式场合，不管是否与西装合穿，长袖衬衫的下摆必须塞在西裤里，袖口必须扣上，不可翻起；系领带时衬衣领口扣子必须系好，不系领带时衬衣领口扣子应解开。

图 1-130

衬衣的面料以高支精纺的纯棉纯毛制品为主。以棉、毛为主要成分的混纺衬衫亦可。绒布、水洗布、化纤、真丝、纯麻的不可。立领、翼领和异色领的衬衫，不适合与正装西装配套。领角有扣的衬衫即使不打领带也要扣上。

4. 领带

领带被称为"西装的灵魂"，是西装的重要装饰品（见图 1-131、图 1-132），在西装的穿着中起画龙点睛的作用，是专属于男士的饰物。男士穿西装时，特别是穿西装套装时，不打领带往往会使西装黯然失色。一套同样的西装，只要经常更换不同的领带，往往也能给人以天天耳目一新的感觉。领带选用丝质的为上乘，使用最多的花色品种是斜条图案领带。

图 1-131

图 1-132

5. 皮带

与西服相匹配的皮带要求是皮质材料，光面，深色，带有钢质皮带扣（见图1-133）。宽窄一般在2.5厘米左右，皮带的颜色应与鞋子和公文包的颜色统一。穿西装时，皮带上不要挂手机、钥匙等物品。

图 1-133

6. 鞋子

穿西装一定要穿皮鞋，并且以黑色的牛皮鞋最好（见图1-134），即便是夏天也应如此，鞋子最能够反映出一个男人修养和品位。正式的鞋子是黑色的、系带的、制式的皮鞋。不能穿旅游鞋、布鞋、凉鞋，否则显得不伦不类。和西装搭配的皮鞋最好是系带的、薄底素面的西装皮鞋，皮鞋的颜色要与服装颜色搭配，深色西装搭配黑色皮鞋，但是要注意棕色系列西装最好搭配深棕色皮鞋。皮鞋要上油擦亮，不留灰尘和污迹。

7. 袜子

穿西装皮鞋时，袜子的颜色要深于鞋的颜色（见图1-135），一般选择黑色，袜筒的长度要高及小腿并有一定弹性，袜口太短或松松垮垮的袜子，坐下来时会露出腿部皮肤或腿毛，不符合礼仪规范。特别强调的是穿西装一定不能穿白色袜子。

图 1-134

图 1-135

8. 颜色搭配

男人的衣柜可以不像女人的，被塞得满满的，但也要有一个基本的件数。讲究的男人忌讳两天重复穿同一身衣服。因此，秋冬时节，男人至少要备上五套服装，五套中可以有成套西装，也可以有自由搭配的套装，但一定要协调。在五身服装里，有一身应是能出入一定场合所用的，既适于白天的活动，也适于晚上场合，颜色最好是深灰或深蓝。建议男士在选购衣服时，注意款式的传统性与质量。质量考究、式样传统的衣服会经久耐用，永不过时。西服，尤其是毛料的西服，穿过之后要使之"休息"，会帮助布料延长寿命，而不用常去洗衣店清洗，最好是衣服穿过一天之后，挂入衣柜几天后再穿，衣柜最好能常通风。从传统上说，单排扣的西装，加西服背心或不加，通常是白天的装束。而双排扣的西装，一般在下午才可以穿，适合参加鸡尾酒会或晚会，白天的西装最好配浅蓝色衬衫，晚间穿的西装若配上白色衬衫，会使人更显庄重，晚上穿的皮鞋以黑色为佳。面料上带花纹或格子图案的西装被看作是休闲类的服装，灯芯绒布的西装也可视为同类，但又有高雅的一面，建议每位白领男士的衣柜应备有一套羊绒或羊绒与其他纤维混纺的外套，既高雅又有休闲之感。至于春夏的服装，与秋冬的大同小异，不过就是布料薄、颜色浅一些。

9. 饰物

1）公文包

与西装搭配的公文包是长方形公文包，面料以真皮为宜，并以牛皮、羊皮制品为最佳（见图1-136）。颜色一般选择黑色或咖啡色，最好与皮鞋和皮带的颜色一致。造型要求简单大方，除商标之外，公文包在外观上不宜再带有任何图案和文字。再高级的运动包也不要和西装搭配使用，如果需要使用手提电脑，应选择专业的电脑包。

图1-136

2）手表

职业男士戴手表可以显示自己的品位和身份，与西服相配的手表要选择造型简约，没有过多装饰，颜色比较保守，时钟标示清楚，表身比较平薄的商务款式。同时职业男士戴手表也表明自己是一个守时的人，可以给人留下良好的印象。职业男士的手表要与自己的身份、地位相符，材质以金属表链和皮链为主（见图1-137、图1-138）。

3）首饰

男士着西装最好不要佩戴任何首饰。对于已婚或已订婚男士，可以佩戴一枚戒指。至于项链、手链、耳环则不应该出现。

图 1-137　　　　　　　　　　　图 1-138

4）手机和钥匙

男士着西装时，手机和钥匙不能挂在腰间或拿在手上，可以放在西装裤子侧面的口袋，但是钥匙不宜太大串，也不能让裤带鼓起来，最好放在公文包里。

（三）新西服、衬衫使用前注意事项

(1) 先将袖口处的标签去掉，只能用剪刀小心剪断标签上缝线，千万不能拉拽，以免将西服织线扯断。

(2) 去掉西服开叉处的固定用线。

(3) 摘去裤子上的标签。

(4) 认真检查衬衫固定用大头针是否去掉。

(5) 穿西服、衬衫时注意避开明火。

（四）不同场合的着装知识

1. 正式场合的着装

出席正式场合——宴会、正式会见、招待会、婚丧礼、晚间的社交活动必须穿深色西服，要求穿白色衬衫，佩戴有规则花纹或图案的领带，颜色对比不宜太强烈。

2. 半正式场合的着装

半正式场合——上班、午宴、一般性访问、高级会议和白天举行的较隆重活动，可以穿中等色、浅色或较明快的深色西服，可穿素净、文雅与西服颜色协调的衬衫，佩戴有规则花纹或素雅的单色领带。

3. 非正式场合的着装

非正式场合——旅游、访友等，穿着可较为随便自由，可选择色调明朗轻快，花型华美的西服，衬衫可任意搭配，领带也可自由搭配。

（五）西服扣子系法要领

(1) 常见的西装，是双排扣，或者单排扣，以两粒到三粒为主。

（2）西装扣子可以不系，特别是一种单排款的西装可以不系（特别宽松的场合，表达自己的潇洒和自如的时候，完全可以不系）。

（3）如果需要系扣，两粒扣的西装，只系上面一粒，下面一粒不要系；三粒扣的西装要么就系住中间的一粒，要么系住上面的两粒扣子。

（4）各种款式的西装，最基本的原则就是下面的一个扣子永远是不系的，包括双排扣的西装。

（5）马夹往往不扣最下面一粒纽扣。若扎领带，应置于马夹里面，注意领带尖不要露出。

（六）各种体型的人着装要领

（1）肥胖体型的人不宜穿浅色、带格的西服，最好穿单色且颜色较深的西服，不应穿宽条，应穿隐条纹面料，肥胖型人不宜穿双排扣西服。

（2）身材矮小型衣着要简洁明快，适合穿肩部较宽的上衣，使身体呈V字形，可使身材显高一些，简单、单色的服装也能在视觉上增加人的高度。

（3）肤色较白型的人衣服的颜色可自由选择，深浅皆宜。

（4）皮肤较粗糙的人不宜穿质料特别精细的衣服，否则衬托出面部皮肤更加粗糙。

（5）瘦削体型的人不宜穿深色西服，最好穿颜色浅或带花格的西服，面料有条形时应选择窄条面料。

（6）肤色较黑的人不宜穿浅色的西服，适宜穿颜色较深的西服。

（七）不同季节的着装要领

1. 春季

万物复苏，欣欣向荣的气象张扬着轻松而温暖的心情。这一季的颜色可以是光谱中的任意一组，由冷色向暖色过度是最常见的。例如，米黄、葱绿。面料质地以紧密、有弹性的精纺面料为主。结构最好是协调搭配的两件套加风衣。

2. 夏季

烈日骄阳，无处躲藏的炽热让人们渴望凉爽。中性色、白与黑的对比，纯质和明质相对弱些的颜色会受欢迎。例如，本白、象牙黄、浅米灰。棉、麻、丝是这一季着装的首选面料。式样简单而裁剪恰当，做工精致的套装可以在工作时或晚会上穿。

3. 秋季

草木萧疏，满地黄叶应该堆积起沉甸甸的收获心情。由一组暖色面料构成的着装方式值得推荐。例如，咖啡色、芥末黄。秋季最能体现"整体着装"的方式，两件套的套装，带有马夹的三件套装，或者再加上堑壕式外套——潇洒的风衣。面料的选择可以多样化，蓬松的质地和柔软的裁剪值得考虑。

4. 冬季

寒极暖至，自然界的暗淡给人们创造展示色彩的机会，反季节的颜色同样会有吸引力。当然，常规的应该是藏兰、深灰、姜黄、深紫、褐色，冬季也可以整齐、精致的搭配形象出现，这需要技巧，面料可以用羊毛、羊绒、驼绒为原料。

（八）西服质量的简易鉴别方法

消费者在购买服装时，受时间、条件因素的影响，只能采用简易鉴别一件服装的方法，在步骤上可分为"一量三看"，即量尺寸规格，看外形、质量，看内在做工，看原料疵病。

1. 量尺寸规格

上衣主要测量衣长、胸围，高档服装可加量领大、袖长、总肩宽。裤子主要测量裤长、腰围、裤脚。将测量结果与成衣规格要求作对比，看是否正确，每个部位允许公差在 ±1.5% 以内即可。

2. 看外形质量

（1）上衣三步法。

上衣的外形、质量分三步鉴别，目测前面、后面、侧面。

- 前面：看领头、驳头是否平服、端正；看前身胸部是否饱满圆顺，看袋的位置大小是否正确，袋与盖是否平服。
- 后面：看身后是否平整，肩胛骨部位是否宽舒；看后叉是否平服；看领圆是否平服。
- 侧面：看肩缝是否顺直；袖子是否圆顺；看绱袖是否前后一致；看摆缝是否顺直。

（2）裤子三步法。

裤子的外形质量也可分三步鉴别：平面、上部、立体。方法也是目测、尺量。

- 平面：先看外平面（将挺缝对齐排平），看侧缝是否顺直；看侧缝袋是否服帖，袋势不外露；看裤脚是否服帖，大小一致，不吊兜；然后看里平面（将一只裤脚拉起），检查下裆缝是否对齐、顺直；看裤缝下裆缝处是否吊起。
- 上部：看腰头是否平直；看袖子、省缝是否对称；后袋是否服帖、整洁；看串袋小祥是否平服、位置是否准确；看门襟、里襟配合是否合适、圆顺。
- 立体：将裤子穿着时的形状拎起，看前后裤缝是否圆顺，四个挺缝、裤片、裤缝是否平整、不吊裂。

（3）看内在做工，主要检查针迹、手工、夹面和拼接。

（4）看原料疵病，主要检查色差情况，表面疵点、倒顺毛、花纹及对格对花情况，表面污渍、变色情况，经纬斜度（布料的纹路）和底边反翘情况，以及虫蛀情况等。经过"一量三看"的简易鉴别方法基本可以确认一件服装的质量。熟练后"三看"可以合并一起进行，这是简单易行的好方法。

（九）西装选购

1. 西装上衣的选购

人们常说："西装七分在做，三分在穿。"可见，西装的选择非常重要。选择西装既要考虑颜色、尺码、价格、面料和做工，又不可忽视外形线条和比例。试衣时，感觉衣服与身体是否舒适。西服上衣扣上纽扣后，衣服与腹部直间能放下一个拳头。从侧面看领子没有不自然的隆起。在背上或前肩没有横斜的皱纹。西服上衣长度，基本处于手伸直后食指的第二关节处。

不扣西服扣，前下摆不能有分开或重叠现象。西服袖口处，没有任何不自然皱褶出现。胳膊做上下、前后、左右摆动也不会有压迫感。

2. 西装裤子的选购

裤腰位置以胯骨号 2～2.5 厘米系腰带处为宜。如身体较胖，则到 3.5～4.1 厘米为宜。裤挺缝线顺织纹垂直落下。裤子的大腿部位，留有适度空余。

（十）领带的花样

基本上，领带的花样可分为圆点、直条纹、格子、织花、立体花纹，各种活泼花样及蝴蝶领结。

- 圆点：圆点愈小，给人愈正式的感觉。圆点大的领带使人较有精神。
- 织纹：针织的领带，像丝质的薄纱，通常是金或银的颜色，织成的结构就是领带的花样。
- 条纹：斜条纹的领带来自英国俱乐部及军团制服所使用的花样。

（十一）领带的保养方法

（1）领带使用后，应立即解开领结，并轻轻从领口解开，因为用力拉扯表布及内衬，纤维极易断裂，造成永久的皱褶。

（2）领带每次戴完，结口解开后，将领带对折平放或用领带架子吊起来，并留意置放处是否平滑，以免刮伤领带。

（3）开车系安全带时，勿将领带置于安全带内，以免产生皱褶。

（4）领带戴完一次后，应隔几天再戴，并将领带置于潮湿的场所或喷少许水，使其皱褶处恢复原状后，再收至干燥处平放或吊立。

（5）领带沾染污垢后，应立即干洗。

（6）处理领带结口皱褶，应用蒸气熨斗低温熨烫，水洗及高温熨烫，容量造成领带变形而受损。

（十二）西装上衣的种类及系扣的规矩

- 单排单扣：仅用作燕尾服。
- 单排两扣：18世纪用作猎装，19世纪中开始广泛流行系上边扣。
- 单排三扣：双开叉（后身通常开两个衩）被视为最庄重、最经典的式样。仅需系中间纽扣，或仅系上边纽扣。
- 正装休闲：四扣明兜，单开叉，被视为介于休闲与正装之间的款式。

（十三）西装的兜与兜盖

带兜盖的西服上衣属休闲类，兜盖的长短一般与口袋一样，上下高度为4.5～5.5厘米，兜盖可以放入口袋内。19世纪时，只有猎装才有兜盖，十分正规的西装没有兜盖。在西服上部的内兜用于装文件或钱包；下边的内兜用于装香烟和糖果。

（十四）男士最常用领带结法全图解

1. 平结

平结为最多男士选用的领结打法之一，几乎适用于各种材质的领带（见图1-139）。

要诀：领结下方所形成的凹洞需让两边均匀且对称。

图1-139

2. 交叉结

这是对于单色素雅质料且较薄领带适合选用的领结，对于喜欢展现流行感的男士不妨多加使用"交叉结"（见图1-140）。

图1-140

3. 双环结

一条质地细致的领带再搭配上双环结颇能营造时尚感，适合年轻的上班族选用。该

项目一　商务人员职业形象塑造

领结完成的特色就是第一圈会稍露出于第二圈之外，可别刻意给盖住了（见图1-141）。

图 1-141

4. 温莎结

温莎结适合用于宽领型的衬衫，该领结应多往横向发展。应避免材质过厚的领带，领结也勿打得过大（见图1-142）。

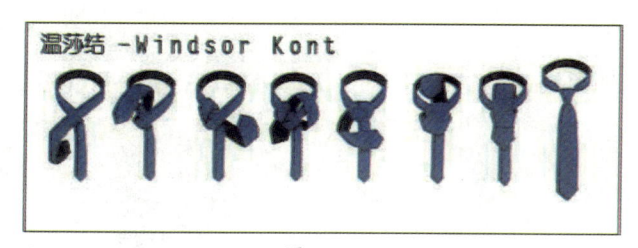

图 1-142

5. 双交叉结

这样的领结很容易让人有种高雅且隆重的感觉，适合正式之活动场合选用（见图1-143）。

该领结应多用于素色且丝质领带上，若搭配大翻领的衬衫不但适合且有种尊贵感。

图 1-143

6. 亚伯特王子结

该领结适用于浪漫扣领及尖领系列衬衫，搭配浪漫质料柔软的细款领带，正确打法是在宽边先预留较长的空间，并在绕第二圈时尽量贴合在一起即可完成这一完美结型（见图1-144）。

67

亚伯特王子结（THE PRINCE ALBERT）完成图

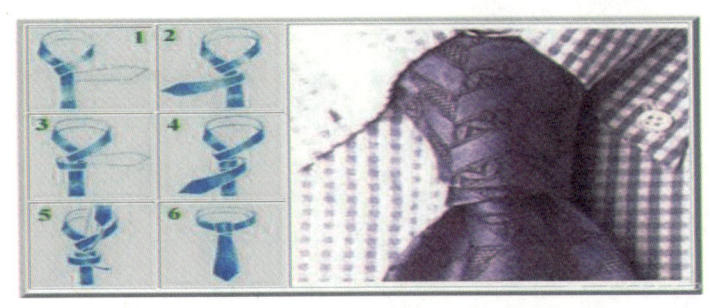

图 1-144

7. 四手结（单结）

四手结是所有领结中最容易上手的，适用于各种款式的浪漫系列衬衫及领带（见图1-145）。

四手结（单结）（THE FOUR-INOHAND）完成图

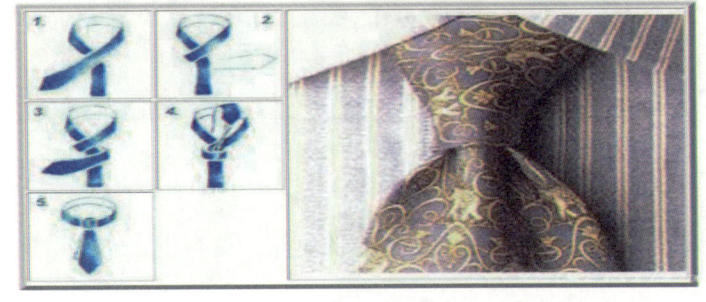

图 1-145

8. 浪漫结

浪漫结是一种完美的结型，故适合用于各种浪漫系列的领口及衬衫，完成后将领结下方之宽边压以皱褶可缩小其结型，窄边亦可将它往左右移动使其小部分出现于宽边领带旁（见图1-146）。

浪漫结（THE TREND KNOT）完成图

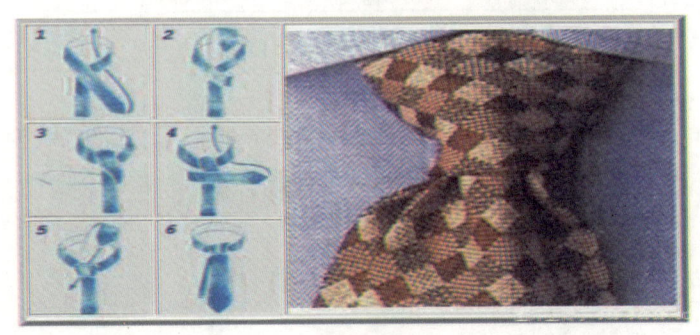

图 1-146

9. 简式结（马车夫结）

适用于质料较厚的领带，最适合打在标准式及扣式领口之衬衫，将其宽边以180°由上往下翻转，并将折叠处隐藏于后方，待完成后可再调整其领带长度（见图1-147）。

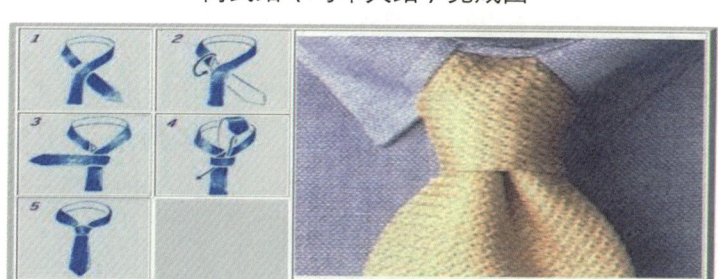

简式结（马车夫结）完成图

图 1-147

四、女士套裙仪表礼仪

女性的服装比男性更具个性的特色，合体、合意的服饰将增添女士的自信；商界女士在正式场合的着装以裙装为佳，在所有适合商界女士在正式场合所穿的裙式服装之中，套裙是名列首位的选择。

相对于偏于稳重单调的男士着装，女士的着装则亮丽丰富得多。得体的穿着，不仅可以使女性显得更加美丽，还可以使其体现出一个现代文明人良好的修养和独到的品位。

著名设计师韦斯特任德说："职业套装更能显露女性高雅气质和独特魅力。"

（一）女士职业着装四讲究

1. 整洁平整

服装并非一定要高档华贵，但须保持清洁，并熨烫平整，穿起来就能大方得体，显得精神焕发。整洁并不完全为了自己，更是尊重他人的需要，这是良好仪态的第一要务。

2. 色彩技巧

不同色彩会给人不同的感受，如深色或冷色调的服装会让人产生视觉上的收缩感，显得庄重严肃；而浅色或暖色调的服装会有扩张感，使人显得轻松活泼。因此，可以根据不同需要进行选择和搭配。

3. 配套齐全

除了主体衣服之外，鞋袜手套等的搭配也要多加考究。如袜子以透明近似肤色或与服装颜色协调为好，带有大花纹的袜子不能登大雅之堂。正式、庄重的场合不宜穿凉鞋或靴子，黑色皮鞋是适用最广的，可以和任何服装相配。

4. 饰物点缀

巧妙地佩戴饰品能够起到画龙点睛的作用，给女士的外形增添色彩。但是佩戴的饰品不宜过多，否则会分散对方的注意力。佩戴饰品时，应尽量选择同一色系。佩戴首饰最关键的就是要与整体服饰搭配统一起来。

（二）女式套装颜色的选择

在现代社会，对女性，尤其是职业女性来说，着装有着特殊的要求。无论你在生活中多么有个性，多么追求新潮、前卫、时尚，一旦到了职业场合，就必须按部就班地依照特有的规定来改变自己的着装风格。须知，不能将职业场合的自己与生活中的自己相混淆。否则你留给别人的印象就是不成熟、不稳重。

女性职业套装由四个部分组成：西服、西裤、衬衫和套裙。当然，这四件套是可以有选择地穿着的。

在职场上，女士如果想要塑造专业权威感强的职业形象，一定要选择具有"权威感"的色彩职业装。

（1）黑色：女士在职场上比男士更适合使用黑色（见图1-148）。黑色让女士在展示权威感的同时，又不失时尚感。其"无彩色"特性，易于和各色衬衫、丝巾、首饰互相搭配；在服装面料质量欠佳时，具有最好的掩饰效果。

（2）深灰色：采用高档面料、制作精良的深灰色套装，最能够表现职业女性严谨、细致、优雅的一面。找到适合自己的

图1-148

深灰色，职业权威感一定会"脱颖而出"。深灰色的服装单品，也很容易和其他单品进行搭配组合（见图1-149、图1-150）。

图1-149　　　　　　图1-150

（3）深蓝色：深蓝色是沉稳、冷静、智慧的最佳表现色，相对于黑色来说亲和力更强一些，是塑造专业权威感的基础用色之一（见图1-151、图1-152）。

图 1-151

图 1-152

（4）红色：红色是最热情的权威色，具有很强的吸引力和感染力，最容易让自己成为别人瞩目的焦点（见图1-153）。因其具有喜庆意味和强势意味，所以使用时要注意把握分寸。另外，肤色偏暗的人不适合穿着红色。适合暖色的人要找偏黄的红，适合冷色的人要找偏紫的红，等等。

（5）深啡色：深咖啡色最能展示职业女性的成熟感——在这一点上深咖啡有时甚至会超过黑色（见图1-154）。

（6）米色：米色是暖色调的一种。这种颜色的套装容易给人轻快、阳光的感觉，而且相对于传统的套装颜色，米色会使人看上去比较有亲和力，肤色偏白的女性穿着会显得更加端庄、大方（见图1-155）。

图 1-153

图 1-154

图 1-155

在现代商务环境中，对于套装的颜色要求，总的来说，就是要求颜色庄重，搭配稳重，风格持重。

虽然现在套装的风格已经不再是整齐划一，而是风格多样，也能在不同的场合彰显个性，但是端庄、稳重的原则始终没有变化。颜色过分耀眼、鲜艳，色彩过度不和谐，过分跳跃，都是职业套装的禁忌。

（三）女士职业着装及配件

1. 女士职业套裙的着装要领

（1）正式的西服套裙，首先应注重面料，最佳面料是高品质的毛纺和亚麻，最佳的色彩是黑色、灰色、棕色、米色等单一色彩。

（2）在正式的商务场合中，无论什么季节，正式的商务套装都必须是长袖的。

（3）职业裙装的裙子应该长及膝盖，坐下时裙子会自然向上缩短，如果裙子缩上后离膝盖的长度超过10厘米，就表示这条裙子过短或过窄。

（4）职业套裙最好与衬衣相配。

（5）职位较低的女性即使有经济能力也不穿比自己同性上级更好的品牌，这几乎是国际上现代化企业的一条不成文规则。

2. 女士西装套裙配件——衬衫

（1）与职业套裙搭配的衬衣颜色最好是白色、米色、粉红色等单色（见图1-156）。也可以有一些简单的线条和细格图案。

图1-156

（2）衬衣要求轻薄而柔软，因此真丝、麻纱、府绸、罗布、花瑶、涤棉等都可以用作其面料，最佳面料是棉、丝绸。

（3）套裙配套穿的衬衫不必过于精美，领型等细节上也不宜十分新奇夸张，款式要裁剪简洁，不带花边和皱褶。那些样式极其精美、新奇、夸张的衬衫，其实仅适合于单穿。

（4）穿衬衫时，衬衫的下摆必须放在裙腰之内，不能放在裙腰外，或把衬衣的下摆在腰间打结。

（5）除最上端一粒纽扣按惯例允许不系外，其他纽扣不能随意解开。

（6）在穿着职业套裙时，不能在外人面前脱下西装，直接以衬衫面对对方。身穿紧身而透明的衬衫时，特别要注意这一点。

3. 女士西装套裙配件——皮鞋

（1）与套裙配套的鞋子，应该是高跟、半高跟的船式皮鞋（见图1-157）。黑色的高跟或半高跟船鞋是职场女性必备的基本款式，几乎可以搭配任何颜色和款式的套装。

（2）系带式皮鞋、丁字式皮鞋、皮靴、皮凉鞋等，都不宜在正式场合搭配套裙，露出脚趾和脚后跟的凉鞋和皮拖也不适合商务场合。

图1-157

（3）鞋子的颜色最好与手袋一致，并且要与衣服的颜色相协调。任何有亮片或水晶装饰的鞋子都不适合于商务场合，这类鞋子只适合正式或半正式的社交场合。

（4）皮鞋要上油擦亮，不留灰尘和污迹。

4. 女士西装套裙配件——丝袜

穿套裙时所穿的袜子，可有肉色、黑色、浅灰、浅棕等几种常规选择。只是它们宜为单色（见图1-158）。多色袜、彩色袜，以及白色、红色、蓝色、绿色、紫色等色彩的袜子，都是不适宜的。而且丝袜上不能有图案、几何图形或网状丝袜，在有些国家，花哨的丝袜会引起别人的误会。

图1-158

另外在选择长筒丝袜的时候，最好选择连裆裤袜，这样既不容易因走路而使得丝袜下滑，也不会勒得大腿疼或痒。丝袜容易划破，如果有破洞、跳丝，要立即更换。可以在办公室或手袋里预备好一两双袜子，以备替换。不能同时套穿两双袜子，也不能把健美裤、羊毛裤当成长筒袜来穿。

（四）饰品的佩戴

饰品指在服装搭配中对服装起修饰作用的其他物品，主要有戒指、耳环、胸针、领带、提包、围巾、手套、鞋袜等。饰品在着装中起着画龙点睛、协调整体的作用。

1. 饰品佩戴的规范

（1）数量上以少为佳。应点到为止、恰到好处，饰品太多，反而毫无美感。

（2）同质同色。质地一致的饰品才能有和谐的整体美。

（3）遵守惯例。约定俗成，公认的规矩，如佩戴玉坠时，讲究"男戴观音，女戴佛"等。

2. 几种常见饰品的佩戴方法

在商务活动中，人们除了要注意服装的选择外，还要根据不同场合的要求佩戴戒指、耳环、项链、胸针、丝巾等饰品。

（1）戒指（见图1-159）。一般只戴在左手，而且最好仅戴一枚，至多戴两枚，戴两枚戒指时，可戴在左手两个相连的手指上，也可戴在两只手对应的手指上。戒指的佩戴是一种无声的语言，往往暗示佩戴者的婚姻和择偶状况。戒指戴在中指上，表示已有了意中人，正处在恋爱之中；戴在无名指上，表示已订婚或结婚；戴在小手指上，则暗示自己是一位独身者；如果把戒指带在食指上，表示无偶或求婚。

（2）耳环（见图1-160）。其使用率仅次于戒指，是主要饰品之一。佩戴时应根据脸型特点来选配耳环。如圆脸型不宜佩戴圆形耳环，因为耳环的小圆形与脸的大圆形组合在一起，会加强"圆"的信号；方脸型也不宜佩戴圆形和方形耳环，因为圆形和方形并置，在对比之下，方形更方，圆形更圆。

图1-159 　　　　　　　　图1-160

（3）项链（见图1-161、图1-162）。受到女性青睐的主要首饰之一。它的种类很多，大致可分为金属项链和珠宝项链两大系列。佩戴项链应和自己的年龄及体型协调。如脖子细长的女士佩戴仿丝链，更显玲珑娇美；马鞭链粗实成熟，适合年龄较大的妇女选用。佩戴项链也应和服装相呼应。例如，身着柔软、飘逸的丝绸衣衫裙时，宜佩戴精致、细巧的项链，显得妩媚动人；穿单色或素色服装时，宜佩戴色泽鲜明的项链。这样，在首饰的点缀下，服装色彩可显得丰富、活跃。

图 1-161 　　　　　　　　　图 1-162

（4）胸针（见图1-163）。是西服裙装最主要的饰品，穿西装套裙时，别上一枚精致的胸针，能造成视线上移，让身材显得高挑一些。胸针一般别在左胸襟，胸针的大小、款式、质地可根据每个人的爱好决定。

适合女性一年四季佩戴。佩戴胸针应因季节、服装的不同而变化，胸针应戴在第一、二粒纽扣之间的平行位置。

（5）帽子（见图1-164）。帽子必须与衣服、年龄、发型相配。长脸的人不要戴高顶帽或小帽，而戴宽边帽或帽檐向下耷拉的帽子为宜；宽脸的女性宜戴小沿帽，帽顶要高；尖下颌脸形，不要戴遮住额头的帽子；矮个子女性不要戴平顶宽檐帽。

图 1-163 　　　　　　　　　图 1-164

此外，胸针、手帕也可作为饰品使用，它们与衣服相配既有对比美，又有协调美，使人显得更有风度。

案例：请代我向你的先生问好

李丽中专毕业被分配到某公司做文秘工作不久，一次在接待客户时，领导让她照顾一位华侨女士。临分别时，华侨对小李的热情和周到的服务非常满意，留下名片，并认真地说："谢谢！欢迎你到我公司来做客，请代我向你的先生问好。"小李愣住了，因为她根本没有男朋友。可是，那位华侨也没有错，她之所以这么说，是因为看见小李的左手无名指上戴有一枚戒指。

讨论题：（1）为什么华侨会对李丽说"请代我向你的先生问好"？

案例解析：李丽没有搞清戒指佩戴所代表的意义，所以给客户错误的信息。戒指佩戴，有着特定的规范，不可随心所欲，左手无名指上戴有一枚戒指是代表已婚。可见，商务场合正确地佩戴戒指是一个人文化素养、气质风度和审美格调的表现，反之，可能会给自己带来尴尬。

（五）女士职业套裙的规范穿着要求

1. 女士套裙的规范穿着要求

职业女性穿着套裙，会使其精神倍增，神采奕奕，看起来精明、干练、成熟、洒脱、优雅、文静，凸显出女性的气质和知性美。

职业女性在选择套裙时最好选择比较保守、经典的款式，不可过于时尚，重要的是面料要好、做工精细、剪裁合体，特别是能扬长避短的那种。同时，套裙适当地搭配一些饰物，如丝巾、胸针、领花等也可以收到很好的效果。

职业女性着套裙时应注意套裙大小适度，穿着到位，注意场合，可根据年龄、形体、性格、肤色等加以选择。年轻一些的职业女性配职业装的时候尽可能线条简单、简洁些，不要有过多的装饰；成熟一些的女性则可以选华丽的颜色；身材胖一些的女性穿上下颜色一致的套装最典雅，上身较胖一些的不要穿浅色的或横条纹的上装，上身清瘦的女性还可以有双兜、硬面料，用开领、翻领、垫肩便自己显得丰满。

2. 鞋袜的规范穿着要求

穿套裙一般搭配黑色的皮鞋或与套裙颜色相近的皮鞋为宜，不要有图案或装饰不宜过多。袜子以单色的肉色最佳，高筒袜和连裤袜为标准搭配。穿着鞋袜应当注意大小适宜，完好无损，不可当众脱下，袜口不可暴露在外，丝袜要无皱，无脱丝。

（六）职业套裙的禁忌

1. 裙装三忌讳

（1）不能穿黑皮裙（在国际上是妓女标准装）。

（2）不光腿，一定要穿上连裤袜。

（3）不能在裙子下加健美裤，不能穿半截的袜子，弄出三截腿，用专业术语形容叫恶意分割。

2. 饰物三不准

（1）影响工作：戒指。

（2）炫耀财力：多个戒指。

（3）性别魅力：胸针、耳环、脚链（在国外，脚链代表性暗示）。

3. 戴首饰禁忌

（1）数量：以少为佳，漂亮女孩最好不戴；不多于三种，每种不多于三样。

（2）同质同色：（首饰搭配要求同样质地、同样颜色）首选白金，再选白银，最后选不锈钢。黄金饰物要慎戴，否则给人以庸俗之感。

（3）习俗规矩：男戴观音女戴佛。女性不适宜带十字架，否则犹如带白花。

4. 光脚禁忌

光脚不仅显得不够正式，而且会使自己的某些瑕疵见笑于人。与此同时，在国际交往中，穿着裙装，尤其是穿着套裙时不穿袜子，往往还会被人视为故意卖弄风骚，有展示性感之嫌。因此，光脚也是不允许的。

5. 女士职业着装六禁忌

（1）忌过分杂乱：生活中往往有这样一些人，虽然穿了一身很高档的套装或套裙，可是给人的感觉却非常别扭。主要原因就在于他（她）的穿着过分杂乱，不够协调。比如男士穿西装配布鞋、运动鞋，女士穿很高档的套裙，却光脚穿露脚趾的凉鞋，这些都不合职业场合着装规范。

（2）忌过分鲜艳：制服也好，套装也好，需要遵守三色原则，就是全身颜色不多于三种，不能过分鲜艳。图案也要注意，重要场合套装或制服尽量没有图案，或者是规范的几何图案，比如领带，条纹的、格子的、带点的都可以，但是不能过分花哨，过分花哨看上去不够稳重。

（3）忌过分暴露：无论男士或女士，在职业场合着装都要注意不能过分暴露——不暴露胸部、肩部、腰部、背部、脚趾及脚跟。

（4）忌过分透视：重要场合应注意，不能让人透过外衣看到内衣的颜色、款式、长短、图案，否则是非常不礼貌的。

（5）忌过分怪异：商务人员不是时装模特，不能过分追求新奇古怪。

（6）忌过分紧身：衣服过于紧身，甚至显现出内衣、内裤的轮廓，既不雅观也不庄重。

【知识链接】

一、西装穿着的注意事项

（1）拆除商标。购买回来的西装一定要记得拆除左衣袖上的商标、纯羊毛标志及其他标志。

（2）熨烫平整。西装在穿之前一定要熨烫平整，否则皱巴巴的西装只会让人皱眉，会让人觉得穿着者是一个很没品位、邋遢的人。西服穿起来应显得平整挺括、线条笔直，其美感才能充分地展示出来。

（3）西装的口袋，其装饰作用多于实用价值。所以不能让口袋显得鼓鼓囊囊，使西装整体外观走样。一般来说，西装上衣左侧外胸袋除了放装饰的手帕外，不应再放其他任何东西。上衣内侧胸袋：可用来别钢笔、放钱夹或名片，但不要放过大、过厚的东西或无用之物。上衣外侧下方的两只口袋原则上以不放任何东西为佳。在西装的裤子上，两只侧面的口袋只能放纸巾、钥匙包。后侧的两只口袋，应不放任何东西。

（4）不卷挽西装袖和裤管。在正式场合无论如何也不能卷起西装裤管或者挽起西装上衣的衣袖，以免给人以粗俗的感觉。

二、西装套裙的选择

1. 面料的选择

正统西装套裙所选用的面料应是质地上乘，上衣与裙子应使用同一种面料，除女士呢、薄花呢、人字呢、法兰绒等纯毛料外，也可选用丝绸、亚麻、府绸、麻纱、毛涤等面料，但要注意面料的匀称、平整、滑润、光洁、丰厚、柔软、挺括，其弹性一定要好，且不起皱。

2. 色彩的选择

西装套裙的色彩选择应注意两个方面，一是力求色调淡雅、清晰、庄重，不宜选择过于鲜亮、刺眼的色彩。因此应与"流行色"保持一定的距离，以示穿着者的传统与庄重。二是标准的西装套裙色彩，应注意与穿着者所处场所的环境要协调，应能体现出穿着者的端庄与稳重。一般而言，西装套裙的色彩应以冷色、素色为主，如藏蓝、炭黑、烟灰、雪青、黄褐、茶褐、蓝灰、紫红等颜色，都是西装套裙色彩的较好选择。此外，各种带有明暗分明、或宽或窄的格子与条纹图案，以及带有规则圆点图案的面料也大都适宜选用，但其中格子图案的面料效果最好。

3. 造型的选择

西装套裙的造型与其他一般套裙不同，主要在于它的上衣为女士西装。随着时代的发展，其造型也在不断变化，其变化主要集中在长短和宽窄两个方面。传统的西装套裙的造型，强调的是上衣不宜过长，裙子不宜过短，尤其对裙子的长度要求较严，通常以至膝下小腿肚最为丰满处为标准，认为太短了不雅，太长了没神。现代女性却从穿着的视觉效果出发对西装套裙的造型采用四种形式，即上长下短、上短下短、上长下长、上短下长。并根据身材和体型，对上衣使用紧身式或松身式，配以宽窄适度的裙子，展现着装者的风姿。其上衣的领型，除可采用常规的枪驳领、平驳领、一字领、V字领、U字领外，还可根据自己的身材高矮、胖瘦、脸型和脖长等情况，选用青果领、披肩领、蟹钳领、燕翼领、圆领等。上衣的衣扣也可以根据上衣的造型选择单排扣或双排扣，衣扣数量可根据领型确定，多则六粒，少则一粒。上衣的衣襟、袖口、口袋等处，也可从装饰需要出发进行点缀性处理，但对职业女性而言则不必做如此处理，以示端庄和稳重。

【案例分析】

案例一

为何竞聘失败

王姐年近四十岁了,却整天喜欢穿少女装,虽有很强的工作能力,却一直没有得到重用。一次,公司内部竞聘项目经理,这是王姐向往已久的职位,便满怀信心地参加了。经过层层选拔,王姐进入只剩两名竞聘人的面试复试。但最后,王姐还是与项目经理这一职位失之交臂。

案例思考:请找找王姐竞聘"失败"的原因。

案例二

漂亮女模特的衣着

一外商考察团来某企业考察投资事宜,企业领导高度重视,亲自挑选了庆典公司的几位漂亮女模特来做接待工作,并特别指示她们穿着紧身的上衣、黑色的皮裙,领导说这样才能显出对外商的重视。但考察团上午见了面,还没有座谈,外商就找借口匆匆走了,工作人员被搞得一头雾水。

案例思考:请问外商为何匆匆走了?本案例中存在什么问题?

案例三

为什么这次合作没能成功

国内一家效益很好的大型企业的总经理叶明,经过多方努力终于使德国一家著名的家电企业董事长同意与自己的企业合作。谈判时为了给对方留下精明强干、时尚新潮的好印象,叶明上身穿一件T恤衫,下身穿一条牛仔裤,脚穿一双旅游鞋。当他精神抖擞、兴高采烈地带着秘书出现在对方面前时,对方感到很惊讶,将他上下打量了半天,非常不满意。这次合作没能成功。

讨论题:为什么这次合作没能成功?

案例四

西服革履

小刘和几个外国朋友相约周末一起聚会娱乐,为了表示对朋友的尊重,星期天一大早,小刘就西服革履地打扮好,对照镜子摆正漂亮的领结前去赴约。北京的八月天气酷热,他们来到一家酒店就餐,边吃边聊,大家好不开心快乐。可是不一会儿,小刘已是汗流浃背,不住地用手帕擦汗。饭后,大家到娱乐厅打保龄球,在球场上,小刘不断为朋友鼓掌叫好,在朋友的强烈要求下,小刘勉强站起来整理好服装,拿起球做好投球准备，当他摆好姿势用力把球投出去时，只听到"嚓"的一声，上衣的袖子扯开了一个大口子，弄得小刘十分尴尬。

案例思考：小刘的穿着有什么问题？

【实践训练】

新立公司的总经理李先生和财务总监张小姐带领公司工作人员一行4人，将就贷款事项与工商银行进行一次洽谈。

任务：

1. 为李先生和张小姐进行着装设计。
2. 说出李先生和张小姐的着装是如何体现职业着装原则的。
3. 说出公司和银行双方的男士分别适合哪种领带的打法？并一一打上领带。
4. 商务着装还应注意哪些礼仪规范。

操作：

把全班同学分组，分别扮演任务中的新立公司和银行的工作人员，运用所学的职业着装礼仪规范知识完成上述任务。

【课后训练】

一、简答题

1. 简述男士西装着装要领与女士西装套裙的穿着要领。
2. 职业场合服装的功能及着装原则。
3. 当需着职业装参加商务活动时，须注意哪些着装规范？

二、实训操作

1. 请同学们以6～8人分为一小组，成立一个虚拟公司，给公司命名，写好公司简介，准备公司成员集体照并附名，完成公司成员简介、职位分工，并定好公司的礼仪章程。选好公司的礼仪形象大使，介绍选取他（她）作为礼仪形象大使的原因。下次课各小组请一位发言人以PPT展示。

2. 假设你即将参加某公司的面试，你会如何进行着装准备？

实训要求：

（1）学生根据所要面试的单位类型，自行准备面试的服装。
（2）学生进行服装展示，同时对所准备的服装进行说明。

（3）全体同学评选出最佳的面试服装。

实训提示：服装的准备需符合面试场合的要求。

三、案例分析题

1. 服装美与个性

列夫·托尔泰的《安娜·卡列尼娜》书中有这样一段情节：在安娜和渥伦斯基相识的舞会上，安娜穿着全黑的天鹅长裙，长裙上镶威尼斯花边，闪亮的边饰把黑色点缀得既美丽安详，又神秘幽深，这同安娜那张富有个性的脸庞十分相称。当安娜出现在舞会的门口，吸引了在场所有人的视线，吉蒂看到安娜的装束后，也强烈地感受到安娜比自己美。安娜的黑色长裙在轻淡柔曼的裙海中显得高贵典雅，与众不同，也与安娜藐视世俗的个性融为一体。又如，一位性格活泼的姑娘，身穿裘皮大衣在路边与他人高声谈笑，就会让人看了很不舒服。裘皮大衣高雅华贵，但与姑娘的性格极不相称，反而给人一种"张扬、毛躁"的感觉。

思考题：

服装美的最高境界是外在美和内在美的统一，你对这个问题是怎样理解的？

2. 小李的口头表达能力不错，对公司产品的介绍也得体，人既朴实又勤快，在业务人员中学历又最高，老总对他抱有很大期望。可做销售代表半年多了，业绩总上不去。问题出在哪儿呢？原来，他是一个不修边幅的人，双手拇指和食指喜欢留着长指甲，里面经常藏着很多"东西"。脖子上的白衣领经常是酱黑色，有时候手上还记着电话号码。他喜欢吃大饼卷大葱，吃完后，不知道去除嘴里的异味。在大多情况下，根本没有机会见到想见的客户。

有客户反映小李说话太快，经常没听懂或没听完客户的意见就着急发表看法，有时说话急促，风风火火的，好像每天都忙忙碌碌的，少有停下来的时候。

提问：案例中，小李犯了哪些错误呢？

项目二

商务人员办公室形象礼仪

知识目标：

1. 了解商务人员办公场所形象的重要性。
2. 掌握办公室环境礼仪，了解商务人员办公场所形象的重要性。
3. 掌握办公室人员的举止礼仪。
4. 掌握拨打、接听电话礼仪。
5. 掌握手机通信礼仪。
6. 掌握办公室交谈礼仪。

能力目标：

1. 能按环境礼仪要求整理、清洁办公室。
2. 能按办公室人员的举止礼仪服务同事与客户。
3. 能正确使用电话、手机沟通。
4. 能按规范收发电子邮件。
5. 能用规范的办公室交往礼仪和不同人打交道。
6. 能按办公室礼仪要求与同事和睦相处。

项目案例导入 职场中的聚与距

进公司的第一天，部门经理带我和同事们认识。每个人都对我微笑、握手，空气中暖融融的，让我着实激动了一把。

可没想到，经理一走，办公室里立刻露"真容"。经理让小李当我师傅带我熟悉业务，可她只顾埋头写计划书，对手足无措的我根本不予理睬。

我天性内向，朋友不多，非常渴望能在集体中找到归属感，获得关注。于是，我下决心改变自己，可越变越崩溃。比如我看了许多星座的书，然后专找星座一样的同事聊天，觉得这样才会使情形有所改善。"徐姐，你好年轻啊，看起来才三十多岁。"结果人家脸一黑："我就是三十多岁啊！"我臊了个大红脸。

我非常沮丧，觉得职场人际的水好深啊。

我有个亲戚在单位是中层领导，在职场中经历过大风大浪。她说职场中每个人每天跟同事在一起的时间远远超过家人，如果不能和大家和睦相处，日子会过得很灰暗，对事业影响很大。

她说在职场中保持自我个性，不要强行改变自己，不必学交往技巧，那会给人圆滑的感觉。"在职场中真诚最重要。"她建议我说话要讲究分寸，让对方感觉舒服；要学会补台，不要拆台；有成绩时说"我们"，犯错误时说"我"；同事聊天插不上话就微笑倾听，"因为倾听也是一种参与"。

我从小住校，一直不会做饭，但心里非常渴望做大厨。后来我发现和女同事聊烹饪，是和她们亲近的一个重要途径。只要我咨询红烧肉和各式炒菜的做法，年长的女同事就会两眼发光，大谈她的厨艺和营养观，给我出谋划策，好像是我妈。我暗自高兴，终于在办公室找到像家一样的温暖了。

年底联欢会，我为每一位上台唱歌的同事鼓掌。不是刻意拍马屁，而是我五音不全，我觉得每个能唱到调上的人都是人才，好羡慕他们。没想到这个友善的举动让大家非常感动，有时我工作中出错了，同事都愿意替我兜着，不向上司汇报。

对不好相处的同事，我会在MSN、QQ和邮件上说事或发短信，事情很快就解决了。既没有争执，还免去了面对面的尴尬，办事效率颇高。

在职场中要善待每一位同事，但不必拿每一个人当朋友，合则聚，不合则距。

资料来源：《中国妇女》2010年第1期（上）桔明文

办公室是现代社会最为典型的工作场所，办公室礼仪是指人们在办公室这一特定的工作场所应具有的礼仪。办公室礼仪不仅是对同事的尊重和对公司文化的认同，更是每个人为人处世、礼貌待人的最直接表现。虽然说职场人士遵守办公室礼仪是基本要求，无须刻意强调，可现实中还是会有人忽略细节，造成不必要的损失，在此有必要提醒大家，时代可以改变，生活可以改变，心情可以改变，但是我们的办公室礼仪不能改变。本项目你要完成如下任务：

1. 商务人员办公室日常礼仪。

2. 商务人员办公室交往沟通礼仪。

⊃ 【任务分解】

学习任务 2-1：商务人员办公室日常礼仪

学习任务 2-2：商务人员办公室交往沟通礼仪

学习任务 2-1　商务人员办公室日常礼仪

【任务分析】

办公室是一个处理公司业务的场所，对于商务人员来说，办公室是除了家庭以外最重要的场所。在这里，商务人员要面对相对固定的空间和相对固定的人员；在这里，商务人员要与领导、下属和同事共同处理各种事务、开展各种公务活动。商务人员办公室日常礼仪：

- 办公室礼仪的原则和态度。
- 办公室的环境礼仪。
- 办公室人员的举止礼仪。
- 办公室人际关系礼仪。
- 办公室的进餐礼仪。
- 公共区域的规范礼仪。
- 新人与办公室同事相处之道。

一、办公室礼仪的原则和态度

办公室人员是一个集体，无论是对本单位还是外来人员，都应体现一个集体的每个成员对他人、对社会的尊重和责任心。

（一）以礼相待

在办公室里，对上司和同事们都要讲究礼貌，不可轻易忽略。"您好"、"早安"、"再会"之类的问候语要经常使用。同事之间应以姓名相称，不可称兄道弟或乱叫外号。对上司和前辈则可以用"先生"或其职务来称呼，最好不同他们在大庭广众之下开玩笑。在工作中要讲男女平等，一切都按照社交中的女士优先原则去做，未必会让女同事高兴。

去别的办公室拜访同样要注意礼貌。一般需要事先联系，准时赴约，经过许可，方可入内。在别的办公室里，没有主人的提议，不能随便脱下外套，也不要随意解扣子、卷袖子、松腰带。未经同意，不要将衣服、公文包放到桌子和椅子上。若公文包很重，则放到腿上或身边的地上。不要乱动别人的东西。在别的办公室停留的时间不宜太久，初次造访以20分钟左右为准。

（二）行为有度

工作地点，即是严谨认真的场合，行为要多加注意。要避免口衔香烟四处游荡，不要与同事谈论薪水、升降或他人隐私。遇到麻烦事，要首先报告给顶头上司，切莫诿过或越级上告。尽量不要在办公室吸烟，更不要当众化妆，更换衣物。如很想吸烟或化妆，则应去专用的吸烟室或化妆室。若附近没有这类场所，则只好借助于洗手间。

（三）共事以敬

同事是与自己一起工作的人，与同事相处得如何，直接关系到自己的工作、事业的进步与发展，这正需要知晓同事相处的礼仪。

（1）尊重同事。相互尊重，是处理好任何一种人际关系的基础，同事关系也不例外。同事之间的关系是以工作为纽带的，一旦失礼，创伤难以愈合，最重要的是尊重对方。

（2）物质上的往来应一清二楚。同事之间可能有相互借钱、借物或馈赠礼品等物质上的往来，但切忌马虎，每一项都应记得清楚明白，即使是小的款项，也应记在备忘录上，以提醒自己及时归还，以免遗忘，引起误会。

（3）对同事的困难表示关心。同事的困难，通常首先会选择亲朋帮助，但作为同事，应主动问讯。对力所能及的事应尽力帮忙，这样，会增进双方之间的感情，使关系更加融洽。

（4）不在背后议论同事的隐私。隐私与个人的名誉密切相关，背后议论他人的隐私，会损害他人的名誉，引起双方关系的紧张甚至恶化，因而是一种不光彩的、有害的行为。

（5）对自己的失误或同事间的误会，应主动道歉说明。同事之间经常相处，一时的失误在所难免。如果出现失误，应主动向对方道歉，征得对方的谅解，对双方的误会应主动向对方说明，不可耿耿于怀。

二、办公室的环境礼仪

办公室是企业的门面，是来访者对企业的第一印象。办公室的布置不同于家庭、酒店，它的设计风格应该是严肃、整洁、高雅、安全，并能体现组织的特点及品位。办公室可以摆放花草，而且对枯萎、损坏的要及时更换；要有字画点缀，要让办公环境渗透礼仪。

办公室应保持整洁。地板、天花板、走道要经常打扫，玻璃、门窗、办公桌要擦洗干净明亮。桌面只放必要的办公用品，且摆放整齐。不要将杂志、报纸、餐具、小包等物放在桌面上。废纸应扔入废纸篓里。文件应及时按类、按月归档，装订整理好，放入文件柜。在办的文件下班后应锁入办公桌内。办公室内桌椅、电话机、茶具、文件柜等物的摆设应以方便、高效、安全为原则。办公桌上的玻璃板下，主要放与工作有关的文字及数字资料，不应放家人的照片，因为，办公室内需要的是严肃、高效而不是温馨。

办公室的布置应给人以高雅、宁静的感觉。企业是一个开放的系统，从这个角度来说，办公室既是工作的地方，也是社交的场所。所以，企业一般都将办公室装修得比较豪华，应注意采光合理，色彩选择恰当，空气清新。办公室气氛不要充满喜庆，也不要让人感到压抑。不要贴明星的照片或挂历。可装饰些风景画、盆景、有特殊意义的照片、名人的字画、企业的徽标等，创造浓厚的企业文化的气息，以及使主客心情愉快地交流信息和情感的环境。

三、办公室人员的举止礼仪

一个企业待人接物的礼仪水平，正是从每个职员的言行举止中体现出来的。

（一）仪表端庄，仪容整洁

无论是男职员还是女职员，上班时应着职业装。有些企业要求统一着装，以体现严谨、高效率的工作作风，加深客人对企业的视觉印象。有些企业虽没有统一服装，但都对上班时的服装提出明确的要求。

男士上班应穿白衬衣或西服，扎领带。衬衣的下摆一定要扎入裤腰里。应穿深色的皮鞋。服装必须干净、平整，不应穿花衬衣、拖鞋、运动服上班。不留胡须，不留长发，头发梳理美观大方，才能衬托出本人良好的精神状态和对工作的责任感。

女士上班应着西服套裙或连衣裙，颜色不要太鲜艳、花哨。上班不宜穿太暴露、过透、太紧身的服装或超短裙，也不能穿奇装异服、休闲装、运动装、牛仔装等。应穿皮鞋的颜色要比服装的颜色深。应穿透明的长筒丝袜，袜口不能露在裙口下，不能有钩破的洞。不应穿凉鞋、旅游鞋上班。佩戴首饰要适当，符合规范。发型以保守为佳，不能新潮。最好化淡妆上班，以体现女性端庄、文雅、自尊、自重的形象。

（二）言语友善，举止优雅

办公室工作人员的站、坐、行走，举手投足，目光表情，都能显示出一个人是否具有良好的文化素养、较强的业务能力和工作责任心，也体现了企业的管理水平。

（1）真诚微笑。微笑是一般社交场合最佳心态的表现。微笑是一种无声的语言，它是对自己价值的肯定，对他人的宽宏和友善，是稳重成熟的表现。微笑是自信、真诚、自尊、魅力的体现。上班时与同事、领导微笑问好，下班微笑道别。接待人物、邀请、致谢都应有真诚的微笑。不要把喜怒哀乐都流露于脸上，否则会让人感到你不够成熟、自控力不强。

（2）在办公室讲话时声音要轻，不能在办公室、过道上大声呼唤同事和上级，无论是对同事、上级还是来访者，都应使用文明用语。在办公室里，说话不要刻薄，与同事玩笑适度，不能挖苦别人，恶语伤人。更不能在背后议论领导和同事，以免"家丑外扬"。

（3）体态优雅。公司职员的行为举止应稳重、自然、大方、有风度。走路时身体挺直，步速适中、稳重、抬头挺胸，给人留下正直、积极、自信的好印象。不要风风火火、慌慌张张，让人感到你缺乏工作能力。坐姿要优美，腰挺直，头正，不要趴在桌子上，歪靠在椅子上。有人来访时，应点头或鞠躬致意，不能不理不睬。工作期间不能吃东西、剪指甲、唱歌、化妆、与同事追逐打闹，否则有失体面。谈话时手势要适度，不要手舞足蹈，过于做作。

（三）恪守职责

公司职员应树立敬业爱岗的精神，努力使自己干一行、爱一行、钻一行，以饱满的工作热情、高度的工作责任心，开创性地干好自己的工作。工作中一丝不苟，精益求精，讲究效率，减少或杜绝差错，按时、按质、按量地完成每一项工作。领导交给任务时，应愉快接受，做好记录，确保准确。然后认真办理，及时汇报。恪尽职守，严守机密。

四、办公室人际关系礼仪

无论对待上司还是同事或下属，都要以平等、平和的态度相处，需要互相关心和帮助。但同时要掌握好分寸，只有保持恰当的距离，人们才能更好地尊重、理解和协作。

1. 对同事要慎重地支持

在办公室上班，与同事相处得久了，彼此都有了一定了解。在发生误解和争执的时候，一定要换个角度，站在对方的立场上想想，理解一下对方的处境。工作上对同事要慎重地支持。支持意味着接纳，而一味地支持只能导致盲从，也会滋生拉帮结派，影响公司决策层对你的信任。

在办公室中大多的时间是和同事在一起的，不要在工作时间谈及他人私事，不插手他人工作，也不要对他人的工作妄加评论，更不要对同事过多地谈及自己的私事或抱怨生活的不如意，别人未必爱听你的私事和抱怨，而且你还可能会耽误他人的时间和影响他人的情绪。

2. 维护上司的威信，先尊重后磨合

任何一个上司作为领导，都有其过人之处。他们丰富的工作经验和待人处世方略，都值得我们学习借鉴和尊重。因为上司需要把握的是大局，上下级看问题的角度是不同的。不管自己和上司关系怎么样或对他们有什么看法，都应以实际行动维护上司的威信，不要当众和上司顶嘴，要以礼相待，尊重上司。如果有问题要找机会单独和上司谈。在办公室不要对上司过于献殷勤，也不要过问上司的私事，超出工作范围的事情也不要向上司打听，尤其涉及上司计划安排的事情。

唯上司是从并无必要，但也应记住，给上司提意见只是本职工作中的一小部分，尽力完善、改进才是最终目的。要让上司接纳你的观点，应在尊重的氛围里，有礼有节、有分寸地磨合。不过，在提出质疑和意见前，一定要拿出详细的、足以说服对方的资料计划。

3. 帮助和聆听，对下属善于批评指导

上司和下属之间，只有职位上的差异，人格上都是平等的。帮助下属，其实是帮助自己，员工们的积极性发挥得愈好，工作就会完成得愈出色，也会让上司获得更多的尊重，从而树立开明的形象。而聆听更能体味到下属的心境和了解工作中的情况，为准确反馈信息，调整管理方式提供了翔实的依据。

五、办公室的进餐礼仪

办公室的进餐，可依各自规定。如果公司许可员工于办公室内用餐，员工也应珍惜这个方便，更要注意办公桌上用餐的礼仪。

（1）只有在用餐时间才可吃东西，不要利用午餐时间忙杂事，直到上班时间才用餐。即使你能同时用餐又工作，也不该如此，以免让人认为"浑水摸鱼"。

（2）注意餐后环境卫生，桌面宜擦拭干净，为防止令人不悦的气味，剩余残肴及废弃物品，应在包好后立刻扔进远离你与其他同事的有盖垃圾桶。

（3）别一直盯着其他同事，这会令他人感到不悦，所以在办公室内用餐要多加注意自己的用餐仪态。

（4）满口食物时勿接听电话。哪怕是对方打扰你的用餐，也应注意自己的礼貌及行为。（5）离用餐完毕时间不久，恰有顾客来访时，应事先用点空气清香剂，可别让客人一进门就闻到食物气味。

以上是在办公室内用餐的礼节。谚语说"吃饭皇帝大"，所以尽量不要在同事吃饭时打扰他们，或要他们进行工作，除非是餐会形式或大家边用餐边开会，则另当别论。

六、公共区域的规范礼仪

（一）公共区域环境礼仪

（1）所有办公场所公共区域必须保持干净整洁,禁止摆放与工作无关的个人用品（如餐具、玩具、装饰品等）。

（2）办公用品摆放整齐，桌面不得堆放与工作无关的私人用品。

（3）不可在计算机安装与工作无关的软件，不得用计算机玩游戏。

（4）办公场所的电话应保持通畅，个人私事用线路一次不得超过两分钟。

（5）如果有公共厨房，不要将脏了的咖啡杯放在洗碗池内，亦不要将糊状或难以辨认的垃圾倒入垃圾箱。此外，避免用微波炉加热气味浓烈的食物。若菜汁四溅，谨记抹干净后再离开。若你喝的是最后一杯水，请添补。

（6）要自觉维护洗手间的卫生，用过之后要冲水。不把茶叶、果皮等倒入水池，即使在拧开水龙头发现没有水时，也要及时将水龙头拧上。

（二）搭乘电梯应有的礼仪

现代社会高楼大厦林立，常见上班族穿梭在办公大楼内外，进进出出时，大多数人都是舍楼梯而搭乘电梯。即使是为了赶时间，搭乘电梯的时候也不能忽略应有的礼节（见图2-1）。

（1）电梯门口处，如有很多人在等待，此时请勿挤在一起或挡住电梯门口，以免妨碍电梯内的人出来，而且应先让电梯内的人出来之后方可进入，不可争先恐后。

（2）男士、晚辈或下属应站在电梯开关处提供服务，并让女士、长辈或上司先行进入电梯，自己再随后进入。

（3）与客人一起搭乘电梯时，应为客人按键，并请其先进、出电梯。

图 2-1

（4）电梯内空间狭小，千万不可抽烟，不能乱丢垃圾。

（5）在电梯里，尽量站成"凹"字形，挪出空间，以便让后进入者有地方可站。进入电梯后，正面应朝电梯口，以免造成面对面的尴尬。

（6）即使电梯中的人都互不认识，站在开关处者，也应做开关的服务工作，别忘了，"给人快乐便是天使"这句话。

（三）上下楼梯的礼节

在上下楼梯时，均应单行行走，如果楼梯较宽，并排行走最多不要超过两人。注意要靠右侧行走，左侧留给有急事的人通过。如与尊长、客人上下楼梯时，出于安全的需要，上楼时应走在尊长、客人的后边；下楼时应走在尊长、客人的前边。上下楼梯时，要注意姿势和速度，与前后人之间保持一定距离（见图2-2、图2-3）。

图2-2　　　　　　　　　　　　　图2-3

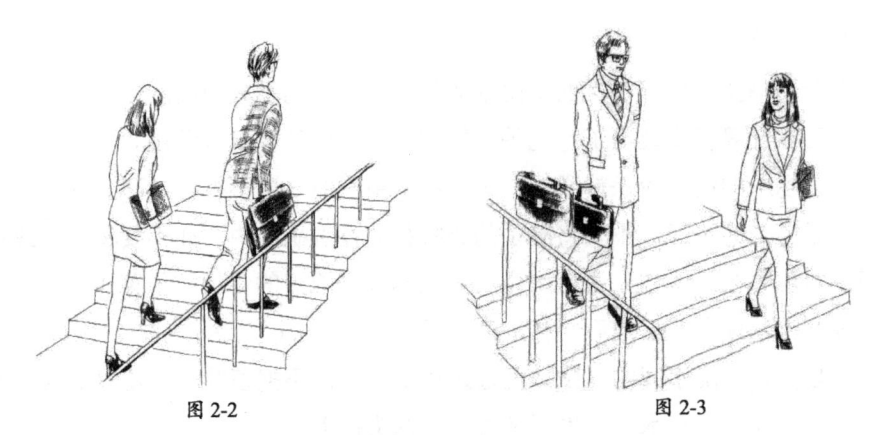

（四）借阅公共书籍应注意的礼仪

（1）需借阅书籍时，应先向书籍保管员申请，填写借阅登记。不得擅自把书籍携出，私自将图书带回家。

（2）使用书籍时应尽量保护书籍完好，不批划、涂改、污损书籍，不对书籍进行撕扯，割页。

（3）使用完毕，应立即还到书籍保管处，以免丢失。

（五）使用复印机的风度礼仪

（1）复印机是使用频率较高的公共设备，这时同事容易在使用时间上发生冲突，一般来说，遵循先来后到的原则，但是如果当你有一大沓文件需复印，而轮候在你之后的同事只想复印一份时，应让其先印。当先来的人已花费了不少时间做准备工作，那后来者就等一会儿再来。

（2）在公司里一般不要复印私人的资料。

（3）如果碰到需要更换碳粉或处理卡纸等问题，不知道处理，就请别人来帮忙，不要悄悄走掉，把问题留给下一个同事，让人觉得你不为别人着想，遇到困难和责任不敢承担。如果复印机纸用罄，谨记添加；若纸张卡塞，应先处理好再离开，如不懂修理，就请别人帮忙。

（4）使用完毕后，不要忘记将你的原件拿走，否则容易丢失原稿，或走漏信息，给你自己带来不便。使用完后，要将复印机设定在节能待机状态。

（六）传真机使用礼仪

（1）使用的先后问题。当你有一份很长的传真需要发出去时，而轮候在你之后的同事只需传真一两页时，应让其先用。

（2）在公司里一般不要发私人传真稿件。

（3）如果遇到传真纸用完时，应及时更换新传真纸，如果遇到传真机出故障，应及时找出原因，先处理好再离开，如不懂修理，就请别人帮忙。不要把问题留给下一个同事。

（4）使用完毕后，不要忘记将你的原件拿走，否则容易丢失原稿，或走漏信息，给你自己带来不便。

七、新人与办公室同事相处之道

（1）刚到办公室，不要说得太多，多干点实事、小事，勤快些，给人好印象。

（2）静观奇变，找出这个科室的领头羊。

（3）不参加任何帮派的问题争论。工作利益以外的事情永远保持中立，不要发表任何意见。

（4）工作上要有自己的立场，处事要果断、明了。工作上的意见让别人先说，但一定要说。

（5）在上司面前千万不能说自己同事的坏话（因为大家都是同一条船上的人）。

（6）学会拒绝别人，不要什么事情都揽过来自己做（要既能保护自己又不伤害别人）。

（7）自己的岗位要有自己的一套，做好保密工作，"我的工作只有我自己能做，任何人都无法代替"，这样才能被上司所重用，才能证明自己的存在价值。

（8）办事情要把手尾工作做好，不要有任何遗漏，业务工作要及时跟踪和回访。

（9）帮助别人就是帮助自己，前提条件是自己力所能及的，而且答应别人就应该把它当作自己的事情，要么不帮。

（10）上司永远是对的。

【知识链接】

一、办公室行为禁忌

有人说，任何高效、严谨的企业里，是听不到两种声音的：一种是高谈阔论的声音，一种是走路时皮鞋的声音。办公室是公共办事的场所，要注意自己的行为举止，过分夸张（过大、过响、过于造作）的举止都在不同程度上会影响他人的工作，甚至会危害自身及公司的形象，防止对他人的干扰，维护自身及公司的形象，是首要的原则。

工作时间里不宜趴在桌上休息，也不可躺在椅子上，更不可把脚放在椅子或桌子上，这些表现都给人以懒散、工作不努力的感觉。不在工作期间吃零食，即使在休息时间进食也要注意影响。吃气味过浓的食品，或者发出嘈杂的声音，都是对别人的干扰。

在办公室里特别是在工作时间绝对不可以梳妆打扮。也不可以在办公室打牌下棋、玩游戏等，干私活更是不允许的，也不宜把自己的亲朋好友带到办公室来，特别是工作时间。

办公室不是私人场所，因此，工作时间不应该扎堆聊天，更不可以大声说笑。与同事进行适当的交流是可以的，但上班时间的闲聊必须有一定的分寸。如果你花太多的时间与同事聊天，就会给人留下一种无所事事的印象，同时还会影响你的同事按时完成工作。

另外，在办公室里开关门，要做到"轻、敲、谦"，也就是开关门要轻，忌猛地开门关门，那样不但可能会吓到别人，开关门的风也可能会吹乱同事的文件，所以是让大家反感的。细致的小动作会体现个人的修养，也会赢得同事的尊敬。进他人办公室时应先敲门，等对方同意了方可开门进去，即使对方门开着，也要先敲门以表示尊敬。在和别人一起进出门时要谦让，要主动为他人开门，应该让上司或女性先行，并要注意随手关门。这也是体现个人素质的方面。

二、办公室的赞美艺术

渴望赞美和关心，是人性的自然需要。赞美是对别人关爱的表示，是人际关系中一种良好的互动过程，是人和人之间相互关爱的体现。沉闷的办公室，充满了文件和繁杂的公务，不知不觉中就会使人变得失去热情，适当的赞美，会激起人们内心的活力，带来良好的情绪。

（1）要有真实的情感体验。这种情感体验包括对对方的情感感受和自己的真实情感体验，要有发自内心的真情实感，这样的赞美才不会给人虚假和牵强的感觉。带有情感体验的赞美既能体现人际交往中的互动关系，又能表达出自己的美好感受，对方也能够感受到你对他真诚的关怀！

（2）符合当时的场景。在某些场景，赞美只需要一句就够了。

（3）用词要得当。注意观察对方的状态是很重要的一个过程，如果对方恰逢情绪特别低落，或者有其他不顺心的事情，过分的赞美往往会让对方觉得不真实，所以一定要注重对方的感受。

（4）"凭你自己的感觉"是一个好方法，每个人都有灵敏的感觉，也能同时感受到对方的感觉。要相信自己的感觉，恰当地将其运用在赞美中。如果我们既了解自己的内心世界，又经常去赞美别人，相信我们的人际关系会越来越好。

【案例分析】

一位职场新人（下文简称A）进公司后，很快就成了同事们的"烦客"。她只要对哪位上司有意见，很快就会有不少这位上司的小道消息、绯闻和大家"分享"；看不惯哪个同事，就会跟办公室所有同事逐个"我只跟你讲"。而她一旦在某个方面获得不错的业绩，就马上对业绩差的同事逐一表达"关心"，指出不足……很快她就变成了人见人烦、花见花谢的人。

请分析这位职场新人A为什么会成为职场不受欢迎的人？她触犯了哪些职场禁忌？

案例解析：A之所以成为"烦客"，是因为她不懂得办公室的礼仪及谈吐原则，犯了职场禁忌，不受欢迎是理所当然的事情。同事或者上司的负面问题，绝对不能在办公室里说，即使"我只跟你讲"，但很快所有人都会知道。这是造成人际关系紧张的一个重要原因。

报上司或同事的"猛料"，会让人感觉很八卦、无聊。如果是流言蜚语，容易伤害同事间的情谊，甚至造成反目成仇。对新员工A来说，他人的是非，自有公论，在办公室里谈论，反而会让人觉得其是在幸灾乐祸，唯恐天下不乱。

【实践训练】

请大家阅读以下资料，它对走向职场的我们有何启示？并写一份心得感受。

不懂办公室基本礼仪

张玉原是南海一家从事五金生产业务的工厂的办公室文员，月收入800元。虽然并不算多，但张玉还是挺满足的，她文化不高，才初中毕业，如果不是亲戚的介绍，凭她自己的本事是不容易找到这种相对轻松的工作的，她周围的许多朋友都是在工厂里当工人，或者在超市卖东西，或在酒楼当服务员。但国庆节刚过，张玉就失去了这份才工作三个月的工作。至于辞退张玉的原因，是张玉不懂得尊重老板。

张玉到该厂后，老板考虑到她的介绍人的缘故，将她安排在办公室任文员，主要工作是负责接电话，为客户开单，购置一些办公用具等，工作并不复杂也不累，相比较整天工作在高温机器旁及在烈日下送货搬货的同事，张玉自己都感觉是人间天堂。应该说，她是很珍惜这份工作的，尽管每天工作时间从早上8时一直到晚上8时，但张玉下班后都喜欢待在办公室，毕竟这里有空调，好过回到只有电风扇的集体宿舍。因为善于交际，张玉有很多朋友，朋友们下班后也总喜欢来找张玉玩，因为张玉在她们的眼中已经是白领，且可以在张玉有空调的办公室内聊聊天、看看报纸等。张玉的老板认为，每个人都有朋友，张玉的朋友在下班时间来找她玩，在办公室聊天无可厚非，更可顺便接听一些业务电话。因此他对此事从来都没有加以限制。后来一次老板从顺德跑业务后拿回厂里赶货，回到办公室时，遇到张玉和她的两个好朋友。张玉并没有将老板介绍给朋友认识，而是自顾自地干自己的活，而因为张玉没有介绍，她的两个朋友也没有和老板打招呼。性格偏内向的老板也没主动向自己工仔的朋友打招呼，气氛好尴尬。片刻后，两个朋友起身离去。

事后，张玉就失去了这份工作。老板李生说，张玉不懂得一些办公应酬的基本礼仪，不懂得尊重老板，不懂得在外人面前树立老板的威信，因此作为办公室人员并不称职。

【课后训练】

一、简答题

1. 简述办公室的环境礼仪。
2. 请简述怎样与办公室同事和睦相处？

二、实训操作

请各小组同学扮演办公室工作人员及客户，根据搭乘电梯礼仪，上、下楼梯礼仪分角色训练。下次课找同学课堂演练，其他人找问题。

三、案例分析题

在一家公司工作的陈小姐，因为图凉爽，上班时穿着过短的裙子，弄得同室里两位男子非常尴尬，而来联系生意的客户一个劲儿地往他们的办公室跑，借故和陈小姐套近乎，影响了大家的工作，这种事又不好讲明，科长只好把她安排在打字室上班。

案例分析：切勿认为穿着打扮只是自己个人的私事，要把握好分寸。这样，不仅避免了"性骚扰"的嫌疑，也会给人留下优雅、端庄的印象，显示出自己的内在的修养，在人际关系和工作上都有益处。

学习任务 2-2　商务人员办公室交往沟通礼仪

【任务分析】

良好的办公室交往沟通礼仪对于创造一个优美、和谐、融洽的工作环境，维护公务秩序，提高工作效率，营造文明氛围，改善服务质量是极为重要的。本任务我们需要学习：

- 办公室打招呼的礼仪。
- 办公室的通信礼仪。
- 办公室交谈礼仪。
- 办公室两性交往分寸。

一、办公室打招呼的礼仪

在办公室内应与经过你办公桌的人主动打招呼，无论他们的身份是工友或者是公司老板，都要一视同仁。看到有人经过你的身旁而不打招呼，是十分无礼的表现。至于对周围的同事和较熟悉的同事，更应保持有礼、和善的态度，不论早上进公司、中午休息吃饭或晚上离开公司都要打招呼，千万不要"来无影、去无踪"。

乘坐电梯遇见老板时，可主动大方地向其打招呼，不宜闪躲或假装没看见。若只有你和老板两人在电梯内，也可聊一些普通的事或简单地问候一番。最好不要在电梯内与老板谈论公事，以免使人讨厌。

在拥挤的电梯内，如果没有人说话，最好也不要开口。若遇到同事向你打招呼或目光相遇，你应适时地点头、微笑，甚至回应，视而不见最要不得。

离开办公室时，应记住先向主管报告，询问是否还有吩咐然后再离开。对于上司，态度要礼貌周到，若接近其身边，要站好后再打招呼，而一般熟悉的同事之间则不必拘束，可以用互相了解及喜欢的方式打招呼。

打招呼时的称呼应视情况而定：一般来说上司对职员可以用职位或全名及某先生、某小姐等称呼，若职员主动表示可称呼其名字，上司也可照办。下属对上司应称其头衔以示尊重，即使上司表示可以用姓名、昵称相称呼，也只能限于在公司内部，对外人及公开场合皆不可贸然直呼名字，否则会显得没大没小。特别值得一提的是，已婚妇女在工作中仍应保留自己的姓名称谓，不宜用"某太太"来称呼（除非她自己希望别人这样做），因为一个女人在工作时的身份是她自己，而非某先生的妻子，这一点应区分清楚。

招呼同事时应将姓氏讲清楚，不能叫"喂"或"那个谁呀"，因为这样做会十分失礼。如同事正忙于工作，可客气地说句"抱歉，打扰一下"再交代事项，以免打扰了对方。

同事之间如非常熟悉或得到对方许可，则可直称其名，但无论如何不应该于工作场合中叫对方的小名、绰号，如"帅哥"、"美女"或"好好先生"等。因为这些称谓含有玩笑意味，会令人觉得不庄重。同时也要知道不应在工作场合称兄道弟。

如有同事老是喜欢直呼你的小名或绰号，让你感觉不舒服，你有权制止他，并委婉地告诉他你并不希望在工作场合被叫小名或绰号。如果你与他的工作关系不错，可以找机会告诉他："王先生，我很感激你对我外表的赞扬，但是你让我感觉到自己被重视的只是外表而已，所以烦请你在下次介绍我时，请留意一下形容词好吗？"

二、办公室的通信礼仪

（一）电话礼仪

人们常说"如闻其声，如见其人"，说的就是声音在交流中所起的重要作用。通话时的表现是一个人内在修养的反映，电话交流同样可以给对方和其他在场的人留下完整深刻的印象。电话沟通是一种依据声音传递讯息的沟通方式，在工作中，要与人们维持良好的双向沟通,非常需要礼仪与技巧。电话礼仪所反映的是企业的风貌、精神和文化,甚至管理水平、经营状态等。一般认为,一个人的电话形象如何,主要由他使用电话时的语言、内容表情、举止等多种因素构成(见图2-4、图2-5)。

图 2-4

图 2-5

1. 电话基本礼仪

1)清晰柔和的第一声

在某种意义上,声音是人的第二外貌。通话时,声音应当清晰悦耳,温和有礼,吐字准确,语速适中,语气亲切、自然。讲话声音不要太大,让对方听得清楚就可以了。也不要矫揉造作,装腔作势,让人浑身起鸡皮疙瘩。

接通电话,就能听到对方亲切、优美的招呼声,心里一定会很愉快,使双方对话能顺利展开。在电话中,只要稍微注意一下自己的行为就会给对方留下完全不同的印象。例如,"你好,这里是ＸＸ公司。"若声音柔和就会给对方留下好的印象,对方对其所在单位也会有好印象。因此,接电话时,应有"我代表单位形象"的意识。

2)面带微笑,保持喜悦的心情

拿起电话,你就应该面带微笑。也许你会问:"对方又看不到,干吗要注意表情?"但是,你知道吗?笑是可以通过声音来感觉到的,你的微笑、你喜悦的心情会传给对方、感染对方。

打电话时我们要保持良好的心情,这样即使对方看不见你,但是从欢快的语调中也会被你感染,给对方留下极佳的印象,由于面部表情会影响声音的变化,所以即使在电话中,也要抱着"对方看着我"的心态去应对。

3)姿态端正、清晰明朗的声音

打电话过程中绝对不能吸烟、喝茶、吃零食,即使是懒散的姿势对方也能够"听"得出来:如果你打电话的时候,弯着腰躺在椅子上,对方听到的声音就是懒散的、无精打采的,若坐姿端正,所发出的声音也会亲切悦耳,充满活力。即使看不见对方,也要当作对方就在眼前,尽可能注意自己的姿势。

4）打电话中避免中途做其他事

打电话时，如果你中途离开或者做其他的事情，例如，与其他人说话、看书报、听音乐等，都是极不礼貌的行为。如果这时你确实有一件非常紧急的事情需要处理，你应该向对方道歉，并说明原因，并以最快的速度完成，不要让人久等。如果需要的时间比较长，你应该向对方道歉，然后另约时间再打过去，但这种情况最好不要发生。

2. 打电话礼仪

1）时间选择——时间适宜

（1）休息时间别给对方打电话。

除非万不得已，晚上 10 点之后，早上 7 点之前，没有什么重大的事情别打电话。

（2）就餐的时间别打电话。

（3）节假日没有重大事情不要打电话。

尽量不要占用对方的节假日，给对方一个休息的时间。

（4）注意时差

如果是打给国外，还要注意时差的问题。

2）注意空间选择

一个有教养的人是不会在公众场所打电话的，如在影剧院、会议中心、餐厅、商场等地方。

3）注意通话的长度

通话时间宜短不宜长，电话礼仪有一个规则，叫作电话三分钟原则。就是通话的时间尽量控制在三分钟之内。长话短说，废话不说。

4）通话内容

通话之前要有所准备，应该核对对方的电话号码、公司或单位的名称及接话人姓名。写出通话要点及询问要点，准备好纸和笔，以及必要的资料和文件。

5）注意礼节

接通电话后，应主动友好，自报一下家门和证实一下对方的身份。打电话要坚持用"您好"开头、"请"字在中，"谢谢"收尾，态度温文尔雅。

6）终止电话

打电话谁先挂呢？商务礼仪的标准化做法，地位高者先挂。如果你与董事长通话，不管董事长是男是女，是老是少，下级尊重上级是一种职业规范，此时应该是董事长先挂电话；如果是总公司来电话，不管总公司打电话的人是什么级别，他代表了上级机关，此时应该是总公司的人先挂电话；如果是客户来电话，客户是上帝，应该让客户先挂电话。不宜"越位"抢先。不可只管自己讲完就挂断电话，那是一种非常没有教养的表现。

3. 接电话的礼仪

1）迅速接听

接电话首先应做到迅速接听，力争在铃响三次之前就拿起话筒，我们强调铃响不过三声，避免让打电话的人焦急不安或不愉快。

2）认真倾听并作出相应回答

接电话时，一定要认真倾听，不要随便打断对方讲话，要搞清楚对方来电的目的，尽可能迅速地作出相应的回答。当然，认真倾听，并不是完全不出声，还要注意呼应对方，比如，用"嗯"、"好的"、"知道了"等短语作为呼应，让对方感觉到你确实在认真地听。

3）复述来电的重要内容

通话完毕之前，对对方所讲的重要内容可作必要的重复，比方说重要的时间、地点、电话等重要内容重新核实一下，防止自己记录或理解出现差错。

4）认真做好电话记录

自己的电话，也许因为事务繁忙而把电话的事情给忘了；也许因为时间的关系电话内容记不准确了……因此，认真做好电话记录是必要的。

如果是自己同事的电话，应热忱、迅速地帮对方找同事来接电话。如果对方要找的同事不在，不能只一声说"他不在"，"啪"就把电话挂了。如果对方愿意，可代为转达电话内容，也要认真、准确地做好记录。代接代转电话时，要注意及时传达、尊重隐私。

永远不要对打来的电话说：我不知道！

5）真诚地致谢

最后的道谢也是基本的礼仪。来者是客，以客为尊，电话交谈完毕时，应尽量让对方结束通话，向他们道谢和祝福，等对方放下话筒后，再轻轻地放下电话，以示尊重。

（二）手机礼仪

手机作为沟通的重要工具，它的用途越来越广，已经深入人们的生活，成为必备的通信工具。如果不注意，就会影响公司、个人的形象，我们很有必要了解使用手机的一些礼仪。

1. 手机放置

在公共场合手机的摆放是很有讲究的，一是随身携带的公文包里，这种位置最正规；二是上衣的内袋里，也可以放在书包里，但要保证随时可以拿出来。有时候，可以将手机暂放腰带上，也可以放在不起眼的地方，如手边、背后、手袋里，但不要放在桌子上，最好不要把手机放在手里，也不要对着别人放置，这都会让对方感觉不舒服。而对于职场人士来说，最好也不要把手机挂在脖子上，这会让人觉得很不专业。

2. 打电话前考虑对方处境

给对方打手机时，尤其当知道对方是身居要职的忙人时，首先想到的是，这个时间他（她）方便接听吗？并且要有对方不方便接听的准备。在给对方打电话时，注意从听筒里听到的回音来鉴别对方所处的环境。如果很静，应想到对方在会议上，有时大的会场能使人感到一种空阔的回声，当听到噪声时对方就很可能在室外，开车时的隆隆声也是可以听出来的。有了初步的鉴别，对能否顺利通话就有了准备。但不论在什么情况下，是否通话还是由对方来定为好，所以"现在通话方便吗？"通常是拨打手机的第一句问话。在没有事先约定和不熟悉对方的前提下，我们很难知道对方什么时候方便接听电话。所以，在有其他联络方式时，还是尽量不打对方手机好些。

3. 接听手机勿扰他人

手机最大的优势就是随时随地可以通话，这在带给大家便利的同时自然也会带来一些负面效果。在公共场合接听手机时一定要注意不要影响他人。有时办公室因为人多，原本就很杂乱，如果再大声接电话，往往就会让环境变得很糟糕。作为职场新人，在没有熟悉环境之前，可以先去办公室外接电话，以免影响他人，特别是一些私人的通话更应注意。在职场中，一部手机可以折射出你的职场能力。因此职场人员一定要掌握手机礼仪，让手机成为自己的职场帮手，而不是减分利器。

（1）不要在图书馆、博物馆、影剧院、音乐厅、美术馆、电梯及其他周围封闭的公众场合使用手机。

（2）在公共场合接电话时不要大声通话，不要进行情绪化交谈。

4. 尊重别人

（1）在会议中、和别人洽谈的时候，最好将手机关掉，起码也要调到震动状态。这样既显示出对别人的尊重，又不会打断发话者的思路。若在会场上铃声不断，像是业务很忙，使大家的目光都转向你，则会让你看上去修养不够。

（2）和别人进行面对面会议或谈话时，一般不要接电话。如必须接时，应先向对方道歉。

（3）在职场中，开机就应随身带手机，不要让手机长时间在桌上响铃。

（4）会客、聚会等社交场合中不要沉溺于翻看手机。在餐桌上关掉手机或把手机调到震动状态还是必要的，避免就餐时被一阵烦人的铃声打断。

5. 尊重安全

在飞机上、加油站、急救室要关机。

6. 收发短信

在需要将手机调至震动状态或关机的场合，用手机接收短信，也要设定成震动状态，并且不要在别人注视到你的时候查看短信。收发短信应该和通话文明一样重视。因为通过你发的短信，意味着你赞同至少不否认短信的内容，也同时反映了你的品位和水准（见图2-6）。所以不要编辑或转发不健康的短信，特别是一些讽刺伟人、名人甚至是革命烈士的短信。

图2-6

7. 彩铃设置

现在有不少人，特别是年轻人喜欢使用彩铃。有的搞笑幽默，有的怪异另类，与千篇一律的铃声比较起来，确实有独特之处。但是彩铃是给打电话的人听的，如果你需要经常用手机联系业务，最好不要用怪异或格调低下的彩铃，以免影响你的形象和公司的形象。

（三）网络礼仪

随着信息技术的不断发展和电脑应用的普及，网络在人类的生产、生活中扮演着越来越重要的角色。在我国，网络已逐渐成为工作中所使用的一种高效、便捷的基本工具。

商务人员利用网络实现了信息共享、通信与交流的快捷，提高了办事的效率。因此，人们在使用网络时必须遵守一定的网络规则，这些网络规则，就是网络礼仪，即是互联网使用者在网上对其他人应有的礼仪。

1. 确保安全

商务人员在使用网络这种极易广泛、迅速传递消息的交际工具时，必须谨慎言行，切不可掉以轻心、泄露机密；不可把单位机密当成自己炫耀的资本加以传播，尽量避免在网上谈及与自己所知机密相关的话题，更不可借网络这种高效的传播渠道故意泄密。

商务人员要防止"黑客"入侵。"黑客"往往凭借其高超的计算机知识和网络操作技术进入重要机构的服务器，或偷窥机密，或擅改程序，造成网络混乱，并借机谋利，进行高科技犯罪。

2. 收发邮件

（1）收发电子邮件是商务人员利用网络办公最常见的内容，也是最重要的方式。在收发电子邮件的不同阶段，商务人员都务必要遵循一定规则。邮件用语要礼貌规范，以示对对方的尊重。撰写与发送时，每一封电子邮件都应该有一个主题，且每一封邮件最好只包含一条信息。如果给对方回信时，要注意修改原标题，正式的商务邮件不要使用网络语言和笑脸等符号，要和书写信件一样注意措辞和语气。撰写英文邮件时不可全部采用大写字母，否则就像发件人对收件人盛气凌人的高声叫喊。

（2）接收与回复。接收与回复电子邮件时，通常应注意如下几点：一是应当定期打开收件箱，查看有无新邮件，以免遗漏或耽误重要邮件的阅读和回复；二是应当及时回复商务邮件；一般应在收件当天予以回复，以确保信息的及时交流和工作的顺利开展。若涉及较难处理的问题，则可先电告发件人已收到邮件，再择时另发邮件予以具体回复；三是若由于因公出差或其他原因而未能及时打开收件箱查阅和回复时，应迅速补办具体事宜，尽快回复，并向对方致歉。回复邮件最好将中文名字与英文名字同时签上，因为有时候可能会由于系统不同，中文输入可能会出现乱码，如果有英文名字，对方至少可以知道邮件的发件人。如果邮件发给不熟悉的人，最好把联络方式写全。

3. 查阅资讯

出于工作需要，商务人员往往会上网查阅一些重要的新闻或资料。查阅资讯也有一定规则。在网上经常会有一些虚假的消息广泛传播，甚至有非法的内容大肆其道。商务人员要保持清醒的头脑，增强辨识能力，不要轻信他人所言，更不要人云亦云、以讹传讹。

三、办公室交谈礼仪

1. 交谈的态度

在办公室谈话的时候态度要诚恳、自然、大方，语气要和蔼亲切，表达要得体（见图2-7）。谈话内容事先要有准备，应该开门见山地向对方说明来意或交谈的目的，或寒暄几句后就较快地进入正题。那种东拉西扯的闲聊，既浪费时间，又会使对方厌烦甚至怀疑你的诚意。

图 2-7

自己讲话的时候，要给别人发表意见的机会，不要滔滔不绝、旁若无人。对方讲话的时候要耐心倾听，目光要注视对方，不要左顾右盼，也不要有看手表、伸懒腰、打哈欠等漫不经心的动作。

如果对方提到一些不便谈论的问题，不要轻易表态，可以借机转移话题。如果有急事需要离开，要向对方打招呼，表示歉意。

2. 交谈使用礼貌用语

◎ 初次见面，要说"久仰"；许久不见，要说"久违"；客人到来，要说"光临"。
◎ 等待客人，要说"恭候"；探访别人，要说"拜访"；起身作别，要说"告辞"。

- 中途先走，要说"失陪"；请人别送，要说"留步"；请人批评，要说"指教"。
- 请人指点，要说"赐教"；请人帮助，要说"劳驾"；托人办事，要说"拜托"。
- 麻烦别人，要说"打扰"；求人谅解，要说"包涵"。

在社交中，有必要对如下日常礼貌用语经常运用。

问候语、欢迎语、感谢语、致歉语、祝福语、道别语等。

3. 交谈的内容

1）适合的谈话内容

既定的主题。也就是商务交往双方事先约定的主题。

高雅的主题。如文学、艺术、历史、哲学等。这一主题的前提是忌讳不懂装懂，贻笑大方。

轻松的主题。比如文艺演出、旅游观光、风土人情、流行时尚。

擅长的主题。比如和律师交谈的时候，可以谈谈法律方面的话题；在和文艺工作者交谈的时候，可以谈谈文学创作等。

2）不适合的谈话内容

商务交往双方一般都是因公而谈，所以有关年龄、收入、婚恋、宗教信仰、住址、个人经历等，如果不是对方主动提出来或工作需要必须了解的内容，就不要谈论。

另外，像有关错误倾向的话题，如违背社会伦理、生活堕落、政治错误等，也不适合交谈。

3）谈话的注意事项

① 不要多说少听。中国有句古训：人长着两只耳朵却只有一张嘴，就是为了少说多听。在一般的交谈活动中，听，往往比说更重要。可是，人们普遍在与人交往之前，总是担心自己不会说，说不好，总是在思考自己怎样才能说得更好，而很少考虑自己是否会听，很少将应如何去倾听别人谈话作为起点去考虑。我国古代就有"愚者善说，智者善听"之说。

听多了，积累多了，自然就会产生灵感。在第一次世界大战中，由于机枪和大炮的发展，战斗愈加残酷，被弹片杀伤的士兵源源不断地送到后方。一次，一位平易近人的法国将军亚德里安去医院看伤员，问及一个伤员是如何逃生的，战士讲述了自己的经历。他说："德军炮击时，我正在厨房值班。炮弹飞来，弹片四处横飞。我急中生智，把铁锅举起扣在头上，很多同伴都牺牲了，而我仅伤了胳膊。"将军耐心倾听伤员讲述，触动了灵感。他想，如果战场上人人都顶着一只铁锅形的帽子，肯定会减少伤亡。于是，将军立即指定科研小组进行设计，第一代"钢盔"诞生了。后来，各国军队纷纷效仿。据美军统计，在"二战"中，美军由于佩戴了钢盔，使7万士兵免于阵亡。

② 不要显示自己有恩于人，这在别人看来是骄傲自满、喜欢表现的代名词。

③ 不要论人是非，发泄牢骚。既然是商务交谈、因公而谈，就没必要涉及无关的第三方，更不要议论第三方，不要攻击别人短处，不要对自己不满的人和事发泄不满情绪。不然，若是初交，对方会误认为你有"影射"之意，好搬弄是非。

④ 不要花言巧语，虚伪客套。商务交往中，态度要诚恳，实事求是，不用过分虚伪、客套。当然，讲话也要注意分寸。

⑤ 不要独白。既然交谈讲究双向沟通，在交谈中就要礼让对方，多给对方发言、交流的机会。不要一人独白，"独霸天下"，而始终不给别人张嘴的机会。普通场合的小规模交谈，以半小时以内结束为宜，最长不要超过1个小时。如果人多，在交谈中每个人的发言，最好不要超过5分钟。

⑥ 不要插嘴、抬杠。出于尊重的需要，别人讲话的时候，不要中途打断或与人争辩。这是有悖交谈主旨的。即使有话要说，也要等到对方说完一件事或中途停顿的时候再说。

⑦ 不要说"你错了"。谈论某个话题的时候，即使对方的观点错了，也不要直接说"你错了"之类的话。这样说，不但改变不了对方的态度，反而会招致对方的反感、敌对的情绪。

⑧ 注意手势不要过大、手舞足蹈，动作要适当。不要和对方离得过近或过远，更不要拉拉扯扯、拍拍打打，尤其注意不要唾沫四溅。

四、办公室两性交往分寸

同在一家公司，长时间的共处，男女同事之间有了深入的了解，两性之间难免会相互吸引，如果处理不当，会被对方认为自己轻浮甚至"性骚扰"，产生的后果极为不好。虽然对办公室里的两性关系，很难定出一个操作性强的行为细则，可时时提醒自己掌握一定的分寸，无疑有助于你避开不良影响的嫌疑。如下几点是专家在调查的基础上提出的忠告。

（1）衣着分寸。写字间不是约会场所，更不是自己的居室，不是显示你性感魅力的地方。如果说男性把衬衫敞开，穿着短裤，是对在场女性的不尊重，女性则更要注意自己的穿着不要带有挑逗性。当然，保持优美的女性的自然曲线并不为过，可绝不宜张扬自己的性感，如穿着超短裙和太露的衣服在办公室里走动，即使是无意的，也会向男性发出错误的信号。

（2）语言分寸。这点对男性而言尤其要注意。作为男性，私下常会冒出一些粗话，有人甚至会开带"色"的玩笑，这在办公室里一定禁忌，尤其是有女同事在场的情况下，否则会被她们视为对自己的冒犯。

在恭维女人时，也要避免挑逗感。比如一位女同事穿着领口开得较低的衣服时，不要盯着她说很迷人，可以称赞对方很漂亮，但不能说很有曲线等。

（3）动作分寸。如果你是男性，当女同事在场时，把松了的皮带解开扣紧，或把衬衣塞入裤子里，会使女性不愉快，引起误会，她们可能会把这些不雅的动作看为骚扰。

（4）交际分寸。在办公室里，要注意把握自己和异性同事交往时的分寸。如果你们是要好的同事当然可以多些交往、交流，但最好不要将自己的私生活带入。特别是如果在婚姻上不如意，对异性同事不宜过多倾诉，否则会被对方误认为你有移情的想法，甚至看作是向她（他）求欢的暗示。如果同事把你当成听众，你不妨向对方多谈谈自己婚姻生活中美好的一面，说一些心得，一来可以为对方提供改善婚姻的借鉴，也尽同事之谊；二来可以起暗示作用，使对方尽早避免对情感上的投入。

（5）情感分寸，在办公室里产生婚外情无疑是最糟的情况，后果不堪设想。一旦发现对对方确实有相思之情，而因自己或对方已有配偶及其他诸种因素不能结合的，那么应马上扑灭自己情感的火焰，在仔细考虑到种种恶果后，辅以"冷却"法：对你爱慕的对象多做些全面、深入的观察，问自己一下，她（他）真是那么完美的人吗？"其不良的一面你能长期忍受吗"这种方法实际上并不会伤害你的同事，也不妨碍你们的友好相处。

如果你们两人都是单身，有望成为生活的伴侣，那么在意识到自己的爱情时，就应当提醒自己和对方让恋情摆脱开工作关系，不要在办公室里谈情说爱，应把它放在工作环境以外的地方去培育和发展，并且有一方做好尽快调离本办公室的准备，因为假如恋爱失败，双方难免会陷入极为尴尬的境地，从而影响了工作。

掌握好上述分寸，不仅使你能愉快地工作，还能使你更好地生存和发展。

【知识链接】

一、办公室里应杜绝的行为

在工作中严于律己，不迟到，不早退，准时完成工作，是职场人员的基本要求。然而，独善其身固然没错，但若与同事龃龉过多，会成为你通往成功之路的暗礁，不可轻视。衡量一个人工作成绩的优劣，有时并不仅仅只看个人的自身表现，与周遭环境的协调也是重要考察元素之一。

第一号"办公室讨厌虫"：饶舌撒谎者

极其热衷于传播一些低级趣味的流言，可不要指望旁人同样热衷于倾听。那些道不同不相为谋的同事迟早会对其避之唯恐不及。一个口无遮拦的饶舌者，永远没有人会待之以真心。

改善方法：永远记住言多必失，学习守口如瓶，同样也必须做到以诚待人，尤其在一些与同事私生活有关的话题上。在关键时刻你才会意识到同事之间的信任是何其宝贵。

第二号"办公室讨厌虫"：牢骚发泄者

绵绵不休的抱怨会让身边的人苦不堪言，如果你把自己的苦闷克隆了一份，在无意识中强加给了无辜者。牢骚满腹、怒气冲天，都是不良的行为，会严重影响周围同事的情绪。

改善方法：须牢记一句箴言，沉默是金。如果再有满腹的牢骚等待发泄，不妨试着把所有的不快诉诸文字，或用发送电子邮件的形式告诉一位并无工作关系的亲朋好友，他自会替你解难分忧。这样做最主要的好处是，你满腔的怨怒已在不知不觉中以最低调的方式得到了痛快的宣泄。

第三号"办公室讨厌虫"：乞怜示弱者

别把情绪带到工作中来。办公室里容易聊天，说起来只图痛快，不看对象，事后往往懊悔不迭。没有人愿意和心理上的弱者交往，把生活中的创伤和痛苦作为谈资，不一定可以真能使你从中得到缓释。因此而引起他人对你的偏见，则会使你得不偿失。

改善方法：把过去的那些悲伤故事和精神痛苦收起来，积极面对它，并把更多的热情放在工作上，利用繁忙忘记苦恼。与其倒自己的苦水，不如关切同事的近况，对他们的困难及时提供力所能及的帮助。职场是竞技场，每个人都可能成为你的对手，即便是合作很好的搭档，也可能突然把自己的私域圈起来。积极面对悲伤和痛苦其实是非常明智的一招，是竞争压力下的自我保护。"己所不欲，勿施于人"，如果你不先开口打听别人的私事，自己的秘密也不易被打听。

第四号"办公室讨厌虫"：攀权附贵者

人往高处走，这是一种普遍心态和正常的行为，但倘若做得过火，会显得过于谄媚，恐怕会成为办公室人人躲避的马屁精。这号人重要的特点是，不太注重与下级甚至同级同事的交往，时时在伺机捕捉任何一个能趋炎附势，令自己一步登天的机会；另外，在男同事面前充分施展女性魅力，不惜成为女同事的笑料和眼中钉，也是令人不齿的行为。

改善方法：应该对所有同事一视同仁，包括那些从底层干起的办公室新人。对他人抱以真诚的尊重和欣赏。从另一方面讲，你不能确定那些寂寂无闻的小人物背后就一定没有大人物撑腰，或他们绝不会对大人物产生影响。再说，处处攀贵，就是处处树敌，这种做法对你毫无益处；依靠姿色取悦他人的人往往缺乏实际工作能力，其做法也会成为事业发展的绊脚石。

二、职业生涯中 12 个致命想法

1. 总觉得自己不够好

有些人虽然聪明、有历练，但是一旦被提拔，反而毫无自信，觉得自己不胜任。此外，这种人没有野心，总觉得自己的职位已经太高，或许低一两级可能比较适合。这种自我破坏与自我限制的行为，有时候是无意识的。但是，身为企业中、高级主管，这种无意识的行为却会让企业付出很大的代价。

2. 非黑即白看世界

有些人眼中的世界非黑即白，他们相信一切事物都应该像有标准答案的考试一样，客观地评定优劣。他们总觉得自己在捍卫信念、坚持原则。但是，这些原则，别人可能完全不以为然。结果，这种人总是孤军奋战，常打败仗。

3. 无止境地追求卓越

有些人严格要求自己，也严格要求别人达到他的水准。在工作上，他们要求自己与部属"更多、更快、更好"。结果，部属精疲力竭，纷纷"跳船求生"，留下来的人则更累。结果离职率居高不下，造成企业的负担。这种人适合独立工作，如果担任主管，必须雇用一位专门人员，当他对部属要求太多时，及时地提醒他。

4. 无条件地回避冲突

不同意见与冲突，有时反而可以激发活力与创造力。一位本来应当为部属据理力争的主管，为了回避冲突，可能会被部属或其他部门看不起。为了维持和平，他们必须压抑感情，结果丧失了面对冲突、解决冲突的能力。

5. 强横压制反对者

有些人言行强硬，毫不留情，就像一部推土机，凡阻挡去路者，一律铲平。这种人因为横冲直撞，攻击性过强，不懂得绕道的技巧，结果可能伤害到自己的事业生涯。

6. 天生喜欢引人注意

有些人为了实现自己的理想，奋斗不懈。在稳定的社会或企业中，他们总是很快表明立场，觉得妥协就是屈辱，如果没有人注意他，他们会变本加厉，直到有人注意为止。

7. 过度自信，急于求成

有些人过度自信，急于成功。他们不切实际，找工作时，不是龙头企业则免谈。进入大企业工作，他们大多自告奋勇，要求负责超过自己能力的工作。结果任务未达成，也不会停下来反思自己，反而想用更高的功绩来弥补之前的承诺，结果成了常败将军。

8. 管不住嘴巴

有的人往往不知道，有些话题可以公开交谈，而有些内容只能私下说。这些人通常都是好人，没有心机，但在讲究组织层级的企业，这种管不住嘴巴的人，只会断送事业生涯。

9. 被困难"绳捆索绑"

有些人是典型的悲观论者，喜欢杞人忧天。采取行动之前，他会想象一切负面的结果，感到焦虑不安。这种人担任主管，会遇事拖延，按兵不动。因为太在意羞愧感，甚至担心部属会出状况，让他难堪。

10. 怀疑自己的方向

有些人总是觉得自己失去了职业生涯的方向。"我走的路到底对不对？"他们总是这样怀疑。觉得自己的角色可有可无，跟不上别人，也没有归属感。

11. 疏于换位思考

有些人对人性没有深刻的洞察力，很难了解恐惧、爱、愤怒、贪婪及怜悯等情绪。他们在通电话时，通常连招呼都不打，直接切入正题，缺乏将心比心的能力，通常把情绪因素排除在决策过程之外。

12. 不懂装懂

工作中常有不懂装懂的人，喜欢说："这些工作真无聊。"但他们内心的真正感觉是："我做不好任何工作。"他们希望年纪轻轻就功成名就，但是又不喜欢学习、求助或征询意见，觉得这样会让人以为他们"不胜任"，所以只好不懂装懂。

【案例分析】

应届大学毕业生小林近日在跨国化妆品企业华润公司实习，其职位是经理助理小刘的助理。刘助理让小林先负责电话的接打工作。小林觉得这实在是太简单了。一次，电话铃响了。小林拿起电话说："你好，华润公司，请讲。"

"华润吗，你们王总在吗？我有要事找他。"电话里传来对方焦急的声音。

小林看见王总正在看文件，立即说："王总在，你稍等。"小林放下话筒，走到王总身边，"王总，你的电话。"

"谁打的电话？"王总问。"不知道，好像挺着急的。"小林答道。

只见王总一皱眉，拿起了话筒。不一会儿，小林听到王总在电话里和对方吵了起来。王总挂了电话后，生气地对小林说："以后有找我的电话先问问清楚。"小林脸红了。

这时，电话铃又响了。小林拿起电话，没精打采地说："你好，华润公司，请讲。"

"请问刘助理在吗？"对方轻声地问道。

小林吸取刚才的教训："请问你是哪位？"

"我是她的男朋友"。"哦，那请你稍等。"

小林想这个电话肯定要传给刘助理。她看到刘助理正在对面的办公室复印资料，于是大声喊："刘助理，你男朋友的电话，快来接。"

只见刘助理一脸不高兴地匆匆赶来，边走边说："轻点，轻点，别大声嚷嚷。"

这时桌上的两部电话同时响了起来，小林拿起一部，没好气地说："你好，华润公司，请讲。"

"我是周洲，请转告刘助理，我明天9点下飞机，叫她派车来接，同时带上编号TG5193的那份合同，我有急用。千万别忘了。"这个电话的声音有些听不太清楚。显然是用手机打来的。

另一部电话仍然在响。小林拿起电话："喂？"

"化工公司吗，我找李主任。"

"什么化工公司？"

"你们是生产肥料的嘉华化工公司吗？我找销售部李主任。""我们是华润公司，你打错了。"说完把电话重重地一挂。

没想到，接电话这么烦，小林刚想喘一口气，这时刘助理走过来问。

"小林，周副总有没有来过电话？"

"是叫周洲吗？刚来过。"小林想起了要通知刘助理的那个电话。

"他说了些什么？"刘助理问。

"他说要你接机，好像还要带份文件。"

"哪个航班，几点，哪份文件？"刘助理问。

"这个，我记不清了。"小林红着脸低下了头……

阅读材料，请回答：

1. 请指出小林存在哪些问题。

2. 如果你是小林，你会如何处理？为什么？

案例解析：

1. 接电话必须问清是谁，什么事，做好记录，向领导汇报之后才能向对方回答领导是否接听，不能自作主张。这是接打电话的礼仪。

2. 办公室礼仪，不能大声喊人，特别是与公事无关的事情，男朋友来电话是私事，更要小声到对方身边通知，不但是办公礼仪，也牵涉到公司内部的人际关系。

【课后训练】

一、简答题

1. 简述办公室接听电话的注意事项。

2. 请简述电子邮件的书写注意事项。

二、实训操作

请各小组同学扮演办公室工作人员及客户，进行电话预约洽谈合同事宜。下次课找同学课堂演练，其他人找问题。

三、案例分析题

邱女士在北京音乐厅欣赏一场由著名大师指挥的交响乐。音乐演奏到高潮处，全场鸦雀无声，凝神谛听，突然手机铃声响起，在宁静的大厅中显得格外刺耳。演奏者、观众的情绪都被打断。大家纷纷回头用眼神责备这位不知礼者。请分析这位不知礼者错在哪里？并给出建议。

项目三

成功求职礼仪和面试技巧

知识目标：

1. 掌握求职资料的构成。
2. 掌握个人简历、求职信的书写格式及内容。
3. 掌握求职面试礼仪。
4. 掌握面试应答技巧。
5. 掌握面试结束礼仪。

能力目标：

1. 能制作个人简历。
2. 能恰当运用面试技巧成功求职。
3. 能熟练运用面试谈话礼仪与面试官进行沟通。
4. 能正确运用面试结束告别礼仪。

项目案例导入 不放弃任何一次机会

毕业生小何因为车误点，待他赶到某地人才交流会会场时，已是差不多散场之时，他真是懊丧极了。要知道，他这次专程到某地是冲着A单位来的。他曾经投过一份材料给该单位人事部负责人，该负责人表示对他的材料很感兴趣，并请他务必参加某月某日在某地举办的人才交流会，到时现场见面后可决定是否签约，可这次偏偏自己却迟到了，实在不凑巧。

此时，会场内不少单位已录满人员，撒摊而去，剩下的单位也在整理材料准备收场，他很快便发现A单位的摊位空空如也，心顿时凉了半截，开始漫无目的地在场内瞎逛。突然，B单位的摊位令他眼前一亮。该单位他也曾听说过，因为他的一位老乡就在此单位工作，且干得很不错，只因为自己学历层次不够，未敢冒昧联系。他想，今天既然来了，不妨试试看吧。于是郑重其事地递上自己的一份材料，主动做了自我介绍，并说明了今天迟到的原因，凭着自己事先对该单位有一定了解，他与负责招聘的人谈得非常投机，最后该负责人指着手头一堆材料说："初步人选已定，不过我们会考虑择优录用的。"

一周之后，他意外地得到了B单位的正式面试通知，不久便签订了正式协议。

资料来源：http://www.docin.com/p-70654998.html

求职礼仪是求职者在求职过程中与招聘单位接待者接触时应具有的礼貌行为和仪表形态规范。求职礼仪一般通过求职者的应聘资料、语言、仪态举止、仪表、着装打扮等方面体现其内在素质（见图3-1）。

图3-1

面试是求职过程中很重要的环节，是面试官和求职者互相了解的重要步骤，面试官需要对求职者是否适合本岗位进行一系列的考察，而求职者也会通过和面试官的沟通来了解本岗位和本公司的情况。面试过程中有很多不可控因素，比如面试官的性格、两个人沟通过程中的互动程度等，但也有很多可控因素，比如礼貌、求职者面试中不要过度分享等。

通常在参加面试时，应聘者都会产生忐忑和期待这两种情绪。作为应聘者，都希望通过面试可以获得这份工作，希望这次面试能成为自己事业发展过程中一次成功的转折。但是，要想在面试中表现不俗，就需要事先做好充分的铺垫，这既包括内在思想、知识层面的良好积淀，同时还包谈话内容、方式、面试应答技巧等方面的谨慎处理。身为准毕业生要向上面案例中的小何一样，机会丢失时，一定要沉着、冷静，随机应变，在不利之中挖掘信息，寻找信息，所谓"东方不亮西方亮"，机会总是垂青有准备的人。本项目你要完成如下任务：

1. 求职资料准备及求职礼仪。
2. 面试礼仪与技巧。

➲【任务分解】

学习任务 3-1：制作求职应聘资料

学习任务 3-2：面试礼仪与技巧

学习任务 3-1　制作求职应聘资料

【任务分析】

一个人求职应聘的过程实际上就是自我推销的过程。美国著名的成人教育家戴尔·卡耐基在《如何推销自己》一文中曾指出："生活是一连串的推销，我们推销货品、推销一项计划，同时也推销自己。推销自己是一种才华、一种艺术。当你学会推销自己，你几乎就可以推销任何有价值的东西。并不是每个人都懂得如何推销自己，但这是可以学习的。"要想求职成功，就必须做好如下准备工作：

○ 求职应聘资料的准备。
○ 制作简历的注意事项。
○ 正确书写求职信。

一、求职应聘资料的准备

如果说求职的过程就是一个推销自我的过程，那么应聘资料就好似广告和说明书，把求职者的特点、能力及基本情况全都反映出来了。呈送应聘资料的目的是为了得到面试的机会，它必须在有限的篇幅内突出个人的特点，以赢得招聘者的关注。因此，一份好的应聘材料无疑是求职时一块重要的敲门砖。

一份完整的应聘材料包括封面、个人简历、求职信和相关的证明材料复印件，一些企业还要求有一份推荐信。下面分别介绍这些应聘材料的撰写要求。

（一）封面

封面要设计得美观、简单、大方（见图3-2），能够与你的求职意向相吻合，千万不要弄得花里胡哨，或太过另类。封面要写明如下信息：（1）姓名；（2）所学专业；（3）毕业院校；（4）联系方式。

图 3-2

（二）个人简历

简历是一个人在一定时期内的重要经历，它是了解一个人大致情况的主要依据。而求职简历则有它特殊的一面，用人单位通过简历来要了解求职者学过什么，做过什么，是否具有某方面的能力或发展潜力，是否与招聘职位的要求吻合。

1. 制作个人简历的基本要求

1）简历制作必须有针对性

在制作简历时，求职者必须对简历进行"客户化"，也就是说，简历必须有针对性，针对每一个公司和职位制作不同的简历。在简历中重点列举和所申请公司及职位的相关信息，弱化甚至删除对方可能并不重视的内容。尤其是把符合招聘启事中明确列出的职位具体要求的信息放在一个黄金位置（一般在A4纸的上1/3处）。

2）给简历定位

据相关的调查发现，招聘者平均在每份求职简历上花费1.4分钟，过长的简历会毫无作用。那么，在招聘官的心目中，什么信息才是最重要的？他会将注意力集中在什么材料当中呢？专家认为，成功的简历要主次分明，一定要突出求职者的能力、成就及过去的经验，最重要的就是要明确自己的职业定位。雇主们都想知道你能为他们做什么，含糊的、笼统的、毫无针对性的简历会使你失去机会。

在求职简历中一定要明确自己的应聘职位。在第一轮筛选简历时，往往是进行简历的分类，如果招聘者不知道你应聘什么职位，你的简历就会立刻被丢弃。如果你同时有多个目标，请写出不同的简历，每一份突出不同的重点。这将使你的简历更有机会脱颖而出。

3）真实可靠

简历要务实。其实，用人单位想获知你是否作假并不难，须知诚信无价，许多单位都将诚实作为第一重要的品质，一旦发现你做假，即使你再优秀也不会录用你。

很多求职者在表现个人能力时，爱用团结同事、能给公司带来效益等空话。殊不知这些词语丝毫显示不出你的能力。

案例：某高校物理系毕业生小张，为了把自荐书做得"更有厚度"，从省内外的几家报纸杂志上找出 10 多篇有分量的文章，贴上自己的名字拿去复印。在其"发表"的文章中，不仅有新闻报道，还有散文和具有一定深度的经济分析文章，堪称"知识面广"。在双选会上，当小张将自荐书递给一家单位的招聘负责人时，却很快露了"馅"。当时，单位负责人看到小张的自荐书材料后很高兴，以为可以招到一个高素质人才。然而，当负责人向小张问起一些经济方面很简单的问题时，小张却吞吞吐吐半天答不上来。心生疑惑的负责人拿着小张的自荐书，又连续问了几个关于他所"发表"过的文章的问题，小张本来就不是很了解相关知识，结果只好沉默不语。在负责人频频摇头之后，小张赶紧离开了那家招聘单位。

案例解析：求职简历是求职者通过企业测试的第一道门槛，如何写好简历是找工作中较难的一部分。如果为了得到单位的面试机会而伪造或篡改自己的简历，使之不能真实、完整地体现你的特点、优势和个性，那么，它将起到适得其反的作用和效果。

4）简历简洁

简历的语言表达必须做到简练，最多不超过三页，以两页为最佳。用人单位（尤其是一些大公司、大企业）往往收到很多自荐材料，工作人员不可能每个都仔细研读，所以简历尽量要短，一般不超过三页。雇主可能会扫视你的简历，用很短的时间决定是否给你面试机会，所以内容简洁有力的简历效果最好，应删除那些无用的内容。

5）让简历醒目

简历的格式和外表不一定华丽，但应该醒目。注意一些简历的空白处，用这些空白处和边框来强调你的正文，或使用各种字体、格式来突出你的内容。一份好的简历不仅有主题突出的经历，而且还有特别的包装和格式，这是吸引人事经理的关键。如果使用各种字体格式，如斜体、大写、下画线、首字突出或箭头等方式，有重点、有节奏地表达思想，往往能使重点内容吸引住招聘官的视线。在编排信息点时，要进行逻辑分类，从而体现出求职者的逻辑思维能力。

6）写上简短小结

这其实是很重要的一部分，"小结"可以写上你突出的几个优点。很少有应聘者写这几句话，但人事经理却认为这是引起他们注意的好办法。

7）力求精确

阐述你的技巧、能力时要尽可能准确，不夸大也不误导，确信你写的与你的实际能力及工作水平相当。要注意数据的准确性，如果一份简历数据失误，可以想象会带来什么样的后果。另外，建议简历中不要过多地罗列数据，连片的数据往往会让人事经理觉得心烦而放弃继续阅读。

8）避免错别字

在实际情况中，许多人事经理都说到了这个问题：他们最讨厌错别字。许多人事经理说："当我发现错别字时我就会停止阅读。"所以，一定要认真写好每一个字。

2. 个人简历

个人简历包括基本信息、求职意向、教育经历、专业课程介绍、专业及特长、在校任职情况、工作经历、自我评价、专业资格证书、技能与兴趣等内容。

1）基本信息

你的所有联系方法都应该在简历的顶端位置标明，确保提供自己常用的电邮地址。同时保证自己的电话号码准确无误，最好带有专业的声音留言或自动应答功能。

2）求职意向

求职意向就是根据个人的爱好和能力，对自己进行职业规划，明确自己所要从事的职业，从而有针对性地去寻找合适的工作。

不少简历的主要问题是缺乏清晰的求职意向。许多自作聪明的求职者会这样模糊地写道："在一家业务多元化的公司找一份可以发挥我的才能、增长技能的职位。"这根本不能引起招聘者的注意，而且这等于告诉对方，你根本对自己的职业目标一无所知。

书写求职意向应当尽可能明确和集中，并与自己的专长、兴趣等相一致。计算机软件开发工程师、网络系统工程师；销售工程师或市场调研员；行政主管或办公室文员等填写求职意向切忌空泛（例如，本人希望从事富有挑战性并能够发挥自己潜能和专长的工作，以实现自己的人生价值）和太多太杂。

整个简历的内容重点与经历素材的取舍，应以求职意向为中心展开书写。与求职意向无关的素材（知识技能、兴趣爱好、培训内容等）尽量省略。

3）教育经历

① 不必列出你的学业成绩，因为没有规定简历一定要写明成绩。

② 列出自己所获得的奖励、优秀的课程成绩、主修及辅修专业，以及任何可以突出你的学术水平的证据。

③ 在读大学或者已经得到学位，就不必提及高中的求学经历。

④ 如果你在读大学仍未毕业，请列出毕业日期及相关的课程名称。

4）专业课程介绍

专业课程指大学所学的主要专业课程，课程无须全部列出，建议罗列主要专业课，最好列出与应聘岗位相关的课程。

5）专业及特长

专业及特长，指求职者将自身所学的专业及特长结合到应聘岗位。

6）在校任职情况

在校任职情况，指求职者在大学期间的班级、学生会、社团组织担任何种职务的情况介绍。最好添加任职期间一些具有代表性的事例，注意语言简洁。

7）工作经历

① 经历宜精不宜多。为了表现自己经验丰富，很多求职者把经历一栏填得满满当当。特别是应届毕业生，东拼西凑，有时甚至把短短 2 周的实习经历也写上去。这些毫无亮点的经历并不能给求职者增加砝码，反而让 HR 感觉你十分浮躁。

② 经验必须突出"业绩"。求职者在经验描述中，不仅仅要写出"做了什么"，更要突出"取得了怎样的业绩"。比如从事销售工作，你带领的团队完成了 50％的区域销售指标，在公司名列第一；又比如你的策划方案获得了××奖项；还比如在你的管理下，生产量提升了多少个百分点……无论是研发、销售还是管理、行政的岗位，都要有考核指标，量化你的业绩，让 HR 明明白白地看到你的能力。

③ 经验最好找出亮点。除了合适的经验和突出的业绩，在一些竞争激烈的岗位，你还得比拼"荣誉"。这些荣誉是经验中最可贵的"亮点"，必须在描写中予以突出。对大学生来说，若参加过一些重大活动，如大学生辩论赛、大学生创业大赛，或有过著名公司的实习经验，参与过导师特殊项目、中外大学交流生计划，有出国实习经历等，都一定要重点陈述。

8）自我评价

自我评价是对自我个性特质、优点、自身能力的部分体现作一总结。求职者把自己最优秀、最有特质的一面用最简短文字表达出来。

9）专业证书

指大学期间，已经取得的专业资格证书。例如，英语专业：英语专业八级证书等。

专业证书如果有多个，尽量罗列与应聘岗位相关的专业证书。

10）技能与兴趣

简历最后应列明能够表现你的领导才能，所获奖励或特殊天分的活动技能。包括能够流利表达或处于会话水平的语言，还有具体的电脑程序技能，如果要列出爱好或个人兴趣这些信息，列明与工作有关的内容即可。

（三）求职信

如果说简历是对一个人基本情况的简要介绍，那么求职信就是一个人能力与水平的综合展示。在求职信中，要突出个人的优势、能力，阐述个人的特性与意愿，给招聘人留下强烈深刻的印象。求职信要简洁精练，语言优美，言辞恳切，要求作者有较高的写作能力。求职信的大致结构可以分为如下几个方面。

（1）开头部分：称呼得体礼貌，比如"尊敬的××单位领导"、"尊敬的××公司经理"，再加上问候语"您好"，以及"打扰"等谦语，充分表现出求职者应有的礼貌修养。

（2）自我情况介绍部分：本部分内容与简历不同，重点在自己的优势上，要扬长避短，重点突出，条理清晰，语言简洁，点到为止，不作过多评述，否则有王婆卖瓜之嫌。这些优势可包括学习能力、工作能力、个性优势、获奖情况等。

（3）自我评价部分：这部分是展示自己独到见解的部分，要精心选择一个合适的角度，或自我评价，或抒发志趣，或对工作中的某个问题发表自己的见解，但也不宜太长，目的是让招聘人了解你的人生观、价值观。前部分展示的是你的能力水平，而这部分展现的就是你的思想认识水平。

（4）求职意向：这部分表达要直接明了，不要含糊不清、模棱两可，只需回答"你想做什么"或"你能为公司做什么"，最直接的方式就是写出要申请的职位。

（5）结语：包括联系方式、"此致、敬礼"等礼貌用语，以及求职者姓名、时间。

附求职信范例如下。

尊敬的领导：

您好！

我是＊＊＊大学2008届专科毕业生。在完成学业，即将跨出象牙塔进入社会之际，我需要谋求一份适合自己发展的工作。现从人才招聘网得知贵公司单位需要招聘一名网络维护人员，特送上本人的求职材料一份，请与斟酌！

我的主修专业是电子商务、网页制作、电子商务相关的课程等，并具有在微机管理信息方面的能力。适合于政府行政机关，电信部门，计算机设计、销售公司，财税部门，金融机关及企事业单位，从事计算机应用与维护管理的工作及网络公司的网站建设、网络维护等工作。

我有着很强的拼搏意识，对自己充满信心。3年的大学生活中，我努力学习，成绩优良，为以后的工作打下了坚实的专业基础。同时，能够理论联系实际，在校内外积极地进行专业实践，检验自己所学的知识，使自己具备了较强的分析问题和解决问题的能力。为适应经济、科技和社会发展的需要，我德智体全面发展，积极参加各种社交活动，参与了大量的活动策划、组织工作。经历长期的学习和锻炼，累积了丰富的社会实践经验，具备了一定的工作经验，为以后的工作打下了良好的基础。作为跨世纪的一代，怀着对前途、对未来的信心和对施展才华的渴望，我相信我的逻辑思维和实际操作能力，将是把理论知识转化为实际业绩的有力保证。

我在此冒昧自荐，期望能成为贵单位的一员，充分发挥自己的聪明才智。如果能够得到贵单位的青睐，我一定会以不断学习、积极进取的精神竭诚为贵单位服务，与贵单位共同发展，共创美好未来！

此致

敬礼

王***

2008*年*月*日

（四）相关证明材料

这部分是对简历中所提到的相关内容的进一步证明，包括成绩单、获奖证书、英语等级证、计算机等级证、各类专业技能等级证及发表过的作品、论文等的复印件，附在简历和求职信的后面。要求复印质量要好，清晰、整洁，在放置顺序上，最好根据求职意向的不同，将与该职务重点要求的相关材料放在前面，例如，申请秘书的职位，秘书资格证、计算机等级证、发表过的作品等就很重要，而申请某个技术性的职位，该技术的技能等级证书就是最重要的材料。另外，在参加各类招聘会时，最好不要将原件带在身上，以防丢失，但在进一步面试的时候，就应将原件带上，以备对方核查原件。

（五）推荐信

一些涉外企业等在求职时需要有推荐信（见图3-3），推荐人主要是熟悉自己的学校老师，也可由校方组织部门出具，并加盖公章。社会人士求职，推荐信可由原来的老板或单位出具。

上述五个方面按封面、个人简历、求职信、推荐信和相关证明材料复印件的顺序装订在一起。

图3-3

二、制作简历的注意事项

大学生在制作简历时，不必面面俱到，更不能华而不实，而应该抓住重点，对自己的能力，尤其是用人单位看重的能力进行表述。优秀的简历通常借鉴有度，适度包装，有一定的特点，但绝不盲目夸大。简历设计的各方面内容的重视程度要和用人单位的具体情况结合起来，切忌避重就轻。

1. 关注要点

调查发现，中国公司和外资企业的关注点有一定区别。总的来讲，外企更重视英语和学校名声，国内公司则看重专业和户口。越是热门的公司，往往对在校成绩越关注。建议学生制作不同的简历来突出不同的要点。

2. 注重实践，积累工作经验

过去企业招聘时会比较注重对方的学历，求职者怀揣着一张大学文凭就能高枕无忧。但随着社会竞争的不断加剧，那种高学历、低能力的人已渐渐遭到用人单位的冷遇。用人单位更看重求职者的经验已是不争的事实。对于大学生来说，这是他们所欠缺的。如何调整自己，更好地去适应社会，从而改变不利的被动局面，的确是他们特别需要解决的问题。除了积极参加学校安排的社会实践外，不妨利用课余时间参与一些社会活动，以兼职来锻炼自己，勤工俭学的同时又能积累工作经验，一举两得。

3. 投递方式

当简历完成后，下一步就是投简历。那么，如何才能把简历顺利交到人事经理的面前呢？这个细节在求职过程中也充满了学问。据调查，通过 E-mail 和网站递交的电子版简历，得到的关注比通过普通邮件要少，平均会少 23 秒左右。此外调查发现，约有 5% 的电子简历由于网络或其他问题没有被招聘者看到。因此，建议仍然通过传统的邮件方式，除非招聘单位明确标示出其偏向性。

4. 不要以附件的形式发电子邮件

写电子邮件简历时，一般情况建议使用中文，即使很多外企使用英文作为招聘语言，但是阅读求职电子邮件的都是中国人，使用汉语更加方便。但是，如果你申请的是一些高级的职位，对方的招聘启事完全是英文的，则尽量使用英文写电子邮件。发送简历时，最好直接将简历粘贴在正文中（粘贴后要重新排版），不要以附件的形式发送（除非公司要求）。

电子邮件中的"Subject"一栏千万不能空白，必须写上自己的姓名及应聘的职位。同时还要写下有针对性的附言，说明你符合工作中基本的几点。在结尾处可以适当写上祝"工作愉快"、"心想事成"等祝福话语。另外，还要注意的是，招聘启事上通常都要求"学历证、学位证、身份证复印件，小一寸相片"，原则上只需发电子邮件简历和照片即可，并在简历上注明"为防止您下载过慢，本人将在面试时携带'三证'以供查验，谢谢！"，人事主管更喜欢这种做法。除了电子邮件发送简历外，假如求职者对某职位非常感兴趣，还可以选择邮寄甚至亲递简历，成功率可能会更高。在经济发展全球化和互联网日益普及的形势下，求职者还要考虑英文简历和电子简历的撰写，这时上述写作技巧仍然适用，注意好语言和载体的不同特点即可。

另外，随着网络和电子技术的广泛应用，视频简历近年来也开始出现在招聘市场。视频简历顾名思义就是把个人情况和才艺通过电视图像的方式录制下来，作为影视资料提供给招聘者。视频简历因其制作过程较为复杂，目前还没有得到进一步推广。

案例：简历的创意

简历的目的在于争取面试机会，而不是得到工作，所以一份好的简历就像一个好的广告，必须在有限的篇幅内言简意赅地突出个人特色以吸引招聘者的目光。如果你有把握，不妨试一试制作一份有创意的简历。

我国台湾地区有位日文系毕业的学生，他应征的工作对创意性要求很高，于是他将自己的简历设计成病历表交给主考官，他声称自己病入膏肓，医生开具的处方是"要有源源不断的创意"，就凭这份前所未有的创意与设计，他被录用了。

一个人的简历其实是你给公司的第一印象，这第一印象所能延续的时间长度超乎所有人的预想。美国一家国际一流的大公司，老板退休前提出的最后一个愿望是想见一下15年前他钦点录用的一位员工，人事经理为其找到人后诚恳地说，想知道老板寻找这位员工的原因，老板从他保存的文件盒中拿出一份纸页发黄的简历，那份简历写得像一本流水账，其中用红笔圈着的最后一行写着："1976年9月11日晚7时，我写完最后一篇工作日志，关紧厂房里的最后一扇窗，窗上有一小片白灰溅上的印记，我用指尖沾了一点口水将它擦掉了。我明天要去一个新的公司上班。"

这个故事从另一个层面告诉我们，个性化、有创意的简历往往能取得意想不到的效果。但前提是，简历的内容与形式必须与应聘单位及职位密切相关，否则，很可能会出现相反的效果。

三、正确书写求职信

1）写求职信要简洁大方，言简意赅

求职信不能太长，但一定要引人入胜，最好控制在总共四段、每段五行以内。记住你只有几秒钟吸引你的读者继续看下去。在求职信中要重点突出你的背景材料中与未来雇主最有关系的内容。通常招聘人员对与其企业相关的信息是最敏感的，所以你要把你与企业和职位之间最重要的信息表达清楚，切忌面面俱到。

2）文字上的错讹

一份好的求职信不仅能体现你清晰的思路和良好的表达能力，而且还能从中看出你的性格特征和职业化程度。所以，一定要注意措辞和语言，写完之后要通读几遍，仔细斟酌，切忌有错字、别字、病句及文理欠通顺的现象发生。否则，就可能使求职信"黯然无光"或带来负面的影响。

3）强调自己就是最佳人选

这是最精华的段落。要依据人才招聘的要求，将自己的能力及特色恰如其分地包装起来，表现自己的个性及性质。在工作经验不足的情况下，要避免将自己吹嘘得过分离谱。从求职信中看到的不只是一个人的经历，还有品格。当然，也不要太谦虚。有的同学总要在简历上写上"因为一直在读书，没有工作经验，愿意从公司的最底层做起"云云，这就是过分谦虚。没有经验其实是毕业生的优势，有些用人单位看中的正是毕业生的潜力，当然要从最基本的职位做起。太过谦虚，会让人事经理觉得你的自信心有问题。

4）求职信不应太"煽情"

就业指导专家认为，求职信如果太过"煽情"，反而会降低求职成功率。求职信有一套操作规范，大学生完全可以不用"别出心裁"。自荐信，忌给自己戴高帽子，忌炫耀以往的经历，这样易给别人一种华而不实之感。用人单位看了反而会觉得其很虚伪，有失诚信。

5）用心创造个性化的求职信

针对性和个性化可以让你的求职信从数百份信件中"脱颖而出"。不少人事经理反映，现在求职信中最常见的问题是"千人一面"。的确，网络给求职者提供了更多的方便，但面对互联网上成千上万的职位，有的求职者就采用了"天女散花"的方式发求职信，事实上它的命中率很低，"广种"的结果连"薄收"都达不到，而是多以"广种无收"告终。原因很简单，这种千篇一律、没有任何针对性的求职信，招聘人员看得太多了。针对性是求职信奏效与否的"生命线"。另外，个性化也很重要。有的求职信没有任何豪言壮语，也没有使用华丽的词汇，却使人读来觉得亲切、自然、实实在在。

6）结尾部分要注意应有礼貌

结尾部分建议以"感谢对方在百忙之中阅读这份履历"，并且"诚挚地期望得到面试的机会"、"希望有幸能为公司效力"这样的句子作为结尾，给主管留下美好的印象。

另外，在毕业生求职信中，常见的错误就是对自己的过度包装，主要有如下几个方面：

1）"精通"英语与"熟练使用"计算机

英语和计算机应用已成为毕业生必备的两项基本能力，毕业生在简历中关于这两项能力的表述几乎是清一色的"精通"或"熟悉"。尽管简历中都说自己英语口语流利，但是在招聘现场常有学生并不能听懂用英语提问的问题。这时，企业肯定会对学生的诚信产生质疑。有一家网站的招聘人员表示，简历里大家都写着熟练使用计算机，但真正上机操作时，有的学生显得很迟钝。很明显，对于计算机其只是掌握了简单的操作，与熟悉操作相差甚远。

2)"很强"的团队合作能力

经常被过度包装的还有自己的能力,学生对于自己的评价过高,实际却相差甚远。北京的一家外企人力资源部的负责人说,对于简历中学生介绍的信息,企业开始用心考察。大多数企业很看重团队合作精神,所以很多学生介绍自己有很强的团队合作能力,曾带领小组成功完成某个项目等。这位负责人说,企业招聘面试时有个环节叫无领导小组讨论,让五六个学生针对某个问题进行讨论,例如,推广公司产品如何在本地上市。这个环节是让几个学生共同讨论出一个结果,观察求职者在团队的合作中担当什么角色,能否与别人配合。但经常有学生会表现很突出,抢别人的话,不给其他人发言的机会。这与简历表述的很强的团队合作能力显然不符。

3)"突击提拔"自己的职务

大多数企业倾向于招聘在学校里担任过一定职务的大学生,这促使很多学生在做求职简历时,"突击提拔"自己。学生会的干事可以改为主席,社会活动参与者可以改为组织者。一家IT企业的人力资源部惊奇地发现,在收到的简历中,一所学校同时有4个校学生会主席,文娱部部长不少于8个。如今企业也学聪明了,你说你是学生会主席,企业会打电话给学校老师、同学证实,到底是不是真的立刻见分晓。

4)把芝麻说成西瓜

大学里很多学生会参与各种各样的社会实践,这些社会实践规模有大有小,但在简历中经常被描绘成大事,而学生自己在里面起到的也都是举足轻重的作用。比如,有的学生只是做过某个产品的促销和直销,就说自己曾经在华南区域策划组织过产品的推广活动。真正让他介绍对任务的执行过程时,他又说得很笼统,毕竟没做过的事情,挖空心思也不会介绍得很翔实,而且言多必失。还有的学生为了证明自己曾经参与过某项活动,把当时拍的现场照片放到简历中来,但照片无法证明其领导能力或是否真正做过事情。

→【知识链接】

一、简历实战经验分享

"萝卜青菜各有所爱",用人单位对于简历的筛选各有不同。而简历也就成了求职的敲门砖,是否有机会参加下一步的考核并赢来工作的机会,全看这敲门砖好不好。那么,各大公司、企业又是如何筛选简历的呢?他们衡量简历的标准是什么呢?下面介绍一些用人单位对毕业生求职材料的看法和建议。

1. 先看专业再挑学校背景——中国移动通信集团公司

"中国移动"采取多种招聘方式,如招聘会、报纸杂志、猎头、网络等,用得最多的是网络招聘；同时还会针对招聘项目，进行校园招聘、社会招聘和内部招聘。"中国移动"已经将很多工作外包给专业人才网站，因此在筛选简历、笔试和面试时都遵循着一个既定的程序和标准。一个优秀人才应聘"中国移动"需要经过如下几个程序：软件系统筛选简历—人工筛选简历—第一轮面试—笔试—第二轮面试。自动软件系统会通过考察五个方面来挑选简历：学校和专业、学习成绩、班级排名、英语成绩和项目经验，这会是你应聘"中国移动"得五大拦路虎。"中国移动"青睐来自重点院校、专业对口的大学生，而名校背景，突出的英语能力，担任过班长、学生会干部、社团组织者的经历，都会成为应聘"中国移动"的加分亮点。

2. 言简意赅的简历最受欢迎——ABBA（中国）有限责任公司

ABBA是根据每个人职位的岗位描述和招聘需求来筛选简历的。之后，人力资源经理把选中的简历发到对应的业务部门进行第二轮筛选，在业务部门经理和人力资源经理沟通、协商好之后，产生面试名单。

一份干净整洁、言简意赅的简历是最受ABB欢迎的，长度在2～3页纸比较合适。个人信息、工作经验的叙述和招聘职位的要求越接近，越容易赢得入围机会；那些精美或者华丽花哨的简历并不见得更受欢迎。简历的真实内容才是来考核重点。

对于应届毕业生的简历，ABB比较注重对方的相关工作经历，比如参加过哪些社会活动、是否为学生干部等。招聘社会人员时对方的工作经验是最受关注的。ABB集团的营销人员，也需要严格的专业教育背景和行业工作经历。

3. 从简历判断求职者的思维特点——北京·松下电子产品有限公司

对于市面上蜂拥而现的大贴艺术照和写真照的简历，该公司招聘部门表示他们不倾向也不赞同，他们强调企业用人是根据岗位需求和个人情况来选择的，简历再漂亮也起不到决定性的作用，尤其是应届毕业生更不该如此制作简历。在谈到筛选简历的根据时，招聘主管认为，针对不同岗位的需求，会有不同的考查侧重点。比如，招聘技术型人才时，看应届毕业生的简历会比较注重其专业成绩，在校是否有过相关作品；如果招聘的是管理型人才，除了看所学专业和学习成绩外，还会注重他在校时参加的学生会工作、社会活动等。看社会人员的简历时，除了硬件必须符合招聘岗位需求之外，主要看他的工作经历。

招聘主管认为，简历行文里透露出来的信息其实很重要。对方表述自己的语言、行文方式，简历撰写的层次性、逻辑性、流畅性、重点性，都能流露出作者的思维特征。

4. 换位思考做简历——花旗银行

金融业是毕业生应聘的热门专业。花旗银行每推出任何一项职位招聘，应聘者的简历都会云集而来。银行人力资源部门的桌边常常堆着一座座小山似的简历，人力资源部门要把这些简历一一过目，需投入大量的工作时间。所以，大多数应聘者都会觉得投出去的简历，如石沉大海，毫无音讯。对此，花旗人事部门的招聘经理颇有感触。"大部分简历都会被淘汰。这些简历的主人要么是为了写简历而写简历，要么是缺乏相应的指导。他们得问一下自己：谁会看我的简历？如果我是人力资源部门的招聘人员，我会挑自己的简历吗？人力资源部经理希望看到什么样的简历？"

花旗人事部门的招聘经理显得有些无奈。"其实，很多应聘者都非常不错，只是来应聘的人员实在太多，根本来不及细看。而外资银行HR的工作压力非常大，手上同时有许多事情要处理，不可能将精力集中在简历筛选过程上。"为帮助应聘者不失去应有的机会，以下是他的建议：

"大部分公司都有自己的人事部。因此，如果你的简历是一篇推销你的文章，人事专员就是你们的客户。但记住一点，你的客户正在做一份非常辛苦的工作。她在看你的简历的时候，还有上百份的简历在等着她。通常，她会在你的简历上停留8秒钟左右。如果你能做到让她停留的时间越长，你被挑出的可能性就越大！"

"换位思考的方式在任何时候都是解决问题的首要考虑！若自己工作到晚上10点，还有上百份的简历等着看，在这种状态下，你会选自己的简历吗？你会给你的简历打多少分？然后再去改进你的简历。"

"我们希望看到：

求职目标明确的简历。没有求职目标的简历在向我传达这样一种讯息：'我是这样一个人，能给我个座位吗？'回答是：'不！我们不想花费公司的资源让你在木椅子上坐两年再去其他公司坐皮椅。'我们只找目标明确的人，宁缺毋滥是我的原则。目标明确的人善于规划，在我们提供的各种培训和锻炼下会迅速成为业务骨干。

一页纸的简历。如果你只有一百块钱却要你过一个月，你准备怎么过？同样的道理，在简历写作中，推敲你的措词，围绕你的目标来写，别什么都写。

让我感觉舒服的简历。文如其人嘛！这个要求较高。从字体到版面布局，从纸张到写作，我希望看到舒心的简历。"

花旗人事部门的招聘经理的话反映了HR部门的真实工作过程。由此可见，个人简历的格式和内容对于你能否获得面试是至关重要的。简历的格式（称为简历形象）决定了你的简历能否在上百份简历中被挑出，而简历传达内容的准确、明晰将帮助你最终获得面试的机会。

5. 简历设计巧显个性——广州恒大集团

广州恒大集团人力资源部副经理说，在相同学历的条件下，一定要在简历中体现出自己的优势来。

比如说，有的同学把自己"英语二、四级"、"计算机二级"、获得过什么资格证都标在了简历的第一页上，这样招聘者看简历一目了然，一下子就把这份简历挑出来了。

相反的，有的同学用了一两页 A4 纸写自荐信，用了诸如"吃苦耐劳，工作勤奋"之类的字眼来形容自己，根本体现不出自己的特点，因为这些评价适用于每个求职者。

另一位招聘负责人建议，写自荐信可将主要特长的段落词句用加黑、加粗的字体显示，便于浏览。

6. 开门见山介绍自己——某报业集团

一位毕业生将自己的求职资料送到某报业集团，在长达十页的简历中，第一页是封面，第二页是一整页的自荐信，第三页是一整页的学校介绍，第四页是一整页的专业介绍，第五页才介绍个人基本情况。

"翻到第五页才找到我们想看的东西。"招聘负责人表示，直接把个人情况表格放到最前面去，才是最正确的做法。

这位负责人还说，有的新闻专业的学生复印了大量的实习作品放在简历里，其实没有必要。因为报社在招聘时，看重的是见报文章的质量而非数量，比如文章是否有一定的独到见解、是否为独立署名，这样才更能体现出一个新闻专业学生的专业素质。他还表示，成绩单、各种证书的复印件要备齐，这样比空泛的写自己有多少优点要有力得多。

【案例分析】

被动等待坐失良机

浙江某单位向学校发布了要来校招聘大量人才的信息，校就业指导中心迅速公布并电话通知了各学院。各学院反应不一，有的学院书记亲自打电话与对方联系，推荐自己符合条件的毕业生，有的则主动邀请对方到学院来选毕业生，有的则用特快专递寄出了学生的推荐材料。

而与此同时，部分同学却在等待面试通知，认为反正该单位要来校招聘，等来了再投材料也不迟。后来，这家单位真的来了，人事部门负责人却非常抱歉地说："真对不起，其实，我们几天前就已到贵校，但刚跨进贵校校门，就被贵校某学院盛情'拦截'而去，晚上住在贵校招待所，闻讯而来的毕业生一拨又一拨，结果我们的计划提前录满了。"在场的毕业生后悔不已，机会就这样在等待中错过了。

案例分析：在求职择业过程中，机会对每个人都是均等的，就看你如何把握它。各种招聘人才的信息，每时每刻经过各种渠道在发布、在传递，好比一条河流，信息是一朵朵浪花，你抓住了，就归你所有，你错过了，就无法回头。因此，只要你认准这条信息对你有用，你感兴趣，就必须主动以最快捷的方式向发出信息方作出反应，让对方知道你、了解你，你才有可能被看中。机会往往就是这样被主动者拥有。

【实践训练】

一个大学生毕恭毕敬地向招聘人员递上简历说:"你好,我想应聘行政助理。"招聘官接过简历,翻看了一下,单刀直入:"这个职位是不招应届毕业生的,你认为你的优势在哪里?"显然这个问题让该男生有些措手不及,他踌躇了一下说道:"我能吃苦,学习能力也很强。"招聘官笑了笑,很礼貌地递回简历,拒绝了他。

点评:求职一定要看清楚职位要求,有备而来。否则一旦对方问话出乎意料,就容易"露怯"。招聘启事虽然简短,但其中包含了企业对应聘者的大部分要求,每一个字都值得细细琢磨。琢磨透了,做好准备再来交谈,才会有的放矢。

请同学们讨论:如果你去面试,针对招聘官"这个职位是不招应届毕业生的,你认为你的优势在哪里?"这个问题应该怎么回答。

【课后训练】

一、简答题:

1. 求职前要做好哪些准备工作?
2. 制作个人简历要注意哪些方面的问题?

二、案例分析

1. 小王,会计和国际贸易双学历大专,毕业时,考虑到专业对口,自身英语基础不错,外贸行业前景看好,选择了做外销员。小王先后应聘到几家公司的外销员,但每次均是试用期内,用人单位就中止了与他的合同。所以,虽然毕业两年多了,可累计工作时间还不到半年。当小王由父亲陪着再次来到人才交流中心时,引起了交流中心顾老师的注意。他经过观察和与小王进一步沟通发现,小王性格比较内向,不善于表达自己的想法,人际交往能力较差,显得缺乏信心,但对数字比较敏感,办事细心,于是顾老师就推荐了一些统计和出纳方面的岗位让小王去面试。小王经过仔细权衡,接受了顾老师的建议。不久,就有一家公司录用了他,担任"计划统计"一职。小王很快适应了新的工作,做起来得心应手,自己感觉相当轻松舒畅,并顺利度过了试用期,得到用人单位的肯定。

请分析:小王失败与成功的原因是什么?

2. 上海某招聘现场,某外贸公司的老总亲自负责招聘,展台前有很多求职者。突然老板接到一电话,可是对方说话很快,老板身边又没有带翻译,所以他也听不太清楚,情急之下,他要在场的应聘人员前来帮忙。可是三个应聘者接了电话,都表示专业用语太多,没办法交谈下去;还有的人回答很不耐烦、缺乏礼貌。最后一个小伙子说他试一下，报价、走货、订单，流利的口语和礼貌的态度让人刮目相看。老总当场表示录取他，让人震惊的是，他只是上海某一中职学校报关专业的毕业生。

请问：这位职校的毕业生胜出的原因何在？

三、实践题：

请同学根据自己的实际专业制作一份个人简历。

学习任务 3-2　面试礼仪与技巧

【任务分析】

面试礼仪是现代职场生活尤为重要的一课，越来越多的企业在录用员工时重视对其人品的考察，了解面试礼仪，言行举止得体，更能获得考官的青睐，也是求职成功的不二法门。要想面试顺利，你必须完成：

○ 面试前的全面准备。
○ 面试当天程序及礼仪。
○ 求职者形象设计。
○ 面试举止礼仪。
○ 面试谈话礼仪。
○ 面试应答技巧。
○ 面试结束告别礼仪。

> 一位人事总监评价说："我认为你不可能仅仅因为戴了一条领带而取得一个职位，但是我可以肯定你戴错了领带就会使你失去一个职位。"

一、面试前的全面准备

如果说简历是第一种武器，那么你可以凭专业对口经验丰富或小小的与众不同从"大浪淘沙"中杀出重围。但看你是否够格炼成"真金"，真正被企业录用还有一轮或数轮的严酷面试。面谈前的准备包括如下内容。

（一）面试从接到通知就开始了

面试是求职者求职择业的关键环节，与做任何事情一样，失败永远比成功来得简单、容易。常言道：不打无准备之仗，30分钟的面试，要做30小时到300小时的准备都不为过。

现在越来越多的企业在录用员工时重视对其人品的考察。因此在面试时，考官们会随时注意求职者的言行举止。那些举止得体者往往能获得考官的青睐。实际上，从通知你面试时，你一接电话就意味着考试开始了。

当你发出简历，所期盼的就是接到电话，通知你去面试。所以要随时做好对方打电话来的准备，要准备好一些纸、笔记本、一支笔和排好顺序的简历，一并放在电话旁边。

接到电话首先问："您好！"当对方通知你面试时，不要过于激动地大喊大叫，要平和地说："谢谢！"再认真听对方讲面试的时间、地点、方式及要求，边听边记。然后提出自己想了解的相关问题，准确记下给你打电话的人的名字、电话号码和地址。再次表示感谢，挂机前要说"再见！"

（二）面试前的物资准备

人们常言：不打无准备之仗。凡事预则立，不预则废。有充分的准备，方能战无不胜，攻无不克！因此在你去面试之前，准备工作马虎不得。

在寄出求职信的同时，应该把每个企业的求才广告剪辑记录下来，以便在收到企业的面试通知时进行查阅，避免张冠李戴。

接到面试通知后，要搞清楚究竟在何处上下车、转换车。要留出充裕的时间去搭乘或转换车辆，包括一些意外情况都应考虑在内，以免面试迟到。

面试前，应把自己准备带去参加面试的文件包整理一番，带上必备用品。这是面试礼仪中最应该避免的疏漏；求职记录本应该随时带在身边，以便记录最新情况或供随时查询。

文件包要整理整齐，面试时的细小行为最能说明一个人的真实情况。因为从中可以看出这位求职者的条理性，一个自己包内物品都是弄得杂乱无章的人，很难在工作中做到有条理。

（三）面试前的心理准备

目前职场找工作竞争非常激烈，求职者挖空心思、想尽各种办法去求职，但是，许多时候都非常盲目，其中重要的原因就是对职场的迷茫、对自身认识不足、没有做好有针对性的准备。毕业生择业的过程，是一个复杂的心理变化过程。面试者是在通过竞争，谋求职业，成功的关键在于自己的才能以及临场发挥情况。面对严峻的就业形势，面对众多的竞争对手，要想获得择业的成功，没有充分的心理准备，没有良好的竞技状态是不行的。做好择业前的心理准备，排除心理干扰，应着重克服如下几方面的心理障碍：（1）盲目自信、胃口高吊。（2）自卑畏怯、信心不足。（3）当断不断、患得患失。（4）依赖心理、人云亦云。

（四）面试前的研究准备

"知己知彼、百战不殆"，求职本来就是一场战斗，如今的求职就业是每一个人都需要学习的技能和本领。有的人一帆风顺、战无不胜，有的人却屡战屡败、到处碰壁，除了各自的知识、本领、素质的不同外，最根本的区别还在于"知己"的能力。

"知己"能力差的人，也就是不能"自知"的人，往往很感性地把自己对自身的答案一次性地想好，然后到处生搬硬套，最终闹得四处碰壁的下场。而知己能力强的人，却往往能从别人对自己的反应、态度中发现自己的优缺点，然后取长补短。

所谓求职中"知己知彼"的能力，所指的实际上就是一种了解自己、选择自己之后，让他人也能正确地了解和选择你的一种能力，换句话说：就是让企业来了解你、选择你的能力。要做到"知己知彼、百战不殆"，面试前就要研究如下三个问题。

1. 研究一下你自己

一般面试都分为自我介绍、回答问题和应聘人提问这三个环节。首先自我介绍要做好，其次对申请的职位要很了解，了解了职位后，你要问自己：（1）待聘的工作职位适合你吗？（2）应该如何给职业定位？（3）你对这个职位有兴趣吗？（4）你参与竞争的优势和劣势是什么？

2. 研究面试官

面试是应聘者与面试官直接接触、当面回答的场面，多数人会感到紧张、慌乱，临场发挥不好，见了面试官后，心跳加快、手足无措，智商、口才、形象、仪态都大打折扣。其实这大可不必，你研究好面试官，面试时，就可沉着冷静、平常对待，消除紧张情绪，流畅应答。

面试过程中过五关斩六将，而应聘者的回答将成为面试官考虑是否接受他的重要依据。对应聘者而言，了解面试官的真实意图至关重要。如果在你面试之前可以通过电话和考官进行一次交流那是再好不过的。同时应考虑如下内容。（1）如何让主考官对你有良好的第一印象？（2）主考官的整体考核内容是什么？（3）主考官主要了解什么方面的问题？（4）各种类型主考官的不同应对方法。

3. 研究企业的相关资料

企业一次次面试应聘者，以期通过应聘者越来越难以事先准备的反应，考量其真实水平。但是，绝大多数面试官不可能像应聘者一样，做好被"考问"的准备。在这种情况下，应聘人员出其不意地使用一两招"进可攻，退可守"的招数，或许可以起到"后发而先至"的效果，你要保证自己对所应聘的公司和职位有着相当的了解。因此，求职前，要先了解一下公司的情况：总公司所在地、规模、架构、背景、经营模式、目前的发展状况和未来的发展规划等概况，最好事先有概略性的了解，如无法得到书面资料，也要设法从该公司或其同行中获得情报。包括业绩的表现、活动的规模，以及今后预定拓展的业务等，若能得到业界的评价更好！其实，这些信息最好在投简历的时候就应该要知道。

另外，应聘企业的文化是什么？企业文化对个人发展极为重要。一个聪明的求职者，不难在面试过程中过滤出一些关于企业文化的信息，从而判断出企业的环境是否公平，也可以判断出如果入职该企业，上升通道中是否有被限制因素。在面试时，公司了解你的同时，你也可以对公司的情况进一步了解。对谈到工资和待遇时就含糊其辞的公司，也要提高警惕。避免因为急于找到工作而上当受骗，特别是不要轻易给招聘单位预付任何费用，进入某个公司也不要盲目欢喜，要观察、思考、谨慎、机灵，不要投错公司，错位就业会引发多米诺效应。

二、面试当天程序及礼仪

（1）面试当日，应提前10分钟到达面试地点。在面试时迟到或匆匆忙忙赶到都是致命的错误，而提前半小时以上到达亦会被视为没有时间观念。到达面试地点后应在等候室耐心等候，并保持安静及正确的坐姿。

（2）在面试办公室的门外等候。当办公室门打开时应有礼貌地说声："打扰了。"然后向室内考官表明自己是来面试的，绝不可贸然闯入。假如有工作人员告诉你面试地点及时间，应当表示感谢。

（3）假如要敲门进入，敲两次是较为标准的。敲门时千万不可敲得太用力。进门后不要随手将门关上，应转身去正对着门，用手轻轻将门合上。

（4）进入面试室后，等考官告诉你"请坐"时可坐下。坐下后不要背靠椅子，也不要弓着腰，并不一定要把腰挺得很直，这样反倒会给人留下死板的印象，应该很自然地将腰伸直。

（5）与考官交谈时，并不需要始终注视对方，当然更不能漫不经心地四处张望。在交谈时应当显得自然，平时怎么和别人交谈的，就怎么去做。

（6）面试结束后，站起来对考官表示感谢。在走出面试室时先打开门，然后转过身来向考官鞠一躬并再次表示感谢，然后轻轻将门合上。

三、求职者形象设计

美好的个人形象是一个人的无形资产。在求职中，你的形象越好，你就越自信，会更加看重自己的价值。由此你获得用人单位招聘者敬重和认可的程度也就越高。这一切又会促使你更好地发挥你的各方面的优势，最终实现你的求职理想。而美好的个人形象又是由内在的心理因素和外在的视觉形象因素结合而成的，所以，在求职中，应由内而外地打造自己的形象（见图3-4）。

图 3-4

1. 学会调试心理：以健康的心理状态面对求职中的激烈竞争

拥有健康的心理状态尤其重要。如果没有健康的积极的心态，就很难在待人接物时表现出主动热情，也不可能做到彬彬有礼、自尊自信。因此，健康的心理状态是求职成功的重要保证。

世界著名的成功学大师卡耐基在他的办公桌和家里的镜子上挂着同样一块牌子，上面写着外在形象与心理关系的一系列格言：

你有信仰就年轻，疑惑就年老；

有自信就年轻，畏惧就年老；

有希望就年轻，绝望就衰老；

岁月使你皮肤起皱，但失去了热忱，就损伤了灵魂。

1）放大理想，明确目标

第一，坚持理想，能挖掘你的潜在能力。

第二，不轻易放弃自己的专业，事业才有后劲。

2）拥有自信，永不言"不"

某大学 A 女生，她的成绩在班中算是最好的，在学习上几乎没有难倒她的问题，而今为了找一份工作，却搞得焦头烂额，原因只有一个，她见到招聘经理就紧张，心理发慌，语无伦次，结果落得个"英雄无用武之地"。

第一，刺激目标意识。信念是人类的征服者，一个胸怀目标的人会为此付出全部身心达到忘我的状态，这一状态恰恰孕育着一个真正自我的诞生。在求职场合，你的全部心思都集中在你所争取的目标上，你就会捕捉到所有关于目标的各类信息，你的思维也会被极大地调动起来，全力地关注信息，分析信息，此刻你的智力得到了有效的激励，于是在顿生奇思之后，必然会发出你事前未曾想到的妙语。

第二，充分肯定自我。当你心目中有这样一个对自己彻底肯定的信念时，你的心理会非常地坦然，于是，就会产生与之相对应的各种外在举止：温和的表情，舒展的动作，到位的语言。

第三，主动评估对方。在面试的场合，若过分夸大考官的实力会使自己不寒而栗，实际上已经注定了自己失败的命运。

3）充满希望，执著追求

人的一生要有所成就，一半靠实力，一半靠机遇，把握机遇要靠耐心和韧性，而耐心和韧性是那些心中总是充满希望的人的一种特性。

松下电器创始人松下幸之助，原本家里很穷，全靠他一个人养家糊口。一次，他去一家大电器厂求职。身材瘦小的他来到厂人事部，说明来意，请求安排一个工作最差、工资最低的活给他。人事部主管看他个头瘦小又衣着不整，就随便找个理由："现在不缺人，过一个月再来看看。"人家原本是推脱，没想到一个月后松下真来了。人事部主管推说有事没空，过几天松下又来了。如此反复多次，那位负责人说："你这样脏兮兮的进不了厂。"于是，松下回去借钱买了衣服，穿戴整齐地来了。主管看没有办法，便告诉松下："关于电器的知识你知道得太少，不能收。"过两个月后，松下又来了，说："我已学了不少电器方面的知识，您看哪个方面还有差距，我一项项来补。"人事部主管看了他半天才说："我干这项工作几十年了，头一次见到你这样来找工作的，真佩服你的耐心和韧性。"松下如愿以偿地进了工厂，并经过不懈地努力，成为经营之神。

4）保持热忱，推销自我

学生在接受企业总经理的面试时，听到的考题是如此简单："你可以有三分钟表现自己的机会，若表现得使我感兴趣，就留下来，否则就另请高就。"这三分钟的表现，可以成为面试者去留的依据，有的学生充分显示实力，把握住了机会，有的学生因不会表现而不被选择。有的学生这时为了显得谦虚，尽量少讲自己的优点，少表现自己，结果也失去了机会。

要推销产品、推销企业形象，首先得学会推销自己。现在这个年代，"酒香不怕巷子深"已行不通了。有一对同窗好友，学习成绩不相上下。当面试人提出"外语水平如何"的问题时，甲比较谦虚，只说通过了六级，并出示证书；乙作了同样回答后，还讲述了自己参加过英语口语强化训练及口语竞赛获奖情况，并递上了证书和奖状。孰优孰劣，谁胜谁负，立见分晓。当然，宣传自我，显示实力必须注意适度，不能自吹自擂。

2. 懂得设计自我：打造精美的外包装

1）仪容清洁，洋溢清爽之气息

仪容整洁，首先是要保持面部的清洁，尤其是要注意局部卫生，如眼角、耳后、脖子等易被人们忽略的地方。其次，作为女生，最好化淡妆，将面部稍做修饰，做到清新、淡雅、恰到好处，使人显得精神、干练即可，一定不能过浓或过于夸张，免得给人留下过分招摇和俗气的印象；男生则需要修面，不可胡子拉碴，否则会显得无精打采，邋里邋遢。另外，还要注意身体异味的问题，勤洗澡，不抽烟，面试前不吃大蒜等有强烈异味的食物，以免口气熏人。

2）发式整齐，焕发青春之魅力

发型既要与个人的特点相符，也要与服饰相配。但在面试时，许多学生很注意着装，却忽略了发型的设计，认为头发只要干净就好。其实，发型在整个仪表美中，占有很重要的位置。所以，除了发型要适合个人的脸型、个性特点和当时的着装以外，还要注意面试的特殊要求。面试时，对发型总的要求是端庄、文雅、自然，避免太前卫、太另类的发型，同时还应与所要申请的职位要求相宜，比如，秘书要端庄、文雅，营销人员要干练，与机器打交道则要求短发或盘发。一些长发披肩的女生要注意，在面试时，头发

切忌遮住脸庞，除非是为了掩饰某种生理缺陷，否则会让主考官对你印象模糊。男生的发型以短发为主，做到前不覆额，侧不遮耳，后不及领。

3）着装得体，展现知识之含量

一位人事总监评价说："我认为你不可能仅仅因为戴了一条领带而取得一个职位，但是我可以肯定你戴错了领带就会使你失去一个职位。"由此可见，得体的衣着对求职的顺利进行有着不容忽视的作用。那么，大学生求职时的着装应注意什么呢？保留学生装清新自然的风格。很多同学误以为求职时的服装要高档、华丽、时髦，其实学生装纯真自然的本色才是它最大的魅力，年轻人蓬勃的朝气、清新脱俗的风格，都可以从中显露出来，进而赢得主考官的青睐。但这并非说面试时就可以穿成平时的样子，在服饰色彩的搭配、细节等方面还需要做精心的准备（见图3-5）。

首先，服装要整洁。整洁意味着你重视这份工作，重视这个单位。整洁也不要求过分的花费，洗得干净、熨烫平整即可。

图3-5

其次，要简洁大方。尽可能抛弃各种装饰，如繁杂的花边、色彩鲜艳的刺绣、叮当着响的配饰等，同时还要忌那些过短、过紧、过透和过露的衣服。女生一般以样式简洁的套装套裙、连衣裙等为主，男生则是清爽的衬衣、平整的夹克，或西服都可以。

第三，颜色的选择要适宜。过于鲜艳夺目或跳跃度过大的颜色都不宜穿，这会让主考官很不舒服。一般柔和的颜色具有亲和力，而深色则显得比较庄重，你可根据所求职位的要求，选择不同的色系。

最后，还要注意与服饰搭配的其他饰物，尽量不要戴太贵重的和一走动就发出响声的饰物，配饰一定要与服装统一；穿裙子时，一定不要光着腿，宜穿肉色长筒丝袜；不能穿类似拖鞋的后敞口鞋，皮鞋要擦拭干净，不能带灰带泥。

总之，出门前对着镜子再好好审视一下自己的仪容仪表，力求做到整洁、大方、端庄、得体。

四、面试举止礼仪

个人的举止礼仪，既有"站"、"行"、"坐"等姿态方面的内容，同时也包含了众多的细节。这里更多地从细节入手来谈面试的举止礼仪。

1. 准时赴约

守时是一种美德，也是一个人良好素质修养的表现。因此，面试时一定要准时守信。迟到，既是一个人随随便便、马马虎虎、缺乏责任心的表现，同时也是一种不礼貌、对主考官不尊重的行为。特别是外资企业，对不守时的员工都会随时解雇，更何况是在面试的时候。一般最好提前 15～20 分钟到达，这样既可以熟悉一下考场周围的环境，也有时间让自己调整心态，稳定情绪，以避免仓促上阵。

2. 尊重接待人员

到达面试地点后，应主动向接待人员问好，并做自我介绍，同时要服从接待人员的统一安排。要知道，有些单位对你的考核从这一刻就已经开始。

3. 重视见面礼仪

首先，进门时应先敲门，即使房门虚掩，也应礼貌地轻轻叩击两三下，得到允许后，轻轻推门而进，然后顺手将门再轻轻地关上，整个过程要自然流畅，不要弄出大的声音，以显示良好的个人习惯。其次，进入面试室后，先向各位主考人员问好，当对方说"请坐"时，一定要说了"谢谢"后，方可按指定的位置坐下，并保持良好的坐姿。

4. 注意表情礼仪

面试的时候，大多数人都会很紧张，这会使应试者的表情不自然。其实，保持自信的微笑，从容镇定，把自己的真挚和热情"写"在脸上，才能让人产生值得信赖的好感（见图 3-6）。另外面试时的目光也很重要，应大方地注视着对方，不可游移不定，左顾右盼，让人怀疑你的诚意。经验证明：魂不守舍、目光不定的人让人感到不诚实；眼睛下垂则给人以缺乏自信的印象；而眼睛直盯着提问者，会被误解为向他挑战，给人以桀骜不驯的感觉；东张西望，让人觉得三心二意；左右扫视，上下打量则显得无礼。

图 3-6

5. 适时告退

当考官有意结束面试时，要适时起身告辞，面带微笑地表示谢意，与考官等人道别，离开房间时轻轻带上门。出场时，别忘了向接待人员道谢、告辞。

6. 致信道谢

面试结束后，为给对方加深印象，或弥补面试时的不足，最好再给主考人员写封感谢信，篇幅要短，在信中一方面致谢，另一方面可再次表达对该单位的向往之情。

案例：细节展示修养

（1）一家公司招聘行政助理，几个应聘者在一楼大厅接待处办好手续，接待人员让他们一起到三楼人力资源部去面试，在上楼梯时，一位怀抱文件的工作人员急匆匆下来，与他们撞了个正着，文件散落一地，只有一个应聘者停下来帮着捡起地上的文件，而其余的人都毫不犹豫地直奔三楼。结果，这位帮着捡起文件的小伙子被录取了。

（2）恰科，法国一个银行大亨，在他年轻时，工作并不顺利，52次应聘均遭失败。第53次时，他直接来到最大一家银行的董事长办公室，可是没谈上几句又被拒绝了，他虽很失意，但还是礼貌地说完再见，转身往外走。忽然，他看见一枚大头针横在门口，他知道这东西虽小，弄不好也会对人造成伤害，就弯腰把它拾了起来。第二天，他出乎意料地接到了这家银行的录用通知。原来，他拾大头针的举动被董事长看见了。

（3）一位涉外文秘专业毕业的女孩玲玲，在一家外资企业应聘总经理秘书，顺利通过了初试、复试，最后一关是总经理面试。玲玲凭借自己出色的专业知识和流利的英语口语，赢得了总经理的赞许，当面试快结束时，总经理故意碰了一下桌面上的文件，一页文件掉在了地上。但玲玲似乎没有注意到这一动作，她仍在兴致勃勃地说话，总经理这时似乎没了刚才谈话的兴致，他对玲玲说："面试就到这里吧！"玲玲一脸茫然地出去等待结果。一会人力资源部的经理来了，宣布被录取的是另外一个人。经理遗憾地对玲玲说："我们本来是很看好你的，但你连捡一张纸都不愿意，又怎么能当一名好秘书呢？"

案例解析：人们常说，"一屋不扫何以扫天下。"从一件小事、一个细节，就可以看出一个人的本性。小伙子弯腰捡文件，有助人为乐的精神；而恰科拾起一枚大头针，显示了他细心、为他人着想的品格，而玲玲的失败也恰恰是因为她缺乏这种修养。其实，做好这一切并不困难，关键是平时要注意修身养性，提高个人的素质，在生活中养成重视细节的习惯，"小处不可随便"，那么，即使招聘者故意设置陷阱，你也会顺利过关，得到施展才华的机会，迈向成功之路。

五、面试谈话礼仪

1. 注视对方

和对方谈话的时候，要正视对方的眼睛和眉毛之间的部位，和对方进行目光接触，即使边上有其他人。如果不敢正视对方，会被人认为你害羞、害怕，甚至觉得你"有隐情"。

2. 学会倾听

好的交谈是建立在"倾听"的基础上的。倾听是一种很重要的礼节。不会听，也就无法回答好主考官的问题。学会倾听就是要对对方说的话表示出兴趣。在面试过程中，主考官的每一句话都可以说是非常重要的。你要集中精力、认真地去听，记住说话人讲话的内容重点。倾听对方谈话时，要自然流露出敬意，这才是一个有教养、懂礼仪的人的表现。要做到：①记住说话者的名字；②身体微微倾向说话者，表示对说话者的重视；③用目光注视说话者，保持微笑；④适当地作出一些反应，如点头、会意地微笑、提出相关的问题。

3. 谈话内容方面礼仪

首先，应该注意用语的礼貌，切忌出现不文明的语句，称对方公司时要用第二人称的尊称"贵"，比如"贵公司"，如果你是一个归宿感很强的人，也可以直接称"我们公司"。另外，"请"、"谢谢"等礼貌用语要常挂在嘴边，少说或不说口头禅，更不能出言不逊，贬低他人。

其次，在回答问题时，对方问什么答什么，问多少答多少，切忌问少答多、问多答少。

最后，还要注意把握谈话的重点，不要离题，不要啰唆，一个说话不得要领的人，同样是一个思路不清晰的人。最后还要强调的是，在回答任何问题时都要诚实，做到准确客观，不可编造谎言，夸夸其谈，炫耀自己，令人心生反感。

4. 谈话形式方面的礼仪

（1）一般的应聘应该用普通话对答，要求发音准确，吐字清楚，语速适中，语调不宜过高，声音不能太小。

（2）说话时态度诚恳、谦逊，不要咄咄逼人，如果需要提一些要求，也尽量使用商量的语气。

（3）切忌任意打断考官的谈话，喧宾夺主，随意插话，这是极不礼貌的行为。

（4）说话时不要滔滔不绝，口若悬河，狂妄自大。

（5）注意聆听别人的谈话。当考官在说话的时候，一定要用心地听，不能东张西望，毫不在意。

案例：礼貌——一个人的介绍信

一天，一家公司的人力资源部经理来上班时，看到在公司大楼的大厅里有很多人在等电梯。电梯来了，人们一拥而进，电梯里十分拥挤，于是站在电梯按钮旁的人就开始为大家按要到的楼层数。这时，一个小伙子想从人群中挤到按钮跟前去自己按，旁边的人说："你就说你到几楼吧，前面的人会帮你的。"小伙子说了声"9楼"，别人就替他按了一下"9"，小伙子再也没说话。等人力资源部经理到了办公室，刚坐下一会儿，助理就过来说有人来应聘，经理一看，就是刚才在电梯里的小伙子。经理询问了一下他的专业学习情况，说实话，经理对他的专业水平很满意，但一想到他刚才在电梯里的表现，还是决定不录取他。旁边的助理很奇怪，问经理原因，经理说："电梯里那么挤，他还要自己去按，说明他缺乏合作精神；别人帮助了他，他连声谢谢都不说，说明这个人没礼貌，所以，我不能要他。"

案例解析：礼貌——一个人的介绍信。不管在什么样的情况之下，这都是做人最基本的修养和应具备的素质。如果连这一点都做不好，即使有再高的专业水平，也只能是枉然。

六、面试应答技巧

1. 自信是成功应答的首要条件

自信可以通过你的步态表现出来。自信的步态应该是，身体重心稍微前倾，挺胸收腹，上身保持正直，双手自然前后摆动，脚步要轻而稳，两眼平视前方。步伐要稳健，步履自然，有节奏感。需要注意的是，如果同行的有公司的职员或接待小姐，你不要走在他们前面，应该走在他们的斜后方，距离一米左右。俗话说"此时无声胜有声"。用你无声的、职业化的举止，向招聘者表明"我是最适合的人选"。

案例：黑桃 A 中的信念

有一个年轻人去一家公司应聘，并接受老总的面试。年轻人首先把一张印有黑桃 A 的名片递上。老总愣了一下，然后直盯着他的眼睛，问他："你是黑桃 A？""没错。我是黑桃 A！"他也注视着老总的眼睛。"为什么是黑桃 A？"老总的目光有些咄咄逼人。"因为黑桃 A 代表第一，而我刚好是第一。"年轻人迎着老总的目光，毫不回避。老总笑了。就这样，他被录用了。

后来，年轻人成功了，真的成了第一，而且是世界第一。他一年推销 1425 辆车，创造了新的吉尼斯世界记录——他就是美国人基安勒。

2. 在应答中要谨慎多思，诚实而又不失智慧

回答提问之前，应对自己要讲的话稍加思索，想好了的可以说，还没有想清楚的就不说，或少说，一定要做到诚实且又不失智慧。

王平的相貌如同她的名字一样平常。然而，她却在毕业求职会上搏了个头彩：被台湾某独资知名企业聘为华南区域销售经理。对于刚出校门的她来说，可谓职位不低、收入不菲。问其成功秘诀，她讲述了求职应聘的过程。

通过媒体获悉台湾独资企业出高薪招聘区域经理，而前来应聘者不下百人，录用名额却只有一名，真可谓百里挑一。在笔试后，淘汰了七十人，还有三十人要通过面试竞争这个岗位。竞聘这个职位的人，大多有过类似岗位的工作经历，若非如此，最起码也有丰富的营销经验。而王平充其量不过是营销专业的本科生，答卷子肯定是高手，但在面试这一关，恐怕就没有优势了。然而，王平就是在这个环节里通过一个妙答，打败了所有的"对手"。

总经理看着她，开口问的第一句话，也是面试中问王平的唯一的一句话："你为什么要竞聘这个职位？是不是因为这个职位的工资高？"

王平微微一笑，不慌不忙地说："经理，我敢于前来竞聘这个岗位，是为了证明我不比别人差。如果通过我的工作给公司带来了效益，公司当然会给我以应有的经济回报。"

经理说："祝贺你，你被录用了！"

对第一问的回答，如果说不足实力，会无法引起经理的注意；如果说足了实力，稍不留神就会让人感觉其在"王婆卖瓜"。于是，王平避开具体的自我，用一个抽象的比较，表达了一份自信。而且，比较用词非常巧妙：以"不比别人差"这样一个带有一定自谦的字眼，含蓄地表达了"可能比有经验的人强"的这样一种潜在的自我评价。虽然是在自我推销，却是既得体又适度。

第二问更是一个回答两难的问题：如果回答"是"，明明为利而来，岂不显得自己过于浅薄？回答"不是"，又难免有清高、不实之嫌。于是，王平避开正面回答，使用了假言推理的表述手法，侧面回答了这个难题：我能给公司带来效益，公司才会给我高薪。言外之意：我不是白拿你的工资的，高薪是我的工作所得。我因为自信有能力挣到这份高薪，才敢来竞聘。

3. 熟悉常见的考题，事先演练（详见知识链接）

4. 面试时提问的技巧

在面试中，应聘者除了要接受别人的提问外，还会有提问的机会。通过应聘者的提问，可以使考官看到应聘者的目标、业务水平、看问题的角度及深度等。所以，如果遇到这个环节，一定要抓住机会，在最后给考官留下一个完美的印象。那么，究竟应该问些什么问题呢？

首先，一些常识性的问题不要问，如"公司有多少年的历史？"、"有多少员工？"等，这样只能表明你缺乏准备和无知。

其次，以自我为中心的问题少问，或者从侧面来问，不要太直接。如"工资多少？"、"福利有哪些？"、"休假有多少天？"等，否则会显得太急功近利，视野狭隘。

正确的问题是，多问与职位相关的问题，比如"这个职位还有其他要求吗？"、"我们这个部门近期的工作目标是什么？"，除此之外，还可以针对一些专业的特殊要求来设计这类问题。这样的问题既能反映出你的敬业精神，也能够反映出你的业务水平和思考能力，同时考官也很乐意回答，这会为你的应聘成功奠定坚实的基础。

七、面试结束告别礼仪

主试认为该结束面试时，往往会说一些暗示的话语，如"今天就谈到这里"、"你的情况我们已经了解，你知道，在作出最后决定之前，我们还要面试几位申请人"、"我很感谢你对我们公司这项工作的关注"、"谢谢你对我们招聘工作的关心，我们一作出决定，就会立即通知你"等话语，面试者得到暗示后，应当主动、适时告别。面试结束时的礼节也是用人单位考证人才的一个法码。成功的方法在于：不要在主试人结束说话前表现躁动不安、急欲离开的样子；告别时应感谢对方花时间同自己面谈。

1. 求职如愿：得意勿刻脸上

如果求职如愿，不要得意忘形，不要过分惊喜，应以稳重的姿态向考官表示感谢："希望今后合作愉快。"不卑不亢，更显分量。

2. 求职失意：保持君子风度

如果求职失败，要做到失聘不失态：在求职无望的情况下，应及时结束谈话。不要强行"推销"自己。直至告辞，要始终面带微笑，不但感谢主考花费宝贵的时间与你面谈，而且要说:"虽然没有被录用,但此行很有收获。"光荣撤退,这样才真正不失体面和尊严。

3. 出考场,不忘接着感谢

如果结果未知,则应再次强调你对应聘工作的热情,并说:"感谢您抽时间与我交谈,获益匪浅,希望今后能有机会再次得到您进一步的指导。"但一定不要言辞过分,如"拜托你啦"、"请多关照"等,容易让人感觉你的实力不足。

4. 告辞时,你要与考官握手

如果有多名考官,你要先和主考官握手,而后再依次与其他考官握手告辞。握手时要双目注视对方,面带笑容,不可左顾右盼、心不在焉。同时配以正当的敬语如"再见"、"谢谢"等。

5. 面试结束:不忘接着感谢

很多时候用人单位不会当场告诉你应聘的结果,一般是在3至5天才会有通知。这3至5天内你如果能及时反馈感谢信息,加深招聘人员对你的印象,就能够增加求职成功的可能性。比如,面试后,你最好给招聘人员打一个电话,时间不超过5分钟,或发一封感谢信,长度不超过一页。

【知识链接】

一、常见面试问题演练

1. 请先做一下自我介绍

回答提示:一般人回答这个问题时,只说姓名、年龄、爱好、工作经验,这些在简历上都有。其实,企业最希望知道的是求职者能否胜任工作,包括最强的技能、最深入研究的知识领域、个性中最积极的部分、做过的最成功的事、主要的成就等,这些内容可以和学习无关,也可以和学习有关,但要突出求职者积极的个性和做事的能力,说得合情合理对方才会相信,要言之有物,不可用鉴定式的语言、大而空的话来介绍自己,更不能有炫耀之意。

求职者要尊重考官,在回答每个问题之后都说一句"谢谢",很多考官喜欢有礼貌的求职者。

2. 你觉得你个性上最大的优点是什么

回答提示:沉着冷静、条理清楚、立场坚定、顽强向上、乐于助人和关心他人、适应能力和幽默感、乐观和友爱。如果有实践实验,还可以说,我曾接受过一到两年的培训及项目实战,加上实习工作,使我适合这份工作。

3. 说说你最大的缺点

回答提示：这个问题考官问的概率很大，通常不应直接回答自己的缺点是什么，如果求职者说自己小心眼、爱忌妒人、非常懒、脾气大、工作效率低，那么肯定不会被录用。绝对不要自作聪明地回答"我最大的缺点是过于追求完美"，有的人以为这样回答会显得自己比较出色，但事实上，恰恰相反。企业喜欢求职者从自己的优点说起，中间加一些小缺点，最后再把问题转回到优点上，突出优点的部分，企业喜欢聪明的求职者。

4. 你对薪资的要求

回答提示：如果你对薪酬的要求太低，那么显然是贬低自己的能力；如果你对薪酬的要求太高，那又会显得你分量过重，公司受用不起。一些雇主通常都会对求聘的职位定下开支预算，因而他们第一次提出的价钱往往是他们所能给予的最高价钱，他们这样问只不过想证实这笔钱是否足以引起你对该工作的兴趣。

回答样本一：我对工资没有硬性要求，我相信贵公司在这方面会友善合理。我注重的是找对工作的机会，所以只要条件公平，我则不会计较太多。

回答样本二：我受过系统的软件编程的训练，不需要进行大量的培训，而且我本人也对编程特别感兴趣。因此，我希望公司能根据我的情况和市场标准的水平，给我合理的薪水。

回答样本三：如果必须说出具体数目，请不要说一个宽泛的范围，那样你将只能得到最低限度的数字。最好给出一个具体的数字，这样表明你已经对当今的人才市场作了调查，知道像自己这样学历的雇员能得到什么样的报酬。

5. 你对加班的看法

回答提示：实际上很多考官会问这个问题，并不证明一定要加班，只是想测试你对公司是否愿意奉献。

回答样本：如果工作需要我会义不容辞地加班，我现在单身，没有任何家庭负担，可以全身心地投入工作。但同时我也会提高工作效率，减少不必要的加班。

6. 如果通过这次面试我们录用了你，但工作一段时间后却发现你根本不适合这个职位，你怎么办

回答提示：工作一段时间后发现不适合，有两种情况：①如果你确实热爱这个职业，那你就要不断学习，虚心向领导和同事学习业务知识和处事经验，了解这个职业的精神内涵和职业要求，力争减少差距；②你对这个职业并非真正喜欢，那还是趁早换职业，去发现适合你的、你热爱的职业，那样你的发展前途才不会受限制，对公司和个人都有好处。

7. 谈谈你对跳槽的看法

回答提示：①正常的"跳槽"能促进人才合理流动，应该支持；②频繁的跳槽对公司和个人双方都不利，应该反对。

8. 工作中难以和同事、上司相处，你该怎么办

回答提示：①我会服从领导的指挥，配合同事的工作；②我会从自身找原因，仔细分析是不是自己工作做得不好让领导、同事不满意。还要看看是不是为人处世方面做得不好，如果是这样的话我会努力改正；③如果我找不到原因，我会找机会跟他们沟通，请他们指出我的不足，有问题就及时改正；④作为优秀的员工，应该时刻以大局为重，即使在一段时间内，领导和同事对我不理解，我也会做好本职工作，虚心向他们学习。我相信，他们会看见我在努力，总有一天会对我微笑的。

9. 你对于我们公司了解多少

回答提示：在去公司面试前上网查一下该公司主营业务。如回答：贵公司有意改变策略，加强与国外大厂的 OEM 合作，自有品牌的部分则通过海外经销商来了解。

10. 最能概括你自己的三个词是什么

回答提示：适应能力强、有责任心和做事有始终，并结合具体例子向主考官解释。

11. 你的业余爱好是什么

回答提示：可回答一些富于团体合作精神的活动，有求职者被拒绝，因为他的爱好是深海潜水。这件事是真实的。主考官说："因为这是一项单人活动，我不敢肯定他能否适应团体工作。"

12. 作为被面试者给我打一下分

回答提示：试着列出四个优点和一个非常小的缺点（可以抱怨一下设施，没有明确责任人的缺点是不会有人介意的）。

13. 你为什么要离开原来的公司

回答提示：①回答这个问题时一定要小心，就算在前一个工作受到再大的委屈，对公司有多少的怨言，都千万不要表现出来，尤其要避免对公司本身主管的批评，避免谈及面试官的负面情绪及印象。建议此时最好的回答方式是将问题归咎在自己身上，例如，觉得工作没有学习、发展的空间，自己想在面试工作的相关产业中多加学习，或前一份工作与自己的生涯规划不符合，等等。答案最好是积极正面的；②我希望能获得一份更好的工作，如果机会来临，我会抓住。我觉得目前的工作，已经达到顶峰，即没有升迁机会。

14. 你欣赏哪种性格的人

回答提示：诚实、不死板而且容易相处的人、有"实际行动"的人。

15. 你通常如何对待别人的批评

回答提示：①沉默是金，不必说什么，否则情况更糟，不过我会接受建设性的批评；②我会等大家冷静下来再讨论。

16. 怎样对待自己的失败

回答提示：我们大家生来都不是十全十美的，我相信我能够改正我的错误。

17. 你为什么愿意到我们公司来工作

回答提示：对于这个问题，你要格外小心，如果你已经对该单位作了研究，你可以回答一些详细的原因，像"公司本身的高技术开发环境很吸引我"、"我同公司出生在同样的时代，我希望能够进入一家与我共同成长的公司"、"你们公司一直都稳定发展，在近几年来在市场上很有竞争力"、"我认为贵公司能够给我提供一个与众不同的发展道路"这都显示出你已经做了一番调查，也说明你对自己的未来有了较为具体的规划。

18. 对这项工作，你有哪些可预见的困难

回答提示：①不宜直接说出具体的困难，否则会令对方怀疑应聘者能力不行；②可以尝试迂回战术，说出应聘者对困难所持有的态度——工作中出现困难是正常的，也是难免的，但只要有坚忍不拔的毅力、良好的合作精神，以及事前周密而充分的准备，任何困难都是可以克服的。

19. 如果录用了你，你将怎样开展工作

回答提示：①如果应聘者对于应聘的职位缺乏足够的了解，最好不要直接说出自己开展工作的具体办法；②可以尝试采用迂回战术来回答，如"首先听取领导的指示和要求，然后就有关情况进行了解和熟悉，接下来制定一份近期的工作计划并报领导批准，最后根据计划开展工作"。

分析：提出这个问题的主要目的是了解应聘者的工作能力和计划性、条理性。应聘者最好能够提供细节。如果一直采用迂回战术，面试官会认为应聘者在回避问题，绝对不会录用该应聘者。

20. 你希望与什么样的上级共事

回答提示：①通过应聘者对上级的"希望"可以判断出应聘者对自我要求的意识，这既是一个陷阱，又是一次机会；②最好回避对上级具体的希望，多谈对自己的要求；③如"作为刚步入社会的新人，我应该多要求自己尽快熟悉环境、适应环境，而不应该对环境提出过多要求，只要能发挥我的专长就可以了。"

分析：回答这个问题比较好的思路是，希望我的上级能够在工作中对我多指导，对我工作中的错误能够立即指出。总之，从上级指导这个方面谈，就不会有大的纰漏。

21. 与上级意见不一致时，你将怎么办

回答提示：一般可以这样回答："我会给上级以必要的解释和提醒，在这种情况下，我会服从上级的意见。"

22. 为什么选择我们公司

回答提示：曾经在报纸、杂志上看过关于贵公司的报道，感觉贵公司的理念与自己所追求的理念一致。而贵公司在业界的成绩也是有目共睹的，而且对员工的教育训练、升迁等制度都很规范。

分析：去面试前先做功课，了解一下该公司的背景，让对方觉得你真的很想得到这份工作，而不只是探探路。

23. 谈谈如何适应办公室工作的新环境

回答提示：①办公室里每个人都有各自的岗位与职责，不得擅离岗位；②根据领导指示和工作安排，制定工作计划，提前预备，并按计划完成；③多请示并及时汇报，遇到不明白的要虚心请教；④抓间隙时间，多学习，努力提高自己的政治素质和业务水平。

24. 除本公司外，还应聘了哪些公司

回答提示：这是很多公司都会问的问题，其用意是要概略知道应聘者的求职志向。就算不便说出公司名称，也应回答"销售同种产品的公司"，如果应聘的其他公司是不同业界，则会容易让人产生无法信任的感觉。

25. 你还有什么问题要问吗

回答提示：这个问题看上去并不重要，其实很关键，考官不喜欢说"没问题"的人，因为其很注重员工的个性和创新能力。如果应聘者这样问："贵公司对新入公司的员工有没有什么培训项目？我可以参加吗？"或者"贵公司的晋升机制是什么样的？"企业将很欢迎，因为这会体现出你对学习的热情、对公司的忠诚度及你的上进心。

26. 如果你被录用，何时可以到职

回答提示：大多数企业会关心就职时间，最好回答"如果被录用，到职日可按公司规定上班"，但如果还未辞去上一个工作、就职时间又太近，因为工作交接至少要一个月的时间，则应进一步说明原因，录取公司应该会通融的。

二、辞职的礼仪技巧

其实辞职是一门艺术。当你决定辞职，不仅对你自己有影响，对同事、对上司，甚至对部门都会有影响。纵使你对公司有强烈不满，离职也要低调。外人很难搞清楚到底发生了什么事，如果弄得满城风雨，则不免让人质疑你的EQ和为人处事的方法。既然想除旧布新，不妨调整心态，一切向前看，这样，你才能在新的工作环境里有更好的发展。

首先，最好的做法是直接跟主管提辞呈，而且诚实地说明辞职的原因。有些人可能会选择欺骗，这种逃避的方法短期或许可以避免尴尬，可万一被原公司发现真相，难保你的未来信誉不受影响。

第二步，你应该与主管讨论，什么时候让同事知道，以及如何将工作合理移交。有的公司为便于工作有严谨的代理人制度，交接过程会容易一些。如果没有这样的制度，那么你在离开公司之前要注意如下事项。

（1）如果你想把属于自己的档案带走，交辞职信前就应该处理好，不要离开前再匆匆忙忙地准备。

（2）对于要带走的任何资料，都应先确认是否有知识产权问题，损害原公司利益的事情不要做。

（3）若进入原公司的竞争公司，尽量少谈原公司的竞争策略与业务机密，谈论这些虽然可能会暂时讨得新主的欢心，甚至可能因此提高自己的薪酬与职位，但更会因此而落个背叛与出卖的恶名。

（4）避免以负面方式谈论原公司，这会影响你在行业内的声誉。

（5）不要介绍原公司的人进新公司，否则新公司虽然短期获益，却会令新公司对你渐生防范之心，怕你再度离职时再挖墙角。

【案例分析】

案例一

一句称呼换来一份工作

王露是太平洋盈科电脑城的职员，去年刚刚毕业。说起职场称呼，她满脸兴奋。去年应聘时，由于她在考官面前过于紧张，发挥有些失常，就在她从考官的眼中看出拒绝的意思而心灰意冷时，一位中年男士走进办公室和考官耳语了几句。在他离开时，王露听到人事主管小声说了句"经理慢走"。那位男士离开时从王露身边经过，并给了她一个善意鼓励的眼神，王露说自己当时也不知道哪来的勇气，忙起身，毕恭毕敬地说："经理您好，您慢走！"她看到经理眼中有些诧异，然后对她点点头。等她再坐下去时，她从人事主管的眼中看到了笑意。王露顺利地得到了这份工作。

谈谈你对这则事例的看法。

案例二

到底有几只鸟

小张学的是会计专业，刚毕业时，每看到有公司招聘会计和销售人员，小张都会投递简历。

一次，小张接到一家招聘会计的公司的面试通知。那家公司规模挺大，测试完专业知识后，还有逻辑能力测试。其中有一道题是：树上有10只鸟，猎人打落了1只，还有几只。看到题目，小张想，这么弱智的问题也会考到？当即在试卷上写上"0只"。一会儿，面试结果出来了，人事部王小姐宣布的名单中却没有小张。小张疑惑地走上前，问："你好。我的专业知识考得很好，逻辑能力应该也没问题，怎么名单中没有我？"王小姐回答说："您的专业知识答得是不错，但您的逻辑能力欠佳。那道关于有几只鸟的题目，答案应该是9只，而您答的是0只。"

小张不解地说："这是常识性的问题，从小我们就知道，其他的鸟全飞走了。"小姐说："您从事的工作要求严谨，您要知道，10减1就应该得9。"

很快小张又接到另一家公司的通知，这次小张应聘市场营销职位。巧合的是，面试题中也有"有几只鸟"的问题，吸取了上次的教训，小张心想这次要严谨点，郑重地写上"9只"。

其他应聘人员陆续进了业务经理办公室，就不见叫小张，这时人事部李小姐告诉小张可以回去了。小张纳闷地问："小姐，我还没见业务经理呢，怎么让我回去了？"小姐没好气地回答："你不用见了，树上10只鸟被打落1只。其他的鸟肯定都飞走了，连这都答不对，说明你的变通能力很差，不适合做业务。"

问题：
1. 根据上述案例，请分析小张面试失败的原因。
2. 小张的经历对我们以后求职有什么启示，请举例说明。

【实践训练】

某公司招聘多名市场人员，你是我校即将毕业的市场营销专业学生，对市场人员一职表示感兴趣。招聘人员看了你的简历后说："你虽然专业对口，可是你并没有市场推广方面的经验。"针对这个问题，你该怎么回答？

请同桌之间相互讨论。

【课后训练】

一、简答题

1. 为什么面试时要讲究礼仪？面试礼仪包括哪些内容？
2. 面试应答技巧有哪些？试举例分析。

二、请分析下面几句面试应答的错误

1. "我原来那个单位的人际环境太差了，小人太多，没法与他们相处。"
2. "现在已有多家公司表示要我，所以请你们务必于这个月底之前答复我。"
3. "我毕业于名牌大学，学的又是热门专业，我是一个杰出的人才，我想实现我远大的理想和宏伟的抱负。"
4. "我很想知道我如果到你们公司，每个月会挣多少钱？"

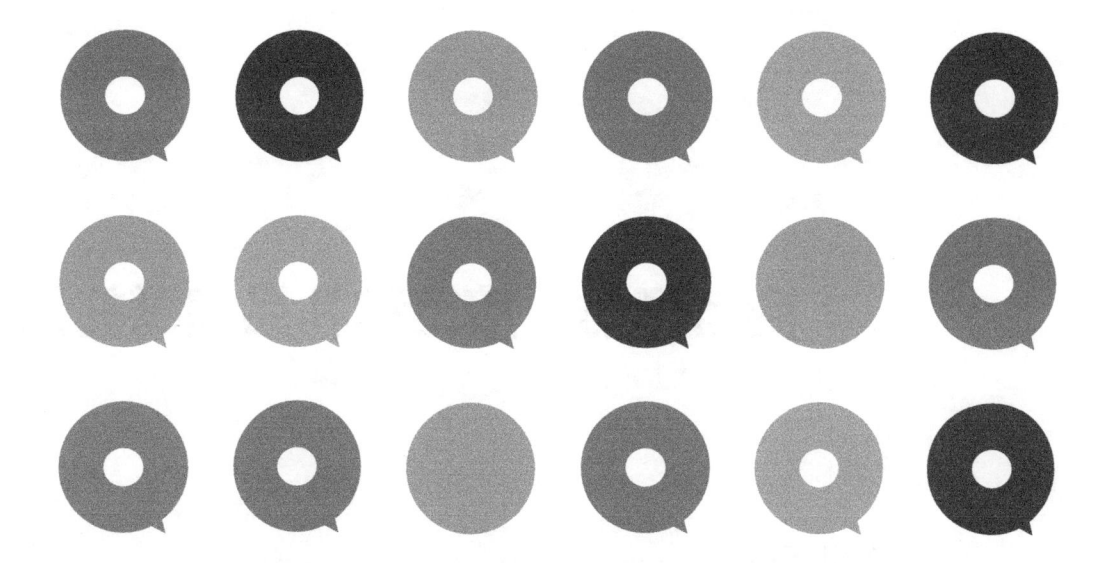

下 篇

商务礼仪

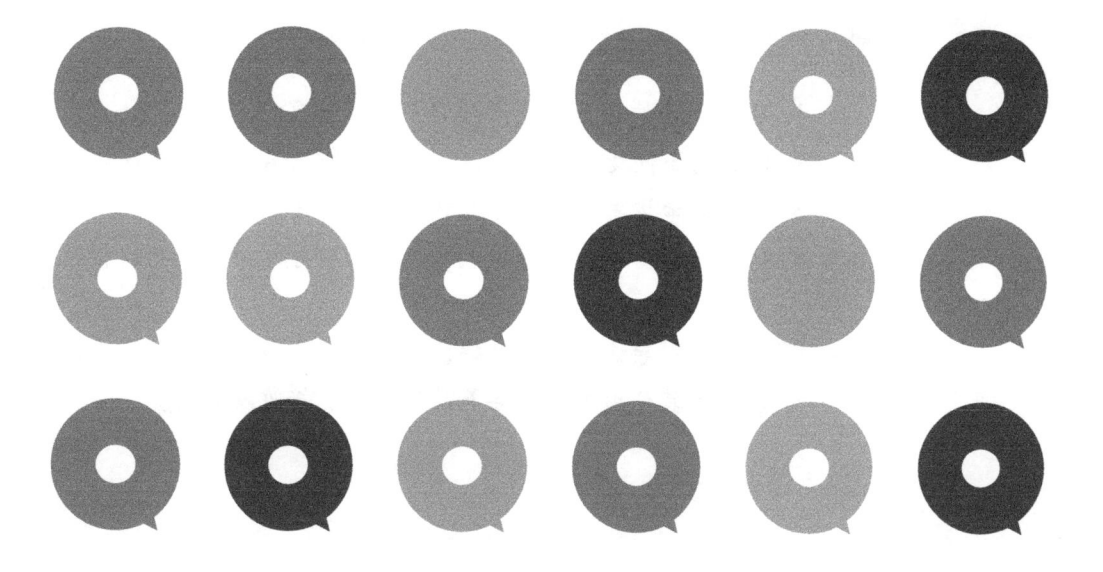

项目四

商务拜访、接待和礼品馈赠礼仪

知识目标：

1. 掌握商务拜访礼仪。
2. 了解等待会见的礼仪。
3. 了解并掌握访客现场接待的程序、迎宾礼仪和送客礼仪。
4. 掌握商务礼品馈赠礼仪。
5. 了解并掌握商务礼品的接受和拒收礼仪。
6. 掌握回赠商务礼品的礼仪。

能力目标：

1. 能以正确的言谈举止拜访客户。
2. 能针对不同场合和情境，灵活把握使用名片收递礼仪。
3. 能自如地运用迎宾和送客礼仪接待访客。
4. 能大方合度地使用握手礼仪、长幼有序运用介绍礼仪接待访客。
5. 能规范引导访客搭乘电梯，乘坐轿车。
6. 能恰入其分地进行商务礼品的赠送、接收及回赠。

项目四 商务拜访、接待和礼品馈赠礼仪

项目案例导入 接待冷淡，断送生意

泰国某政府机构为泰国一项庞大的建筑工程向美国工程公司招标。经过筛选，最后剩下4家候选公司，泰国人派遣代表团到美国亲自去各家公司商谈。代表团到达芝加哥时，那家工程公司由于忙乱中出了差错，又没有仔细复核飞机到达时间，未去机场迎接泰国客人。但是泰国代表团尽管初来乍到不熟悉芝加哥，还是找到了芝加哥商业中心的一家旅馆。他们打电话给那位局促不安的美国经理，在听了他的道歉后，泰国人同意在第二天11时在经理办公室会面。第二天美国经理按时到达办公室等候，直到下午三四点才接到客人的电话说："我们一直在旅馆等候，始终没有人前来接我们。我们对这样的接待实在不习惯。我们已订了下午的机票飞赴下一目的地，再见吧！"

资料来源：(美)罗杰王阿克斯特尔：《世界礼仪大观——待客之道》，孙铢译，上海译文出版社，1998

"有朋自远方来，不亦乐乎"

——孔子

礼仪的缺失简直就是商务活动中的毒药，能断送一个原本良好的合作关系。礼仪只是商务过程中的人员素质的基本体现，同商务合作的核心关系不大，但是很多情况下，商务交往礼仪的缺失会导致沟通途径的阻断，形成沟通内容的屏蔽，导致商务合作的失败。所以，在商务交往中，恰到好处地运用拜访客户礼仪、访客接待礼仪及商务馈赠礼仪，可以给拜访客户、来访客户一种良好的印象，有助于商务交往的顺利进行。学习本项目读者应掌握几种典型的商务活动礼仪：① 拜访客户礼仪；② 访客现场接待礼仪；③ 商务礼品馈赠礼仪。

⊃ 【任务分解】

学习任务4-1：拜访客户礼仪

学习任务4-2：访客现场接待礼仪

学习任务4-3：商务礼品馈赠礼仪

学习任务4-1 拜访客户礼仪

相互拜访，可以交流信息，沟通思想，增进友谊。

商务拜访是指亲自或派人到商务往来的客户单位或相应的场所去拜见、访问某人或某单位的活动。

【任务分析】

拜访，一般是指前往他人的工作地点或私人住所，会晤对方，探望对方，或进行其他方面的接触。拜访是一种双向的活动。为了使交流在一种和谐、欢愉的气氛中进行，宾主双方都必须恪守本分，依照相应的礼仪规范行事，涉及方方面面，但如下几个方面是必须考虑的：

- 明确商务拜访类型。
- 拜访前的准备工作。
- 拜访中的举止礼仪。
- 拜访注意事项。

中国人素来重人情，走亲访友是人们维系感情必不可少的方式。要做一个受欢迎的客人，必须掌握拜访的基本规矩。

商务活动是一种双边或多边的交往过程，相互拜访是一种必不可少的交往活动，可以促进彼此的了解，有利于扩大合作。良好的拜访礼仪有助于实现拜访目的（见图4-1）。

图 4-1

一、明确商务拜访类型

拜访根据不同的目的可分为事务性拜访和礼节性拜访。

所谓事务性拜访是指为了某一具体的事物而进行的有特定目的的拜访，这个事务可以是公务，也可是私事。

礼节性拜访是指亲朋好友或熟人之间为了巩固原有的关系、发展已有的情谊而进行的没有特定目的的拜访。

二、拜访前的准备工作

1. 明确拜访的目的

在拜访前，需要明确拜访的目的是事务性拜访还是礼节性拜访。只有拜访目的明确后才能安排：拜访计划、拜访的主题及日程。

2. 事先约定拜访时间

约定拜访时间是拜访的第一步，约定强调的是不能贸然拜访，而是要依约前往。在与客户约定时间时，要以客户的时间为准，要在客户方便的时候进行拜访，这样可以充分体现出你对客户的尊重之情，会在未见面时就先给客户留下较好的印象。居室拜访不要约在吃饭和休息时间，最好安排在节假日的上午或晚上；办公室事务性拜访事先预约工作日就行，最好不要在星期一。

不论因公还是因私而访，都要事前与被访者电话联系。联系的内容主要有如下四点：

（1）自报家门（姓名、单位、职务）。

（2）询问被访者是否在单位（家），是否有时间或何时有时间。

（3）提出访问的内容（有事务性拜访或礼节性拜访）让对方有所准备。

（4）在对方同意的情况下定下具体拜访的时间、地点、人数和主题。

3. 备妥资料及名片

在进入访客所定地点之前，要做好以下的自我检查工作。首先，重新确认是否遗漏了任何在谈话中可能涉及的资料，具体包括：公司宣传资料、个人名片、笔记本电脑、笔记本。接着确认资料摆放的顺序在出示时是否方便；见面之后第一个环节就是彼此交换名片，所以，需要再次确认名片是否准备妥当。

如果在上述需要确认的问题上出了差错，客户就会对你的工作能力和效率产生怀疑。所以，一定要在与客户会面前备妥资料及名片，它能令你在客户面前表现自若。在有条件的时候，拜访者还可以随身携带一些小礼物，赠送给客户。

4. 注意仪容形象的修饰

在拜访客户之前，应根据访问的对象、目的、场所等，将自己的容颜适当地修饰一番，使自己仪容端庄，容光焕发；还要注意自己的衣饰，衣着要大方得体，要表现出良好的精神风貌。特别需要强调的是对头发的修饰：不要让刘海遮住眼睛，最好用发胶稍微将其固定一下；切忌用手玩弄发丝，否则会给客户留下不稳重的印象。

5. 确定拜访人数

对不同的客户，在不同的时间段内，根据客户不同的需求，拜访者的人数是不一样的。如果是一般性质的拜访，或者是不需要太多技术含量的拜访，拜访者的人数一二人即可。

6. 提前到达拜访地点

与客户见面最忌讳的事情之一就是迟到。一定要遵守约定的时间，提前到达拜访地点。如果太早到就会使主人因为没有准备好而感到难堪；迟迟不到则又会让主人和其他客人等候过久而不安。如因故迟到，要向主人和其他客人表示歉意。万一因故不能赴约，要有礼貌地尽早通知主人，并以适当的方式表示抱歉。一般来说，拜访者应该提前10～60分钟抵达拜访地点。如果拜访者到达拜访地点的时间很早，那么拜访者可以先熟悉一下周围环境，缓解一下紧张情绪，同时整理自己的服装仪容，回顾拜访措辞。拜访者适宜在约定时间前15分钟左右的时间内给客户去电话，表示自己已经到达拜访地点，等待客户的会见。

三、拜访中的举止礼仪

（一）居室拜访礼仪

1. 遵时守约

要按事先预定的时间如期赴约，不能迟到，也不要早到。按双方约定的时间准时到达最得体。如果约定的时间是09：00，你最好能在08：50就到达客户家。提前到达的这10分钟，是你用来搭电梯或走楼梯、整顿服装仪容的时间，所以，你最好能在守时的前提下再早到几分钟，但千万不要迟到，因为没有人愿意与不守时的人进行交往。

2. 进门有礼

拜访时，进门之前应先敲门或按门铃。讲究敲门的艺术。要用食指敲门，力度适中，间隔有序敲三下，等待回音。如无应声，可再稍加力度，再敲三下，如有应声，再侧身立于右门框一侧，待门开时再向前迈半步，与主人相对，待主人请你进房时，方可入内。

进房前，应礼貌地询问是否要换鞋；随身的外衣、雨具及携带的礼品或物品，应放在主人指定的地方。

3. 做客有方

进门后，应主动向所有相识的人（包括主人的家人或先到的客人）问候致意。当主人开门迎客时，务必主动向对方问好，互行见面礼。倘若主人一方不止一人时，则对对方的问候与行礼，在先后顺序上标准的作法有二：其一，是先尊后卑。其二，是由近而远。同时为主人介绍同行人员。

主人请你入座时，应道声"谢谢"，然后采用规矩的礼仪坐姿坐下。不要自己找座位，要根据主人的邀请，坐在主人指定的座位上。主人不让座不能随便坐下，如果主人是年长者或上级，主人不坐，自己不能先坐。主人递上茶要双手接过并表示谢意。主人献上果品，应从座位上欠身，双手捧接，并表示感谢。要等年长者或其他客人动手后，自己再取用。即使在最熟悉的朋友家里，也不要过于随便。拜访时态度要诚恳大方，言谈要得体（见图4-2、图4-3）。

图 4-2　　　　　　　　　　　　　　　图 4-3

1）限定交谈内容

交谈中要集中于正题，少说或不说废话。要认真聆听对方讲话，并注意对方情绪的变化，适时而恰当地应对，不要用争辩和补充说明打断对方的话。

2）限定交际范围

拜访的对象是主要的交际对象。

3）限定交际空间

指定空间就坐，长辈先入坐，不抢先就座。在主人家里，不要随意脱衣、脱鞋、脱袜，也不要大手大脚，动作嚣张而放肆。未经主人允许，不要在主人家中四处乱闯，随意乱翻、乱动、乱拿主人家中的物品，注意保护主人隐私。

4）限定交际时间

按约定时间，适可而止，及时离开，一般来说，初次拜访要限定在一个小时以内，半个小时为宜，最长不超过 2 小时。

4. 告退有方

适时告退。当双方该说的话已经说完或交涉的问题已经谈妥；在交谈过程中发现对方心不在焉、长吁短叹；对方又有新的朋友来访时都可以借机辞行。

致意问候。起身告辞时，要对主人的款待表示谢意。向在场所有人致意问候，并说一些"打扰了"、"添麻烦了"、"谢谢"之类的客套语。如有必要，还应根据对象和实情说"请你以后多指教"、"希望以后多多合作"等。

说走就走。主人礼貌留客，也要坚持婉拒。若主人的长辈在家，应先向长辈告辞；若主人家还有其他客人，也要礼貌地道别。如果主人出门相送，拜访人应请主人留步并道谢，待主人留步后，走几步，再回首挥手致意："再见。"

返回后，给主人回电，道平安、表谢意，远路的客人尤其要注意。

（二）办公室拜访礼仪

1. 遵时守约

要按事先预定的时间如期赴约，不能迟到，也不要早到。如果有紧急的事情，不得

不迟到，必须通知你要见的人；如果打不了电话，请别人为你打电话通知一下；如果遇到交通阻塞，应通知对方要晚一点到；如果是对方要晚点到，你将要先到，要充分利用剩余的时间。坐在汽车里仔细想一想，整理一下文件，或问一问接待员是否可以在接待室里先休息一下。

2. 进门有礼

在办公场所，不论办公室的门是关闭还是开放的，都需先轻敲门，征得同意后再入内，不能直接闯进别人的办公室。如果拜访对象办公室门口有接待或助理，需先告诉接待或助理你的名字和约见的时间，递上你的名片以便于接待/助理能通知（到）对方。

注意，若碰到下雨或特殊天气，不要随身携带雨具去见你所要拜访的人，应先请教柜台人员或工作人员放置雨具的地方。

冬天穿着外套去拜访时，如果接待或助理没有主动帮你脱下外套，或告诉你外套可以放在哪里，你就要主动问一下。

在等待时要安静，不要通过谈话来消磨时间，这样会打扰别人工作。尽管你已经等了20分钟，也不要不耐烦地总看手表，你可以问接待或助理约见者什么时候有时间。如果你等不及那个时间，可以向助理解释一下并另约一个时间。不管你对要见的人有多么不满，也一定要对接待或助理有礼貌。

案例：某公司新建的办公大楼需要添置一系列的办公家具，价值数百万元。公司的总经理已做了决定，向A公司购买这批办公用具。这天，A公司的销售部负责人打电话来，要上门拜访这位总经理。总经理打算，等对方来了，就在订单上盖章，定下这笔生意。不料对方比预定的时间提前了两个小时，原来对方听说这家公司的员工宿舍也要在近期内落成，希望员工宿舍需要的家具也能向A公司购买。为了谈这件事，销售负责人还带来了一大堆的资料，摆满了台面。总经理没料到对方会提前到访，刚好手边又有事，便请秘书让对方等一会。这位销售员等了不到半小时，就不耐烦了，一边收拾起资料一边说："我还是改天再来拜访吧。"

这时，总经理发现对方在收拾资料准备离开时，将自己刚才递上的名片不小心掉在了地上，对方却并没发觉，走时还无意从名片上踩了过去。但这个不小心的失误，却令总经理改变了初衷，A公司不仅没有机会与对方商谈员工宿舍的设备购买事宜，连几乎到手的数百万元办公用具的生意也告吹了。

请问：A公司的生意为何没有谈成？拜访他人应该注意哪些问题？

案例解析：

A公司生意失败的原因：①没有在预定时间内拜访；②没有按照预先要求进行商谈；③销售人员的态度；④把名片掉到地上而且还踩过去。

拜访他人应注意的问题：① 按照预定时间拜访。切记不要提前太多时间或者迟到；② 在商谈之前，一定要核对及询问好相关事项；③ 不要把没有排上日程的问题拿到桌面上来谈；④ 就算生意没谈拢，也要很有礼貌地把对方递过来的名片小心收好，这是基本的礼貌。

3. 做客有方

当你被引到约见者办公室时，如果是第一次见面，就要先做自我介绍，出示介绍信或名片（见图4-4）；如果已经认识了，只要互相问候并握手就行。

图4-4

自我介绍后，按对方指定的位置落座，坐时要端正，因为是谈公事，所以不可表现出懒散的样子。他人端茶递水时，要稍欠身表示谢意。

一般情况下对方都很忙，所以你要尽可能快地将谈话切入正题，而不要说一些无关紧要的事。清楚直接地表达你要说的事情，说完后，让对方发表意见，并要认真地倾听，不要辩解或不停地打断对方讲话。若有其他意见，可以在他讲完之后再说。谈完公事，即可告辞。

4. 适时告辞

告辞时常以握手道别，对方送客时，拜访人还要说"打扰了"、"请留步"、"再见"等礼貌用语。

四、拜访注意事项

1. 拜访客户要非礼勿听、非礼勿视、非礼勿动

拜访客户时，要记住非礼勿听、非礼勿视、非礼勿动。千万不要一看到客户与其他人交谈，耳朵就竖起来；未经客户允许，就私自翻阅客户资料，这种行为会令客户对你

产生厌恶的情绪;不要动用客户的任何东西,包括电子用品,尤其是电脑,因为电脑中可能会存有机密性的资料,随意乱动很可能会将其中的档案和程序弄乱。

2. 保持正确坐姿

拜访客户与客户交谈时,一定要保持正确的坐姿,要坐有坐相。男性和女性有不同的坐姿要求。当男性在与客户谈话的时候,应使两膝平整;膝顶部分开 1～2 个拳头的距离;两脚掌完全触地,大腿与小腿成 90°;两手轻轻放在膝上,使脚尖与脚跟齐平一致。

当女性在与客户谈话时,背不要靠紧座背,背与座背要保持一个拳头的距离,挺起脊背,两手在膝上轻轻地重叠;脚要使之成为同一方向;把靠内侧的腿稍微向后略偏,看起来会显得很漂亮。

3. 感谢接待的人员

拜访结束,当你要离开时,千万别忘了真心诚意地跟客户说:"感谢你们!感谢你们今天的招待!耽误你们的时间了!"这些礼貌用语要在日常生活当中不断地去演练,当习惯成自然后,客户就会觉得跟你在一起非常舒适,没有压力,而使人没有压力的语言就是好听的话语,就是能让人为之动容的语言。感谢客户时,切忌使用过于夸张的语言动作,否则就会适得其反。

4. 拜访时间勿太长

拜访客户还要注意控制拜访时间,不要在客户那里逗留太久,一般性的拜访最好控制在 15 分钟左右。如果拜访时间过长,很可能会耽误对方的其他事情,所以要适可而止。说过再见后,应立即起身,不要"半个小时前说再见,半个小时后还坐在椅子上",这是很不礼貌的行为。

5. 肢体语言要得体

肢体语言要得体,不可过于夸张。通常要求肢体语言的动作幅度不要高过头,不可宽于肩。高过头时动作太夸张,宽于肩时,旁边如果坐着别人,就会打到别人。离开时,双手放在腹部,真心诚意地鞠个躬向主人表示感谢。

总而言之,提前做好准备、拜访时言语得体、结束时善解人意,这样的拜访才可以称为成功的拜访,这是一个优秀的商务人员必须掌握的技能。

→【知识链接】

一、拜访前自我修饰的注意事项

1. 包与鞋的颜色一致

无论男士还是女士,出席重要场合,包与皮鞋的颜色应该一致。这是常识,你不能脚穿白皮鞋，手拿咖啡色手袋。另外，包里装的东西也是有讲究的，譬如女孩子一般应在包里放一双备用丝袜。

2. 女士发型要时尚得体

女士的发型是否时尚得体，反映了其社会地位和经济能力，以及个人生活是否幸福。男士对女士的第一印象就是发型。

3. 女士化妆要清新自然

在社交场合，女士不化妆就是不尊重自己，不尊重别人。与此同时还要强调会化妆，如果不会化妆，结果会适得其反，所以女士一定要学会化妆，并在社交场合保持清新自然的妆容。

4. 男士腰上不挂任何物品

在重要场合，男士腰上不能挂任何物品。平常，男士腰间挂手机、瑞士军刀或其他物品未尝不可，但在重要场合，腰上挂物品就会有失身份了。

二、拜访流程设计——以营销人员为例

为了达到拜访的目的，拜访前可以设计如下拜访流程。

（1）打招呼。在客户未开口之前，以亲切的音调向其打招呼问候，如："王经理，早上好！"

（2）自我介绍。秉明公司名称及自己姓名并将名片双手递上，在与其交换名片后，对客户抽空见自己表达谢意；如："这是我的名片，谢谢您能抽出时间让我见到您！"

（3）旁白。营造一个好的气氛，以拉近彼此之间的距离，缓和客户对陌生人来访的紧张情绪，如："王经理，我是您部门的张工介绍来的，听他说，您是一个很随和的领导。"

（4）开场白的结构：① 提出议程；② 陈述议程对客户的价值；③ 时间约定；④ 询问是否接受，如："王经理，今天我是专门来向您了解你们公司对××产品的一些需求情况的，通过了解你们明确的计划和需求，我可以为你们提供更方便的服务，我们谈话的时间大约只需要五分钟，您看可以吗？"

（5）巧妙运用询问术，让客户一次说个够。

① 设计好问题漏斗。通过询问客户来达到探寻客户需求的真正目的，这是营销人员最基本的销售技巧，在询问客户时，问题面要采用由宽到窄的方式逐渐进行深度探寻。如："王经理，您能不能介绍一下贵公司今年总体的商品销售趋势和情况？""贵公司在哪些方面有重点需求？""贵公司对××产品的需求情况，您能介绍一下吗？"

② 结合运用扩大询问法和限定询问法。采用扩大询问法，可以让客户自由地发挥，让其多说，让我们知道更多的内容，而采用限定询问法，则让客户始终不远离会谈的主题，限定客户回答问题的方向。在询问客户时，营销人员经常犯的错误就是"封闭

话题"。"王经理,贵公司的产品需求计划是如何报审的呢?"这就是一个扩大式的询问法。"王经理,像我们提交的一些供货计划,是需要通过您的审批后才能在下面的部门去落实吗?"这是一个典型的限定询问法。而营销人员千万不要采用封闭话题式的询问法,来代替客户作答,以造成对话的中止,如:"王经理,你们每个月销售××产品大概是六万元,对吧?"

③ 对客户谈到的要点进行总结并确认。根据会谈过程中你所记下的重点,对客户所谈到的内容进行简单总结,确保清楚、完整,并得到客户一致同意;如,"王经理,今天我跟你约定的时间已经到了,很高兴从您这里听到了这么多宝贵的信息,真的很感谢您!您今天所谈到的内容一是关于……二是关于……三是关于……,是这些,对吗?"

(6) 结束拜访时,约定下次拜访内容和时间。在结束初次拜访时,营销人员应该再次确认本次来访的主要目的是否达到,然后向客户叙述下次拜访的目的、约定下次拜访的时间,如:"王经理,今天很感谢您用这么长的时间给我提供了这么多宝贵的信息,根据你今天所谈到的内容,我将回去好好地做一个供货计划方案,然后再来向您汇报。下周二上午我将方案带过来让您审阅,您看可以吗?"

三、拜访客户的黄金定律

1. 开门见山,直述来意

初次和客户见面时,可用简短的话语直接将此次拜访的目的向对方说明。比如向对方介绍自己是哪个产品的生产厂家(代理商);是来谈供货合作事宜,还是来开展促销活动;是来签订合同,还是查询销量;需要对方提供哪些方面的配合和支持,等等。

2. 突出自我,赢得注目

首先,不要吝啬名片。

其次,在发放产品目录或其他宣传资料时,有必要在显见的上方标明自己的姓名、联系电话等主要联络信息。

第三,以操作成功的、销量较大的经营品种的名牌效应引起客户的关注。

第四,适时地表现出与对方的上司及领导等关键人物的"铁关系"。

3. 察言观色,投其所好

业务员小蔡依约来拜访某公司赵总,可能是双方身份的悬殊,或者因为赵总觉得小蔡有求于他,所以赵总显得非常冷淡。

小蔡说:"听口音赵总是不是苏北人?""噢,山东枣庄人!""枣庄?枣庄是个好地方!我小时候看《铁道游击队》的小人书就知道了。""是吗?铁道游击队就是我们枣庄的。"赵总不无骄傲地说。"是啊。我前年去了一趟枣庄,还玩了一趟呢,枣庄真漂亮。"听了这话,赵总马上来了兴趣,两个人从枣庄和铁道游击队谈开了,那亲热劲,不知底细的人还以为他们是老乡呢。

4. 明辨身份，找准对象

要求在拜访时必须处理好"握手"与"拥抱"的关系；与一般人员"握握手"不让对方感觉对他视而不见就行；与关键、核心人物紧紧地"拥抱"在一起，建立起亲密关系。

5. 宣传优势，诱之以利

商人重利。这个"利"字，包括两个层面的含义："公益"和"私利"。只要能给客户带来某一种好处，我们一定能为客户所接受。

6. 以点带面，各个击破

我们无法调查到有关产品的真实信息，要想击破"统一战线"往往比较困难，必须找到一个重点突破对象。

比如，找一个年纪稍长或职位稍高的在客户中较有威信的人，根据他的喜好，开展相应的公关活动，与之建立"私交"，让他把真相"告密"给我们。

7. 端正心态，永不言败

（1）发扬"四千精神"：走千山万水、吃千辛万苦、说千言万语、想千方百计为拜访成功而努力付出。

（2）培养"都是我的错"的最高心态境界："客户拒绝，是我的错，因为我缺乏推销技巧；因为我预见性不强；因为我无法为客户提供良好的服务……"，为拜访失败而总结教训。

（3）锻炼"四不心态"：对客户的拒绝"不害怕、不回避、不抱怨、不气馁"。

四、商务交往中的交往艺术

1. 使用称呼就高不就低

在商务交往中，尤其应注意使用称呼就高不就低。例如，某人在介绍一位教授时会说："这是××大学的×××老师"。学生尊称自己的导师为老师，同行之间也可以互称老师，所以有这方面经验的人在介绍他人时往往会用受人尊敬的衔称，这就是"就高不就低"。

2. 入乡随俗

一般情况，也许你会习惯性地问："是青岛人还是济南人？"但是，当你在济南时，就应该问："济南人还是青岛人？"这也是你对当地人的尊重。当你到其他公司拜访时，不能说主人的东西不好，所谓客不责主，这也是常识。

3. 摆正位置

在商务交往中，要摆正自己和别人的位置。很多人之所以在商务交往中出现问题，关键一点就是没有摆正自己的位置，也就是说，在商务交往中下级要像下级，上级要像上级，同事要像同事，客户要像客户。例如，当你请客户吃饭的时候，应该首先征求客户的意见，他爱吃什么，不爱吃什么，而不能凭自己的喜好，主观地为客人订餐，这就叫摆正位置。摆正位置才有端正态度可言，这是交往时的基本命题。

4. 以对方为中心

在商务交往过程中，务必要记住以对方为中心，放弃自我中心论。如果你的客户善于表达，你可以夸他说话生动形象、很幽默，或者说有理论又有实践，但你不能说"你真贫，我们都被你吹晕了！"

交往以对方为中心，商务交往强调客户是上帝，客户感觉好才是真好。尊重自己尊重别人，恰到好处地表现出来，就能妥善地处理好交往中的人际关系。

【案例分析】

案例一

王莉在某公司市场部工作，她准备去拜访顺达公司的市场部经理胡军先生。王莉事先预约的时间是本周三下午3点。事先王莉准备好了有关的资料、名片，并对顺达公司及胡军先生进行了大致了解。拜访前王莉对自己的仪容、仪表进行了精心、得体的修饰。到了周三，王莉提前5分钟到达顺达公司。在与胡军先生的交谈过程中，王莉简明扼要地表达了拜访的来意，交谈中能始终紧扣主题，给胡军先生留下了很好的印象，最终促成了合作。

讨论：请问王莉在拜访顺达公司胡军经理时，在哪些方面做得比较成功，从而最终促成与顺达公司的合作？

案例二

金勇是一位刚大学毕业分配到利华公司的新业务员，今天准备去拜访某公司的王经理。由于事前没有王经理的电话，所以金勇没有进行预约就直接去了王经理的公司。金勇刚进利华公司还没有公司制服，所以他穿着一身休闲运动装。到达王经理办公室时，刚好王经理正在接电话，就示意让他在沙发上坐下来等。金勇便往沙发上一靠，跷起二郎腿，一边吸烟一边悠闲地环视着张经理的办公室。在等待的时间里金勇不时地看表，不时地从沙发上站起来在办公室里走来走去，还随手翻了一下放在茶几上的一些资料。

讨论：请问金勇在这次拜访中成功的概率高吗？如果不高，请你指出他失礼的地方。

【实践训练】

王俊是某公司的业务员，通过预约，今天去拜访大客户张经理。如果你是王俊，请你模拟一下他进入张经理办公室进行拜访时应该有的言谈举止。

任务：

1. 为王俊在这次拜访中的着装进行设计。

2. 为王俊在这次拜访中的坐姿进行设计。

3. 每位同学做一个拜访流程设计。

拜访流程设计操作：

先请几位同学面向全班进行模拟表演，然后全班展开讨论，看看哪一种做法更好，说出理由。下节课前再请同学模拟表演。

【课后训练】

一、单选题

1. 当客户说"对不起，请问你们总经理在不在"时，接待人员应该（　　）。

A. 马上回答"您找我们总经理吗？请问贵公司的名称？麻烦您稍等一下，请这边走……"

B. 未停止电话聊天，让客户长时间等待

C. 打量客户一番，冒出一句"不在"

D. 假装没看见继续忙于自己的工作

2. 在与客户交谈时，最好（　　）。

A. 牢牢盯住对方的眼睛

B. 将视线停留在对方腰到头部的地方，保持一定的范围

C. 眼神飘忽不定，四处游离

D. 尽量别看对方的眼睛

3. 一般寒暄的鞠躬行礼应该是（　　）。

A. 15° B. 30° C. 45° D. 90°

4. 身穿短裙的女性接待人员在引导客人上楼时，应该（　　）。

A. 走在前面　　B. 走在中央　　C. 走在后面　　D. 走在楼梯内侧

5. 一般会客室离门口最远的地方是（　　）的位子。

A. 主宾　　　　　　　　　　B. 主宾随从

C. 年龄辈分较低的人员　　　D. 主宾的直属人员

6. 拜访客户与客户交流时，男性的坐姿要求是（　　）。

A. 两膝平整　　　　　　　　B. 膝顶部分开1～2个拳头的距离

C. 两手轻轻放在膝上，使脚尖与脚跟齐平一致

D. 以上全是

7. 接待人员在服务客户时，应该（   ）。

A. 与客户尽可能接近，以表示热情

B. 与客户保持适当的视线安全距离

C. 与客户保持尽可能远的距离，以确保其私人空间

D. 不必刻意与客户保持一定的距离

8. 在引导客户下楼时，正确的做法是（   ）。

A. 客人在前，引导者走在客人后面

B. 客人在后，引导者走在客人前面

C. 引导者走在楼梯里侧

D. 客人走在楼梯里侧

9. 标准的握手姿势是（   ）。

A. 以右手与访客握手，左手自然下垂在左大腿侧

B. 以右手与访客握手，左手抬至腹部

C. 双手紧握着对方的手

D. 女士先伸出手，男士才可伸手

10. 以下不符合递名片的方法是（   ）。

A. 以双手递名片

B. 递名片时字体要向着自己

C. 要主动介绍名字中的生僻字

D. 站立交换名片，把名片放在左手心置于腰际边缘

11. 乘坐电梯抵达目的地，接待人员应该（   ）。

A. 控制电梯门，让访客先离开

B. 与访客一同出来，不用分先后

C. 先出电梯，在电梯口恭请访客出电梯

D. 无严格要求

12. 当客户靠近你的时候，接待人员应该（   ）。

A. 面无表情地说："请问找谁？有什么事吗？您稍等……"

B. 面带笑容地说："您好，请问有什么需要我服务的吗？"

C. 以貌取人，依客人外表而改变态度

D. 长时间打量客户

二、实训操作

如果你是公司职员小孙,今天要去公司部门主管周经理家做客。请你模拟小孙此次拜访应该讲究的礼仪规范。

要求:

分组由学生试演里面的角色,抽准备较好的小组上台表演。表演结束后由全班同学进行讨论,最后得出最佳的结论。

三、案例分析题

1.天地公司的小孟是一个新员工,她在前台负责接待来访的客人和转接电话。每天上班后一到两小时之间是她最忙的时候,电话不断,客人络绎不绝。

一天,有一位与人力资源部何部长预约好的客人提前20分钟到达。小孟马上通知人力资源部,部长说正在接待一位重要的客人,请对方等待。

小孟转告客人说:"何部长正在接待一位重要的客人,请您等一下,请坐。"正说着电话铃又响了,小孟匆匆用手指了一下椅子,赶快接电话。客人面有不悦。小孟接完电话,赶快为客人送上一杯水,与客人闲聊了几句,以缓解客人的情绪。

请分析案例中客人为什么不悦?如果你是小孟,你会怎么做?

2.赵威前往某贸易公司拜访营销部王经理,由于赵威刚刚大学毕业,没有多少拜访的经验,请你教给他一些有关拜访的礼仪,帮忙设计一下拜访前的准备,以及在拜访中应注意的问题。

要求:先让学生讨论去办公室拜访应注意的礼仪规范,然后让学生选出代表进行表演,加深学生对知识点的理解与记忆。

学习任务4-2　访客现场接待礼仪

迎来送往是商务活动中常见的工作,做好接待会晤的工作,可以营造和谐友好的气氛,使主客双方都能愉快地投身到商务活动中。接待是社会组织与外界沟通联系的重要环节,接待工作的好坏直接影响组织的形象,以及组织与公众的关系。

接待:指个人或单位以主人的身份招待有关人员,以达到某种目的的社会交往方式。

商务接待:针对一定的商务目的而进行的接待活动。

↘【任务分析】

接待是给客户留下良好第一印象的重要工作,为下一步深入的交往打下基础,主要涉及如下几个方面：
- 接待的原则。
- 访客接待的准备工作。
- 访客接待的基本程序和礼仪。
- 访客现场接待的应对礼仪。
- 十种令人不悦的接待表现。

一、接待的原则

1. 身份对等原则

身份对等是商务礼仪的基本原则之一。

一般是指接待的主人要根据来访的客人身份进行接待。在商务交往活动中，不论单位大小、级别高低，不论朋友远近、地位异同，都应一视同仁、以礼相待、热情友善。这样才能赢得访客的尊敬和爱戴，达到沟通信息、交流感情、广交朋友的目的。如果在接待中厚此薄彼，就无法很好地沟通和建立联系，甚至会影响彼此的关系和合作。

2. 礼宾秩序原则

（1）按身份与职务的高低排列。

（2）按姓氏笔划排列。

（3）按其他方式排列。

3. 周到安排、热情服务原则

对客人的来访需求要了解，接待的方案内容要详细，排定的活动细节要推敲，迎送的规格礼仪要周全。无论单位还是个人在接待来访者时，都希望客人能乘兴而来，满意而归。

4. 安全方便，厉行节约原则

一般来说，接待要按标准来，不可铺张浪费，要厉行节约。

二、访客接待的准备工作

1. 了解来宾情况

做好接待工作，首先就要了解来宾的有关情况，包括来访的目的和要求，前来的路线和交通工具，抵达和离开的时间，来宾生活习惯、饮食爱好及禁忌，来宾职务、性别、民族等。

2. 确定接待规格

接待规格是接待工作的具体标准，也是准备工作中的重要环节，它不仅事关接待工作的档次，而且被视为与对来宾的重视程度直接相关。

接待工作由谁迎接、陪同、接待，采取哪种规格接待，需要慎重确定。规格不当，直接关系到接待效果。规格过高，影响日常工作；规格过低，影响相互之间的关系。通常有如下三种接待规格：

一是高规格接待，即采取陪客比来客职务高的接待形式。上级领导派一般人员传达意见和要求，兄弟单位派员商谈重要事宜，下级人员汇报重要事项，需要高规格接待。

二是低规格接待，即采取陪客比来客职务低的接待，在这种接待中要特别注意热情、礼貌，而且要审慎用之。上级领导来了解情况、调查研究，外地参观旅游团到访，老干部故地重游或领导顺道路过本地，可以低规格接待。

三是对等接待，即采取陪同人员与客人的职务、级别等身份大体一致的接待。对重要来访者，来宾初到和临别时，一般采取对等接待。

接待中具体采用哪种规格，主要由如下三方面而定：一是接待费用支出的多少；二是级别问题，根据接待主要人员身份来确定级别；三是接待规模的大小。无论采用何种接待规格，在操作中要注意确定如下因素：

（1）确定主宾身份（年龄、习俗、宗教、政治倾向等）。

（2）确认菜单：最好请客人确定，避免犯忌。在正式宴会时最好置菜单于客人面前。

从总体上讲，接待工作的方方面面均受制于接待费用的多少。在接待工作的具体开销上，务必要勤俭持家，严格遵守上级有关部门的规定。要坚决压缩一切不必要的接待开支，提倡少花钱、多办事。某些需要接待对象负担费用的接待项目，或需要宾主双方共同负担费用的接待项目，接待方必须先期告知接待对象，或与对方进行协商，切勿单方面作主。

3. 制定接待方案

接待需要制定具体的接待方案。方案内容包括：确定接待规格、隆重程度、接待人、致辞人、献花人；安排迎送、宴请、会见、座谈、参观、食宿安排、交通工具等。重要的接待方案要报有关领导批准。外事接待方案还必须由外事部门和主管外事的领导审批。

4. 布置接待场所

接待场所需要的横幅、鲜花、会务资料等与此次接待活动有关的物品要提前准备，注意室内清洁、照明温度和室内装饰。

三、访客接待的基本程序和礼仪

（一）迎客之礼——亲切迎客

1. 提前接站

对远道而来的客人，要做好接站工作。要掌握客人到达的时间，保证提前等候在迎接地点，迟到是不礼貌的，客人也会因此感到不愉快。

接站时要准备一块迎客牌，上书"欢迎（恭迎）×××代表团"或"欢迎×××先生（女士）"或"×××接待处"等，同时，要高举迎客牌，以便客人辨认。做好这些工作，可以给客人以热情、周到的感觉，使双方在感情上更加接近。

案例：韩国总统金大中去朝鲜拜访金正日，金正日是站在飞机的扶梯下面迎接，按世界惯例，这是一个最尊敬他人的姿势，金大中非常高兴。后来，金正日又亲自送金大中到酒店，一般元首是不送到酒店的，这也是打破惯例。金正日的这两个动作，令金大中非常感动。

门口接待是最有礼貌的，这样会令谈判和沟通非常容易。如果坐在自己房间里面，由你的秘书把客人带进，这样很容易使谈判破裂。

2. 真诚问候

在当你看见访客进来时，应马上放下手中的工作，站起来，礼貌地招呼一声"你好，欢迎"。如系以前认识，相别甚久，见面则说："您好吗？很久未见了。"除第一句话按不同时间问候外，接着应问："您有什么事需要我帮忙吗？您是初次来这里吗？路上辛苦了。"（见图4-5）。

如果客人是长者应上前搀扶，如果客人手中提有重物应主动接过来，客人随身携带的手提包除外。

对来访客人，无论职位高低、是否熟悉，都应一视同仁、热情相迎、亲切招呼（见图4-6）。如接待现场有家人、亲朋好

图4-5

友或同事，也应一一给予介绍，以表现出友好的气氛。如果客人突然造访，也要尽快整理一下房间、办公室或书桌，并对客人表示歉意。也许有些来访者并不是主人所欢迎的对象，但从礼仪或美德方面而言，来者都是客，主人不能根据自己的好恶而下逐客令，而必须采取一些合乎礼貌的做法。否则，不仅对方怨恨，自己也会丢失道义和身份。

图4-6

案例：有一次，著名美籍舞蹈家孟建华来上海参加国际艺术节，应邀来到金沙江大酒店，参加舞厅的开张仪式并表演节目。当他第一次到达大酒店时，站在门厅的迎宾服务员立刻向他微笑致意，说："您好！欢迎您光临我们的酒店。"第二次孟先生来酒店时，服务员已经认出他来了，边行礼边热情地说："孟先生欢迎您再次光临，我们经理已有安排，请上楼。"随即陪同孟先生一起上了楼。时隔数日，当孟先生第三次踏入酒店大厅时，那位服务员脱口说出："欢迎您三次光临，我们酒店感到十分荣幸。"事后，孟先生对酒店负责人说："贵店的服务员很不错，不呆板、不机械，你们的服务水平很高！"

从这个案例中可以看出，无论对初到顾客还是多次光临的客人，每次见面的第一句话，都要热情礼貌。

3. 简短交流

在迎客时，接待或助理一般情况下不用主动和访客握手，如果访客主动把手伸过来，你要顺其自然，最好能立即确定对方从何处来，叫什么名字（见图4-7）。

图 4-7

针对不同访客做法如下：

（1）对于预约的访客，在来之前，你要有所准备，要事先记住对方的姓名，当访客应约而来时，要热情地将其引入会客室，并立即向上司通报。

（2）遇到事先你并不知道的预约访客时，当你问客人："事先约好时间了吗？"访客答："约好两点钟见面。"你才知道这是已约好的客人，这时你一定要赶紧道歉："啊，真对不起，失礼了。"因为站在客人的立场来说，既是约好时间才来的，却被问有没有约好，内心一定感到不太高兴，而且也显示出公司本身信息传达没做好，或是上司忘交代，所以你一定要道歉才能挽回尴尬局面。

（3）有些访客事先并未预约面谈时间，而临时来访，作为接待或助理，也应热情友好，让客人感觉是受欢迎的。然后询问客人的来意，再依当时的情况，判断适当的应对方法。如果需要上司接待，要先问清你的上司是否愿意，以及是否有时间接待。假如上司正在开会或正在会客，并同意见客，你便可以对临时访客说："抱歉，经理正在开会，请您稍等。"

如果上司没时间接待，你要记下对方的要求，日后予以答复，不能推诿、拖延或敷衍了事。访客没有预先约定会谈时间，却突然来访，你向上司汇报，上司说不能会见，并请你找借口打发访客，这时你的应对方式可以有如下两种情形：

一种是，请示上司可否派人代理接见来客，如果上司同意派人代理，你可以告诉访客"不巧，经理正在会客（或开会），我请×科长来与你谈，好吗？"

另一种是，以既热情又坚定的态度回答上司确实无法接待来客，帮助上司挡驾。接待或助理还要学会在上司受到访客纠缠不休时代为解围。

（4）如果接待的是已确定好的来访团组，则通常应根据上司的意图拟定接待工作方案，包括来访客商的基本状况（公司名称、来客人数、日期、来访目的、要求）；公司接待的详细安排（接待日程、各类接待人员名单、主要活动、日常迎送往来事务性工作），经上司批准后，分头布置各方面按接待方案落实。接待结束，接待或助理应将整个接待工作进行总结，写成报告，作为存档资料。

当然，如果迎接地点不是会客地点，还要注意乘车礼仪。接到客人后，应为客人打开车门请客人先上车，坐在客人旁边或司机旁。在车上接待者要主动与客人交谈，告知客人访问的安排，争取客人的意见。向客人介绍当地的风土人情，沿途景观。到达地点后，接待者应先下车为客人打开车门，然后请客人下车。

4. 入室有礼

在送客人去会客室的路上，接待或助理应走在客人的左边，或走在主陪人员和客人的身后，到达会客室门口时应打开门，让客人先进，在会客室内把最佳位置让给客人（见图4-8），同时，还要按照介绍礼仪把客人介绍给在场的有关人员。

图4-8

（二）待客之道——热情待客

1. 言谈得体

接待中的谈话是待客过程中的一项重要内容，是关系到接待是否成功的重要一环。

（1）接待谈话用语应该因人而异，区别对待。如果是国内来宾，应该使用规范语音，即普通话。语音的规范与否，与你的形象及你所在单位的形象有密切关系。

案例：在某城市的阿达集团公司迎来了一批参观访问者，这些参观访问人员是一批海外华人，他们此行的目的是来了解情况，为投资作准备。为此，公司提前派出人员，从本市各地挑选了一批漂亮、年轻的女性接待人员，并为她们量身定做了华丽的服装。可是他们却忽略了语言的培训，这些接待人员操着不同的方言和来访人员交谈。最后，竟然没有一家公司看好和信任该公司。

案例解析：在接待中的语言、语音问题，关乎公司形象，反映公司的水平和实力。这家公司的失败原因之一就在于，接待人员操着当地方言接待客人，既是对客人的不尊重，又给人留下了村办企业的印象。

（2）谈话要紧扣主题。拜访者和接待者双方的会谈是有目的的，因此谈话要围绕主题，不要偏离主题。如果是陪访或者朋友之间的交流，要找双方都感兴趣的话题，不要只谈自己的事情或自己关心的问题，也不要不顾对方是否愿听或冷落对方。

（3）要注意谈话的态度和语气。谈话时要表情自然、态度温和、尊重他人，不要恶语伤人、强词夺理，语气要温和适中，不要以势压人。

（4）会谈中要注意认真倾听客人讲话，不要东张西望地表现出不耐烦的表情，应适时地以点头或微笑作出反应，不要随便插话。要等客人谈完后再谈自己的看法和观点，不可只听不谈，否则，也是对客人不尊重的一种表现。还要注意坐姿，不要频繁看表、打呵欠，以免对方误解。

2. 礼貌奉茶

以茶待客是传统的礼仪，要注意客人的喜好、上茶的规矩、敬茶的方法和续水时机。

1）备茶礼仪

茶叶准备多样化，供客人选择（见图4-9）。不宜当着客人的面取茶叶，特别不能用手直接取茶叶，斟茶动作要轻、要缓。同时不要一次性斟得太满，且斟茶应适时，在客人谈兴正浓时，莫频频斟茶。客人的茶水过淡，要重新为客人添加茶叶冲泡，重泡时最好用同一种茶叶，不要随意更换品种。

2）上茶礼仪

上茶时，茶杯要轻放，不要莽撞，以免茶水泼洒出来，应双手给客人端茶（见图4-10）。对有杯耳的杯子，通常是用一只手抓住杯耳，另一只手托住杯底，把茶水送给客人时，应说"请您用茶"或"请喝茶"。切忌用五指捏住杯口边缘往客人面前送，这样敬茶既不卫生，也不礼貌。

客人比较多时，可以遵循先客后主、先主宾后次宾、先女后男、先长辈后晚辈等原则上茶，也可按级别或长幼依次上茶，也可由近及远上茶。

3）用茶礼仪

和别人说话时，最好不喝茶，避免连茶叶一起喝到嘴里。主人要诚心对待茶客，最适当的用法是为客人勤斟茶、勤续水。一般不宜超过三杯，传统认为三杯茶就是催人离开之意。为客人续水时，不应当妨碍对方，应将茶杯远离客人的身体、座位和桌子。

图 4-9　　　　　　　　　　　　图 4-10

（三）送客之礼——礼貌送客

送客是接待的最后一个环节，如果处理不好将影响到整个接待工作的效果。送客礼节，重在送出一份友情。

1. 婉言相留

无论接待什么样的客人，当客人准备告辞时，一般应婉言相留，这虽是客套辞令，但也必不可少。客人告辞时，应在客人起身后再起身。如果是家里接待客人，最好叫家中成员一起送客出门。分手时应充满热情地招呼客人"慢走"、"走好"、"再见"、"欢迎再来"、"常联系"，等等。

2. 送客有道

送客至少送到大楼口，必要的时候，可将客人送至车站、机场或者码头。到车站、机场或码头送客时，不要表现得心神不宁，以使客人误解在催他赶快离开。送客到机场，最好等客人通过安检后再返回。

另外，在家里或者办公室送客时，送毕返身进屋后，应将房门轻轻关上，不要使其发出声响。在客人刚出门的时候就"砰"地关门的做法是极不礼貌的，并且很有可能因此而使客人失去来访期间培养起来的所有好感。

如果客人比较坚决地谢绝主人相送，则可遵客人意思，不必强行送客。

四、访客现场接待的应对礼仪

（一）介绍礼仪

从礼仪的角度来讲，介绍可以分为如下两类：

第一类，自我介绍，也就是说明个人的情况。

第二类，为他人做介绍，你作为第三方出面为不相识的双方做介绍。

1. 自我介绍礼仪（介绍自己）

1）自我介绍的时间

自我介绍的时间应该限制在一分钟或者半分钟左右。

2）介绍自己时的顺序

介绍的标准化顺序就是地位低的人先做介绍。主人应该首先向客人做介绍；长辈和晚辈在一块儿，晚辈先做介绍；男士和女士在一块儿，男士先做介绍。

3）自我介绍的内容

一般情况下，自我介绍可以分为如下三种模式。

① 寒暄式，又称为应酬式

它的内容就一项，就是说出自己的姓名，如："你好，我叫×××。"

② 公务式（商务式）

这是人们在日常交往和工作中遇到的介绍内容最多的一种介绍方式。即在工作中，在正式场合做的介绍。一般而言，公务式自我介绍需要包括如下四个基本要素：单位、部门、职务、姓名。

③ 社交式自我介绍

这是在非公务的私人交往中使用的，大体上有如下内容：姓名、职业、籍贯、爱好、自己跟交往对象双方所共同认识的人。实际上就是找彼此之间关系的共同点，如血缘、亲缘、同学、朋友、师生等关系。

2. 为他人做介绍（介绍他人）

这是第三方介绍，即自己作为第三者，替不相识的双方做介绍。需要考虑如下内容。

1）介绍人

不同场合有不同的礼仪规范。

① 家庭聚会：应该是女主人充当介绍人。

② 公务活动：由办公室主任、秘书、前台接待、礼仪先生、礼仪小姐、公关人员等专门人士，双方的熟人，本单位职务最高者做介绍（见图4-11）。

2）介绍的顺序

介绍他人的一般规则："尊者有优先知情权，即尊者居后。"就是把双方之中地位较低的一方首先介绍给地位较高的一方。具体来说：介绍晚辈和长辈，一般要先介绍晚辈；介绍上级和下级，一般要先介绍下级；介绍主人和客人，一般要先介绍主人；介

图 4-11

绍老师和学生，先介绍学生；介绍男士和女士，先介绍男士。

3）介绍的内容

①社交式：类似于自我介绍时的应酬式，介绍名字即可。

②公务式：在正式场合的介绍，要求说明单位、部门、职务、姓名。

如果在替双方介绍时，双方都不止一人，这时候，应该先介绍谁呢？这是替别人介绍时一种特殊情况，称为集体介绍。

3. 集体介绍

集体介绍一般分为如下两种情况：

（1）一种情况是两个集体，双方都不止一个人。还是要遵守我们讲的原则：把地位低的一方先介绍地位高的一方。而介绍到其中一方的时候，顺序就应该是自高而低。

（2）集体和个人（一边是一个人，另一边是许多人）。把个人介绍给集体，即少数服从多数原则。

（二）握手礼仪

握手是一种礼仪（见图 4-12），但人与人之间、团体之间、国家之间的交往都赋予这个动作丰富的内涵。一般说来，握手往往表示友好，是一种交流，可以沟通原本隔膜的情感，可以加深双方的理解、信任，可以表示一方的尊敬、景仰、祝贺、鼓励，也能传达出一些人的淡漠、敷衍、逢迎、虚假和傲慢。团体领袖、国家元首之间的握手则往往象征着合作、和解、和平。握手的次数会有很多，但印象深刻的可能只有几次：第一次见面时的激动，离别之际的不舍，久别重逢的欣喜，误会消除、恩怨化解的释然等。

图 4-12

握手是在相见、离别、恭贺或致谢时相互表示情谊、致意的一种礼节，双方往往先打招呼，后握手致意。

1. 握手的顺序

握手讲究"位尊者有决定权"，即由位尊者决定双方是否有握手的必要。在不同场合，"位尊者"的含义不同。

在商务场合中，"位尊者"的判断顺序为职位—主宾—年龄—性别—婚否。上下级关系中，上级应先伸手，以表示对下级的亲和与关怀；主宾关系中，主人宜先伸手以表示对客人的欢迎；根据年龄判断时，年长者应主动伸手以表示对年轻同事的欣赏和关爱；根据性别判断时，女性宜主动伸手，以表示大方、干练的职业形象；根据婚姻情况作出判断时，已婚者应向未婚者先伸手以表示友好。

如果需要和多人握手，握手时要讲究先后次序，由尊而卑，即先年长者后年幼者，先长辈再晚辈，先老师后学生，先女士后男士，先已婚者后未婚者，先上级后下级。

在纯粹的社交场合，判断顺序有所不同，应以性别—主宾—年龄—婚否—职位作为"位尊者"的判断顺序。关系密切的朋友之间，有时以谁先伸手表示更加热情的期待和诚意。

交际时如果人数较多，可以只跟相近的几个人握手，向其他人点头示意，或微微鞠躬就行。为了避免尴尬场面发生，在主动和人握手之前，应想一想自己是否受对方欢迎，如果已经察觉对方没有要握手的意思，点头致意或微鞠躬就行。

在接待来访者时，这一问题变得特殊一些：当客人抵达时，应由主人首先伸出手来与客人相握。而在客人告辞时，就应由客人首先伸出手来与主人相握，避免由主人先伸手而产生逐客之嫌。前者是表示"欢迎"，后者就表示"再见"。这一次序颠倒，很容易让人发生误解。

应当强调的是，上述握手时的先后次序不必处处苛求于人。如果自己是尊者或长者、上级，而位卑者、年轻者或下级抢先伸手时，最得体的就是立即伸出自己的手进行配合。而不要置之不理，使对方当场出丑。

2. 握手的细节

1）身体姿势

无论在哪种场合，无论双方的职位或年龄相差有多大，都必须起身站直后再握手，坐着握手是不合乎礼仪的。握手时上身应自然前倾，行15°欠身礼。手臂抬起的高度应适中。

2）手势

握手时必须用右手，即便是习惯使用左手的人也必须用右手来握手，这是国际上普遍适用的原则。握手时，距对方约一步远，上身稍向前倾，两足立正，伸出右手，四指并拢，虎口相交，拇指张开下滑，向受礼者握手，手掌垂直于地面、掌心相握，平等而自然的握手姿态是一种最普通也最稳妥的握手方式（见图4-13）。

手心向下或向上均不合适，掌心向下握住对方的手，会显示出一个人强烈的支配欲，相当于无声地告诉别人，他此时处于高人一等的地位。应尽量避免这种傲慢无礼的握手方式；相反，掌心向里握手显示出一个人的谦卑和毕恭毕敬。

3）时间

握手的时间不宜过长或过短，两手交握2~3秒，上下晃动最多2次是较为合适的。如果要表示自己的真诚和热烈，也可较长时间握手，并上下摇晃几下。

握手时两手一碰就分开，时间过短，好像在走过场，又像对对方怀有戒意。而时间过久，特别是拉住异性或初次见面者的手长久不放，则显得有些虚情假义，甚至会被怀疑为"想占便宜"。

4）力度

握手的力度能够反映出人的性格。太大的力度会显得人鲁莽有余、稳重不足；力度太小又显得有气无力、缺乏生机。因此，建议握手的力度把握在使对方感觉到自己稍加用力即可。

5）眼神

在握手的过程中，假如你的眼神游离不定，他人会对你的心理稳定性产生怀疑，甚至认为你不够尊重。

6）微笑

微笑能够在任何场合为任何礼节增添无穷的魅力！握手的同时给对方一个真诚的微笑，会使气氛更加融洽，使握手礼更加圆满（见图4-14）。

图 4-13 　　　　　　　　　　　图 4-14

3. 握手的禁忌

（1）忌左手握手。尤其是和阿拉伯人、印度人打交道时要牢记，因为在他们看来左手是不洁的。

（2）忌交叉握手。在和基督教信徒交往时，要避免两人握手时与另外两人相握的手形成交叉状，这种形状类似十字架，在他们眼里这是很不吉利的。

（3）忌出手太慢。此举会让人觉得你不愿意与他人握手。

（4）忌强行与对方握手。

（5）忌戴手套或墨镜与他人握手。如果女士戴有装饰性的手套则可以不摘。当然在严寒的室外也可以不脱。比如双方都戴着手套、帽子，这时一般也应先说声："对不起。"

（6）忌在手不干净时与他人握手。此时可以礼貌地向对方说明情况并表示歉意。

（7）忌握手后立刻用纸巾或手帕擦手。

4. 握手注意事项

拒绝对方握手是不礼貌的。握手是友好的表示，如果对方主动伸手与你相握，即便是对方没有顾及到礼仪次序，你也要宽容地与对方握手。

（三）交换名片的礼仪

随着社会的发展，名片成为人们互相认识、交往的一个重要媒介和工具，是人们进行商务活动的必备品。社交场合的介绍信、联谊卡，是推广自己企业形象、介绍业务职务、产品服务的联络方式，几乎成为人们的"随身档案"。也有人说名片就像一个人简单的履历表，递送名片的同时，也是在告诉对方自己的姓名、职务、地址和联络方式，通过名片可以展现个性风貌。从一张小小的名片可以看出一个人甚至一个企业的群体文化来。

1. 名片的用途

1）介绍自己

初次与交往对象见面时，除必要的口头自我介绍外，还可以用名片作为辅助的介绍工具。这样不仅能向对方明确身份，而且还可以节省时间、强化效果。

2）结交他人

在商务交往中，商务人员如欲结识某人，往往可以用本人名片表示结交之意。因为主动递交名片给初识之人，既意味着信任友好，又暗含"可以交个朋友吗？"之意。在这种情况下，对方一般会"礼尚往来"，将其名片也递过来，从而完成双方结识的交往的第一步。

3）保持联系

大多数名片都印有一定的联络方式，利用对方名片上提供的联络方式，即可与对方取得并保持联系，从而促进交往。

（4）通报变更

商务人员如果变换了单位、调整了职务、改动了电话号码或者乔迁至新居后，都会重新制作自己的名片，向惯常的交往对象递交新名片，就能把本人的最新情况通报对方，以一种更简单的方式避免联系上的失误。

2. 递名片礼仪

1）要提前准备好名片

名片应统一置于名片夹、公文包或上衣口袋之内，在办公室时还可放于名片架或办公桌内。切不可随便放在钱包、裤袋之内，与其发送一张破损或脏污的名片，不如不送。

破旧的名片应尽早丢弃。放置名片的位置要固定，建议用名片夹（不与杂物混在一起、不将别人的名片与自己的放在一起），若穿西装宜将名片置于左上方口袋，若有手提包可放于包内伸手可得的部位，以免需要名片时东找西寻，显得毫无准备。

举例：在一个社交场合，有一个女孩见到了早就想认识的一位教授，教授给了她一张名片，她非常高兴地对教授说："我给你拿我的名片。"于是就拉开名贵的包去找名片，但是找不着名片，首先抓出一包话梅，接着拿出一包瓜子、半只袜子，最后告诉教授，名片忘带了。这就是很失礼的表现。

2）要观察对方意向

除非自己想主动与人结识，否则名片务必要在交往双方均有结识对方，并欲建立联系的意愿的前提下发送。这种愿望往往会通过"幸会"、"认识你很高兴"等一类谦语，以及表情、体姿等非语言符号体现出来。如果双方或一方并没有这种愿望，则无须发送名片，否则会有故意炫耀、强加于人之嫌。

3）注意时机

发送名片要掌握适宜时机，只有在确有必要发送名片时，才会令名片发挥功效。发送名片一般应选择初次相识做自我介绍或别人为你介绍时，当双方谈得较融洽表示愿意建立联系时，当双方告辞时并表示愿结识对方希望能再次相见。不要在用餐、戏剧、跳舞之时发送名片，也不要在大庭广众之下向多位陌生人发送名片。

4）递送名片的顺序

地位低的人先向地位高的递名片，男士先向女性递名片，当对方不止一人时应先将名片递给职务高者或年龄长者，如分不清职务高低、年龄大小宜先和自己左侧的人交换名片，然后按顺时针进行。

5）态度要谦恭

态度谦恭，对于递交名片这一过程，应当表现得郑重其事。要起身站立主动走向对方，面含微笑，注视对方，上体前倾15°左右，双臂自然伸出，四指并拢，用双手的拇指和食指分别持握名片上端的两角送给对方，递送时可以说"我叫×××，这是我的名片，请多关照""欢迎前来拜访"等礼节性用语。自己的名字如有难读或特别读法的，在递送名片时不妨加以说明，忌目光游移或漫不经心，递交名片的整个过程应当谦逊有礼，郑重大方（见图4-15～图4-20）。要注意在东南亚的大部分地区、非洲、中东国家（以色列除外）不能用左手赠送名片。

项目四　商务拜访、接待和礼品馈赠礼仪

客人递过来名片时（1）
图 4-15

秘书双手接收（2）
图 4-16

认真仔细地阅读名片（3）
图 4-17

然后放进上衣上部的口袋（4）
图 4-18

对方索要没有名片时，委婉说明（5）
图 4-19

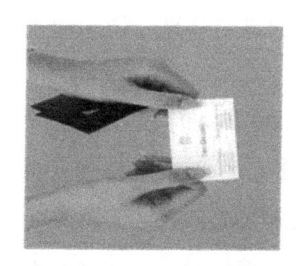

近镜头：用双手的食指和拇指分别夹住名片的左右端递过去
图 4-20

3. 接受名片礼仪

1）态度谦和

接收他人名片时，不论有多忙，都要暂停手中一切事情，并起身站立相迎，面含微笑，双手接过名片。接名片时要用右手，而不得使用左手。

2）认真阅读

即使你不想与对方认识，在接过名片后，也应先向对方致谢，然后至少要用一分钟时间将其从头至尾默读一遍，遇有显示对方荣耀的职务、头衔不妨轻读出声，并抬头看看对方的脸，使对方产生一种受重视的满足感，若有不会读的字，应当场请教。

175

第一次见面，依次同时接收几张名片，千万要记住哪张名片是哪位先生或小姐的，如果是在会议席上，在休息时可以拿出来，排列次序，和对方的座位一致，这种动作同样会使对方认为受到你的重视，而且也可帮助你准确地认人。

3）精心存放

接到他人名片后，切勿将其随意乱丢乱放、乱揉乱折，而应将其谨慎地置于名片夹、公文包、办公桌或上衣口袋之内，且应与本人名片区别放置（见图4-21）；避免当面在对方的名片上书写不相关的内容；不要无意识地玩弄对方的名片。

图 4-21

如果交换名片后需要坐下来交谈，此时应将名片放在桌子上最显眼的位置，十几分钟后自然地放进名片夹，切忌用别的物品压住名片和在名片上做谈话笔记，离开时勿漏带。

举例：2000年4月，新城举行了春季商品交易会，各方厂家云集，企业家们济济一堂。华新公司的徐总经理在交易会上听说衡诚集团的崔董事长也来了，想利用这个机会认识这位素未谋面又久仰大名的商界名人。

午餐会上他们终于见面了，徐总彬彬有礼地走上前去："崔董事长，您好！我是华新公司的总经理，我叫徐刚，这是我的名片。"说着，便从随身带的公文包里拿出名片，递给了对方。崔董事长显然还沉浸在之前的与旁人的谈话中，他顺手接过徐刚的名片："你好！"草草地看过，放在了一边的桌子上。徐总在一旁等了一会儿，并未见这位崔董有交换名片的意思，便失望地走开了。

崔董事长对于名片这种交往方式太心不在焉了，他没有认识到他的举动对别人是非常不礼貌的，从而使自己失去了多认识一个朋友的机会，也失去了许多潜在的商机。

4）礼尚往来

接受了他人的名片后，一般应当即刻回给对方一枚自己的名片。没有名片，名片用完或者忘记带名片时，应向对方作出合理解释并致以歉意，切莫毫无反应。可以说："很抱歉，我没有名片"、"对不起，今天我带的名片用完了，过几天我会亲自寄一张给您"等。

4. 索取名片的技巧

名片代表一个人的身份，为了尊重对方的意愿，尽量不要向他人索要名片。但因工作需要不得不向对方索要名片时，也不宜过于直截了当，可以根据实际情况采用如下方法。

1）交易法

交易法是指"将欲取之，必先予之"。也就是说想索要别人的名片时，最省事的办法就是把自己的名片先递给对方。所谓"来而不往，非礼也"，当你把名片递给对方时，对方不回赠名片是失礼的行为，所以对方一般会回赠名片给你。主动递上自己的名片并说："你好！这是我的名片，以后多保持联系或请多关照！"

2）激将法

所谓激将法是指有的时候遇到的交往对方地位、身份比自己高，或者身为异性，难免有提防之心。这种情况下把名片递给对方，对方很有可能不会回赠名片。遇到这一情况，不妨在把名片递给对方的时候，略加诠释，如："王总，认识您非常高兴，不知道能不能有幸跟您交换一下名片"或"老王，好久不见了，我们交换一下名片吧，这样联系更方便。"在这种情况下，对方就不至于不回赠名片给你。即便他真的不想给你，他也会找到合适的借口不至于使你很尴尬。

3）谦恭法

谦恭法是指在索取对方名片之前，稍做铺垫，以便索取名片。一般是对长辈、名人等级别比自己高的人，先向对方说句客气话，然后说："×××，不知以后如何向你请教。"比如见到一位研究电子计算机技术的专家你可以说："认识您非常高兴，虽然我玩电脑已经四五年了，但是与您这种专业人士相比相形见绌，希望以后有机会能够继续向您请教，不知道如何向您请教比较方便？"前面的一席话都是铺垫，只有最后一句话才是真正的目的：索取对方名片。又如："汪老，您的报告对我很有启发，希望有机会向您请教，以后怎样向您请教比较方便？"

4）联络法

联络法一般是面对平辈和晚辈时使用。联络法的标准说法是："认识您太高兴了，希望以后有机会能跟您保持联络，不知道怎么跟您联络比较方便？"

5. 婉拒他人索取名片

（1）当他人索取本人名片而不想给对方时，不宜直截了当，而应以委婉的方法表达此意。可以说"对不起，我忘了带名片"或者"抱歉，我的名片用完了"。不过若手中正拿着自己的名片，又被对方看见了，这样讲显然不合适。

（2）若本人没有名片，而又不想明说，也可以用上述方法委婉地表达。

如果自己名片真的没有带或用完了，自然也可以这么说，不过不要忘了加一名"改日一定补上",并且一定要言出必行,否则会被对方理解为自己没有名片,或成心不想给对方名片。

6. 交换名片注意事项

(1)勿坐着接受对方递来的名片,除非是残疾人。如果是坐着,尽可能起身接受对方递来的名片。

(2)勿把自己的名片强递给每一个见面的高级主管,除非他主动向你索取。

(3)勿太早递出你的名片,尤其是面对完全陌生的人和偶然认识的人。因为这种热情一方面会打扰别人,另一方面有推销自己之嫌。

(4)勿在一大堆陌生人中散发你的名片,最好让别人先发送名片。但如果自己即将发表意见,则在说话之前发名片给周围的人,可帮助他们认识你。

(5)参加同业会议时,交换名片通常是在会议开始时进行,有时在结束时进行,不要在会中擅自与别人交换名片。

(6)无论参加私人或商业餐宴,名片皆不可于用餐时发送,因为此时只宜从事社交而非商业性的活动。

(7)在参加社交活动时,不论男士或女士都应该带着名片。

(8)到别处拜访时,经上司介绍后,再递出名片。

(9)上司在时不要先递交名片,要等上司递上名片后才能递上自己的名片。

(10)破旧名片应尽早丢弃,与其发送一张破损或脏污的名片,不如不送。

(11)交换名片时如果名片用完,可用干净的纸代替,在上面写下个人资料。

(四)接待中礼宾次序

礼宾次序,又称礼宾序列,是在同一时间或同一地点接待来自不同国家、不同地区、不同团体、不同单位、不同部门、不同身份的多方来宾时,接待方应依照一定的惯例和规则或约定俗成的方式,对其尊卑、先后的顺序或位次所进行的具体排列。

常见的礼宾次序有两大类:一类是旨在明确区分参与者的高低、上下、长幼等方面的关系;目的是给高者、上者、长者以尊重和礼遇,表现主人的谦谦风度。另一类是为了显示所有参与者在权利地位上一律平等。具体应按哪一类排定次序,应根据具体情况酌定。

1. 不对等关系,排序有规则

有些商务活动,如一些庆典、仪式等活动中的主席台座次,以及两人以上行走、乘车的位次等,是必须明确按照地位的高低、职位的上下、关系的亲疏、年龄的长幼,以及实力的强弱来排列的。

1）主席台位次的一般规则

就前后排关系而言，前排高于后排，前排就座者为尊、为大、为高、为强，第二排次之，第三排更次，以此类推。

就同一排的关系而言，中央高于两侧，中者为尊、为大，两侧次之；就两侧同位者而言，右者为大、为长、为尊，左者为小、为次、为偏。

在政务礼仪中，中国的习惯是以左为上，国际惯例是以右为上。在主次位置排列上，我国大多数是沿用国际惯例，在照相和主席台排位时有时用中国习惯操作（大会主席台座次见图4-22）。

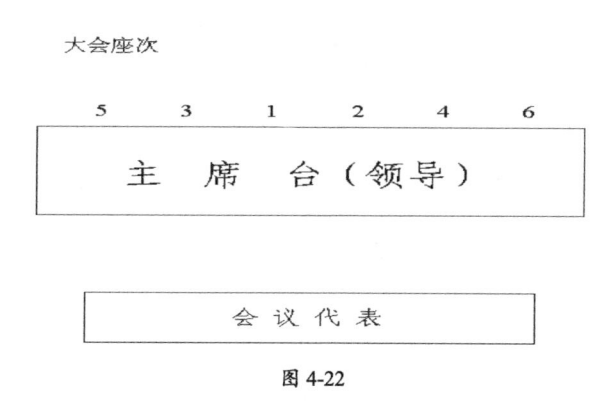

大会座次

| 5 | 3 | 1 | 2 | 4 | 6 |

主 席 台（领导）

会 议 代 表

图4-22

2）汇报会座次（见图4-23）

汇报会座次（适于向上级领导汇报情况）

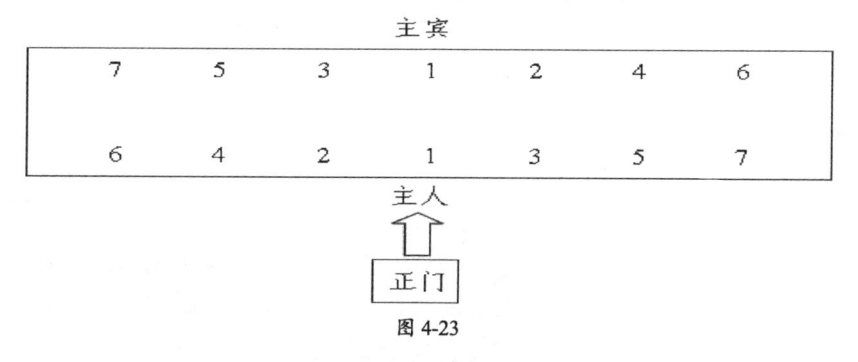

主宾

| 7 | 5 | 3 | 1 | 2 | 4 | 6 |
| 6 | 4 | 2 | 1 | 3 | 5 | 7 |

主人

↑

正门

图4-23

3）座谈交流会议座次（见图4-24）

座谈交流会议座次（适用于同级单位座谈交流）

主人

7	5	3	1	2	4	6
6	4	2	1	3	5	7

主宾
↑
正门

图 4-24

4）会见座次（见图4-25）

图 4-25

5）签约座次1（见图4-26、图4-27）

图 4-26

图 4-27

6）签约座次 2（见图 4-28）

7）谈判座次 1（见图 4-29）

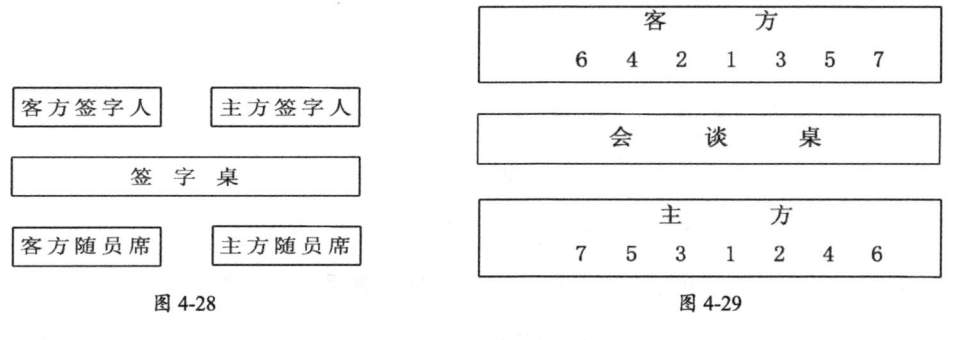

客方签字人	主方签字人
签 字 桌	
客方随员席	主方随员席

图 4-28

```
        客        方
    6   4   2   1   3   5   7

        会    谈    桌

        主        方
    7   5   3   1   2   4   6
```

图 4-29

8）谈判座次 2（见图 4-30）

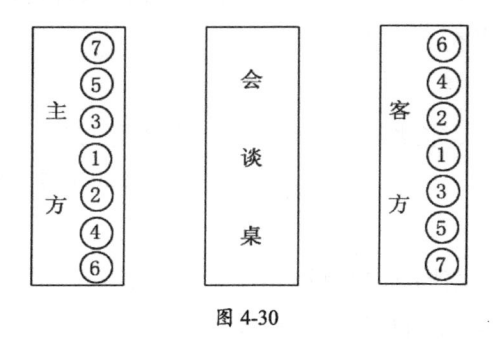

```
  ⑦          ⑥
  ⑤   会      ④
主 ③   谈   客 ②
方 ①   桌   方 ①
  ②          ③
  ④          ⑤
  ⑥          ⑦
```

图 4-30

9）照相座次

① 国内合影：居中为上、居左为上、居前为上（见图 4-31～图 4-33）

单数

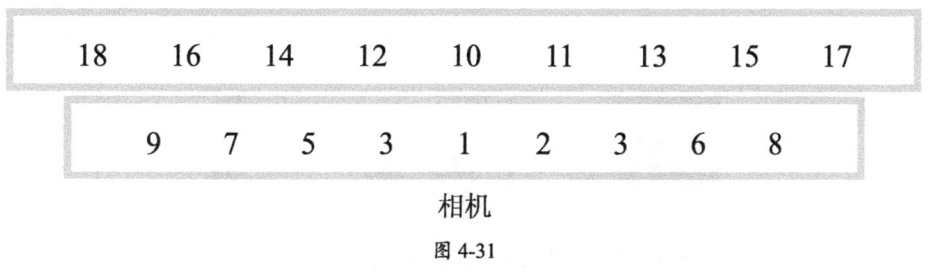

| 18 | 16 | 14 | 12 | 10 | 11 | 13 | 15 | 17 |
| 9 | 7 | 5 | 3 | 1 | 2 | 3 | 6 | 8 |

相机

图 4-31

双数

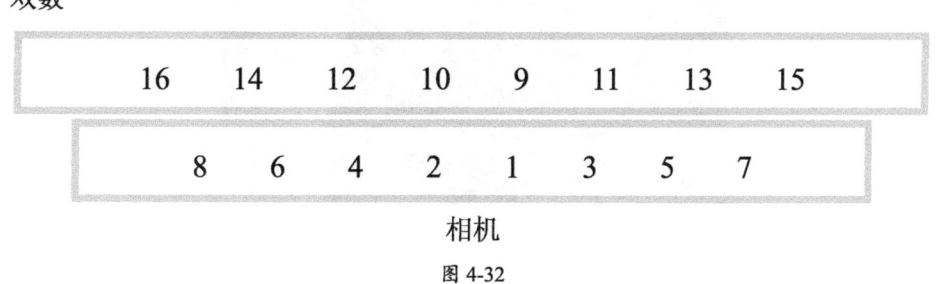

| 16 | 14 | 12 | 10 | 9 | 11 | 13 | 15 |
| 8 | 6 | 4 | 2 | 1 | 3 | 5 | 7 |

相机

图 4-32

② 涉外合影：主人居中、以右为上，其他主人把边

14	12	10	8	7	9	11	13	15
	5	3	1	主人	2	4	6	

相机

图 4-33

10）接待过程中行、坐、上下楼梯的礼宾次序

就走路、入座而言：两人并行，右者为大；两人前后行，前者为尊；三人并行，中者为尊，右边次之，左边更次；三人前后行，前者为尊；三人并坐，中者为大，右次之，左边更次；室内围坐时，面对门口的中间位置为尊；上楼梯时，前者为尊；下楼梯时，特别是楼梯较陡时，尊者在一人之后。

11）乘电梯的礼宾次序

乘电梯时，应让客人、长者、妇女先上；一般来说，进入电梯后，面向电梯，左边靠里的位置可以看作尊位，但这点并不是很严格的。主要要区分所乘电梯是有人控制的电梯，还是无人控制的电梯。

（1）有人控制电梯：陪同人员后进后出，但也不绝对。比如电梯里人太多，你最后进来就堵在门口了。如果你还硬要最后出去，别人就没法出去了。当然，如果客人初次光临，对地形不熟悉，你还是应该为他们指引方向。

（2）无人控制电梯：陪同人员先进后出，以便控制电梯（见图 4-34）。先进去可以把按钮摁住，让客人进去方便，不会有被夹的危险。此外，如果有个别客人动作缓慢，影响了其他客人，你在公共场合不应该高声喧哗，可以利用电梯的唤铃功能提醒客户。

图 4-34

12）乘车的礼宾次序

①上、下车的姿态（见图4-35、图4-36）

上车、下车，看似简单，其实大有学问，对于女士而言，则尤显重要。女士上、下轿车，要采用背入式、正出式，即将身子背向车厢入座，坐定后随即将双腿同时缩入车厢。如穿长裙，在关上门前应先将裙子理好；准备下车时，应将身体尽量移近车门，车门打开后，先将双腿踏出车外，然后将身体重心移至双脚，头部先出，然后再把整个身体移离车外。这样可以有效避免"走光"，也会显得姿态优雅。

图4-35

图4-36

②座次有别（见图4-37～图4-40）

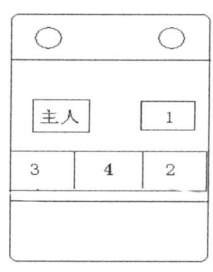

图4-37

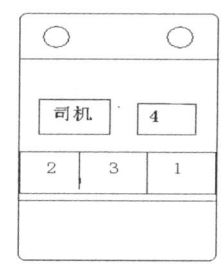

图4-38

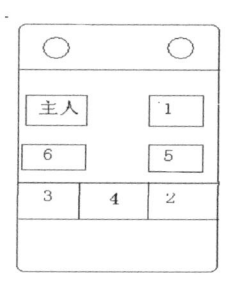

图4-39

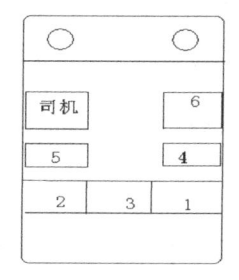

图4-40

◎小轿车。如由驾驶员开车，按汽车前进方向，后排右座为上座，这便于乘车人上、

183

下车方便，左侧次之，中间座位再次之，副驾驶座位为末席。副驾驶座位一般是助手、接待或陪同人员坐的。当省部级高层领导坐车时，司机后面座位是上座，这是出于安全保卫的考虑。

- 商务车。当轿车有三排座时，最后一排是上座，中间一排次之，前排最次。这个礼仪规范在西方非常普及，正流行于中国的都市。它的产生可能主要起于安全的原因，因为大多数车祸发生或遭袭击时，首先受伤害的是坐在前排的人。

当然，如果主人亲自驾车，则副驾座是上座，这表示对主人的亲切与尊重；后排右侧次之，左侧再次之，而后排中间座为末席。

如果接待两位贵宾，主人或接待人员应先拉开后排右边的车门，让尊者先上；再迅速地从车的尾部绕到车的另一侧打开左边的车门，让另一位客人从左边上车；只开一侧车门让一人先进去的做法是失礼的。

在正式场合乘坐轿车时，应请尊长、女士、来宾就座于上座，这是给予对方的一种礼遇。然而更为重要的是，与此同时，不要忘了尊重嘉宾本人的意愿和选择，即便嘉宾不明白座次，坐错了地方，也不要轻易对其指出或纠正。这时，务必要讲"主随客便"。

当然，个别情况也可以例外。例如，为了让宾客顺路看清本地的名胜风景，也可以说明原因后，请客人坐在左侧，但同时还是应向客人表示歉意。

案例：有一位德国专家到日本工作，常往返于东京、大坂之间，几周后他发现，他每次的座位的窗口都朝着日本的圣山——富士山。这件事令那位德国专家激动不已。

需要强调的是，即使是为了让客人欣赏风景，也不要让客人坐司机旁的位置，尤其是接待我国港、澳、台地区和外国客人时更应注意这一点，否则会弄巧成拙、事与愿违。

- 越野车。这里要特别说明的是越野车的座次。乘坐越野车时，前排副驾位置为上座位。因为越野车功率大，底盘高，安全性也较高，通常后排比较颠簸，而前排副驾驶的视野和舒适性最佳，因此为上座位置。其他位置的顺序依次为后右、后左、后中。
- 大中型客车（见图4-41）。对四排及四排以上座位的大中型客车来说，其不论由何人驾驶，均以前排为上，以后排为下；以右为尊，以左为卑；并以距离前门的远近，来排定其具体座次的尊卑。

2. 关系若对等，排列有方法

如果商务活动的双方或多方的关系是对等的，则可参考如下排列方法。

1）按汉字的笔顺排列

如果是国内的商务活动，参与者的姓名或所在单位名称是汉字

图4-41

的，可以采用这种方法，以示各方的关系平等。

具体排法如下：首先，按个人姓名或组织名称的第一个字的笔划多少，依次按由少到多的次序排列。比如，当参加者有丁姓、李姓、胡姓时，其排列顺序就是丁、李、胡。

当两者姓名第一字的笔划数相等时，按第一笔的笔顺点、横、竖、撇、纳、弯勾的先后关系排列。例如，参加者中有张、李二姓时，两姓笔划相同，则根据笔顺，李姓应排在张姓前面。

当第一笔笔顺相同时，可依第二笔，以此类推。

当两者姓名的第一个字完全相同时，则用第二字进行排列，以此类推。

此外，如果姓名出现两者相同，但一个是单名，一个是双名时，无论笔画多少，单名都排在双名前。

2）按字母顺序排列

在涉外活动中，一般应将参加者的组织或个人按其名称的英文或其他语言的字母顺序排列。

具体方法如下：先按第一个字母进行排列。当第一个字母相同时，则依第二个字母的先后顺序排列；当第二个字母相同时，则依第三个字母的先后顺序，以此类推。如刚果金和刚果布（原扎伊尔），需要注意的是，每次只能选一种语种的字母顺序排列，不能在中间穿插其他语种的字母顺序。

3）按先来后到顺序排列（非正式交往场合）

按报到早晚顺序排列（各种例会、招商会、展示会），当然也可以不排序。

五、十种令人不悦的接待表现

（1）当访客到来时，假装没看见继续忙于自己的工作。

（2）一副爱理不理甚至厌烦的应对态度。

（3）以貌取人，依客人外表而改变态度。

（4）语调过快，缺乏耐心。

（5）身体背对着访客，只有脸向着访客。

（6）未停止与同事聊天或嬉闹的动作。

（7）看报纸杂志，无精打采打哈欠。

（8）继续打电话聊天。

（9）双手抱胸迎宾。

（10）长时间打量访客。

【知识链接】

一、喝咖啡礼仪

喝咖啡，不仅可以满足身体需要，还可以促进人际关系、展现个人自身的教养和素质（见图4-42）。

1. 喝咖啡的时间

（1）在家喝咖啡，时间不宜超过16:00。

（2）邀人外出，最佳时间是午后或傍晚。

（3）正式的西式宴会，咖啡往往是"压轴戏"。

2. 喝咖啡的地点

喝咖啡的地点主要有客厅、餐厅、写字间、花园、咖啡厅和咖啡座等。

在客厅喝咖啡，主要用于招待客人；在自家花园喝咖啡，适合休闲，也适合招待客人。

图 4-42

3. 喝咖啡的得体表现

（1）注意数量（杯数要少、入口要少）。

（2）添加配料时牢记自主添加、文明添加。

（3）最后是喝咖啡的具体礼仪，在正式场合，咖啡都是盛放在杯子里的，咖啡杯放在碟子上。一般应单手取咖啡。

（4）为了保护胃，一般应在喝咖啡时吃几块糕点。

二、热情待客常用礼貌用语

1. 问候语

随着社会的进步，交往中对语言文明的要求更高了。见面时应根据彼此的关系问候"您好！""你好！""早上好！""晚上好！"等。这种问候语简单明了，不受场合约束而且听来亲切自然。不论在何种场合，问候时表情应该自然、和蔼、亲切，脸上应带有温和的微笑。

2. 感谢语

当接受别人的帮助时，应该说"谢谢！""麻烦你了，非常感谢！"接受别人的赠物或款待时，应该说："好，谢谢！"拒绝时应该说："不，谢谢！"，而不应该说："我不要！"或"我不爱吃！"感谢的时候还应该以热情的目光注视对方。

3. 道歉语

做了不恰当的事，应及时道歉："对不起，实在抱歉。""真过意不去。""真是失礼了。"如果不经意打扰了别人，或打断了别人的话，应该说："对不起，打扰了。""对不起，打断一下。"在公共场合不小心碰了别人，应该说："真对不起。"在服务对象面前应该学会说："对不起，让您久等了。"

4. 征询语

"您有什么事情吗？""我能为您做些什么吗？""您需要我帮您做些什么吗？""您还有什么别的事情吗？""这样会不会打扰您？"

5. 应答话

"您不必客气。""没有关系,这是我应该做的。""照顾不周的地方请您多多指教。""我明白了。""好的，是的，谢谢您的好意。"

6. 慰问语

"你（您）辛苦了。""让你（您）受累了。""给你们添麻烦了。"这些话是一种善意的慰问。人际交往中，这类话看来很简单，似乎说不说都可以，实际上能让对方感到温暖，也可换来对方对你的好感。对方会认为你是一个热情的关心别人的人。

7. "请"字的运用

"请您帮我个忙。""请帮我一下。""请您稍候。""请您稍稍休息一下。""请您喝茶！""请用餐！""请您指教！""请您留步。""请多关照。""请问您……"这些话中的"请"字不是多余的，多含有谦虚、尊重对方的意思，或使语气委婉。

三、握手礼的由来

握手礼起源于远古时代，那时人们主要以打猎为生，手中常持有棍棒或石块作为防卫武器，当人们相遇并且希望表达友好之意时，必须先放下手中的武器，然后相互触碰对方的手心，用这个动作说明："我手中没有武器，我愿意向你表示友好，与你成为朋友。"随着时间的推移，这种表示友好的方式被沿袭下来，成为今天的握手礼，并被世界上大多数国家所接受。

四、名片发展史

名片是我国古代文明的产物。名片最早出现,始于封建社会,那时候名片称为"谒"。

所谓"谒"就是拜访者把名字和其他介绍文字写在竹片或木片上（当时纸张还没发明），作为给被拜访者的见面介绍文书。

唐宋时期，中国封建社会进入了全盛期，带动了社会经济与文化大发展，这个时期的"门状"也就是"名帖"，这时才与"名"字有了瓜葛，明代的"名帖"为长方形，一般长七寸、宽三寸，递帖人的名字要写满整个帖面。清朝才正式有"名片"称呼。清朝是中国封建社会的终结，由于西方的不断入侵，使清政府与外界交往更加频繁，与国外的通商加快了名片普及。名片成为现代人交往中一种必不可少的联络工具，它具有一定的社会性、广泛性，是便于携带、使用、保存和查阅的信息载体之一。

五、名片的制作

1. 文字排版

在正常情况下应采用标准的汉字简化字，如无特殊原因，不得使用繁体字，汉字与少数民族文字或外语同时印刷时，应将汉字印于一面，而将少数民族文字或某种外文印于另一面。不要在同一面上混合使用不同文字，一张名片上不宜使用两种以上的文字。

2. 名片内容

名片上要介绍清楚你的姓名、职业、办公电话等详细信息，一般名片不提倡提供私人电话，名片上除文字符号外不宜添加任何没有实际效用的图案。如果本单位有象征性的标志图案，则可将其印于归属一项的前面，但不可过大或过于突兀。

3. 名片不能涂改

在国际交往中，强调名片譬如脸面，不能随意涂改。比如有的人换了电话号码，就直接在名片上改一下，这都是不允许的。

六、西方人的名片

西方人在使用名片时通常写有几个法文单词的首字母，它们分别代表如下不同含义。

（1）P.f.（pourfelicitation）：意即敬贺，用于节日或其他固定纪念日。

（2）P.c.（pourcondoleance）：意即谨唁，在重要人物逝世时，表示慰问。

（3）P.P.c.（pourprendreconge）：意即辞行，在分手时用。

（4）P.f.n.a.（pourfeliciterlenouvelan）：意即恭贺新禧。

（5）N.b.（notabene）：意即请注意，提醒对方注意名片上的附言。按照西方社交礼仪，递送名片应注意到，一个男子去访问一个家庭时，若想送名片，应分别给男、女主人各一张，再给这个家庭中超过18岁的妇女一张，但决不在同一个地方留下三张以上名片；一个女子去别人家做客，若想送名片，应给这个家庭中超过18岁的妇女每人一张，但不应给男子名片；如果拜访人事先未约会，也不想受到会见，只想表示一下敬意，可以把名片递给任何来开门的人，请他转交主人。若主人亲自开门并邀请进去，也只应稍坐片刻。名片应放在桌上，不可直接递到女主人手里。

七、名片的管理

你是不是有过这种情况？参加一次人际活动之后，名片收到了一大把，你往家里或办公室里随手一放，可是有一天，你急于寻找一位曾经结识的朋友帮忙，却东找西翻，就是找不到他留给你的名片和联系方法。因此，对名片的管理十分必要。

（1）当你和他人在不同场合交换名片时，务必详尽记录与对方会面的人、事、时、地、物。交际活动结束后，应回忆一下刚刚认识的重要人物，记住他的姓名、企业、职务、行业等。第二天或过两三天，主动打电话或发电邮，向对方表示结识的高兴，或者适当地赞美对方的某个方面，或者回忆你们愉快的聚会细节，让对方加深对你的印象和了解。

（2）对名片进行分类管理。可以按地域分类，比如：按省份、城市；也可以按行业分类；还可以按人脉资源的性质分类，比如：同学、客户、专家等。

（3）养成经常翻看名片的习惯，工作的间隙，翻一下你的名片档案，给对方打一个问候的电话，发一个祝福的短信等，让对方感觉到你的存在和对他的关心与尊重。

（4）定期对名片进行清理。将你手边所有的名片与相关资源数据作一次全面性的整理，依照关联性、重要性、长期互动与使用机率、数据的完整性的因素，将它们分成三堆，第一堆是一定要长期保留的，第二堆是不太确定，可以暂时保留的，第三堆是确定不要的。当确定不要时可将名片销毁处理。

【案例分析】

案例1：某公司王经理约见一个重要的客户。见面之后，客户就将名片递上。王经理看完后就将名片放到了桌子上，两人继续谈事。过了一会儿，服务人员将咖啡端上桌面，请两位经理慢用。王经理喝了一口，将咖啡杯子放在了名片上，自己没有感觉到，客户方经理皱了皱眉头，没有说什么。

讨论题：（1）请分析王经理的失礼之处。

（2）接到对方的名片后应如何放置。

【实践训练】

张女士与孙先生一次偶然相遇，由于孙先生的工作有所变动，孙先生主动递上了自己的名片，张女士也打开自己的手提包，准备拿出自己的名片与之交换。首先从包里摸出一张健身卡，然后再次掏出一张名片，高兴地递给孙先生。孙先生接过低头一看，是别人的名片。张女士尴尬地笑笑，继续在包里找名片……

讨论：本例中为何张女士出现这种尴尬的情况？应如何避免？请学生分组讨论，再上台表演，学生评议。

【课后训练】

一、简答题：

1. 简述自我介绍的四个要点。
2. 简述名片索取的四种常规方法。
3. 共乘电梯有什么讲究？

二、实训操作

假设你是方正公司的经理助理，制作一张自己的名片，并写出递出名片的礼仪。

三、案例分析题

1. 小李受上司委托在浦东机场接到公司的一位重要客人，"欢迎、欢迎"，嘴里说着，却并不主动伸手，等客人伸手后，小李才与之相握。小李一把拿过客人的行李，放入汽车的行李箱，接着引导客人到副驾驶座位，说："坐在这里视野好。"而后，自己坐到汽车后排座位。一路上，小李非常关心地询问客人所在公司的情况，打听客人的收入、福利和家庭情况，而这位客人似乎对这一切不很满意，话越来越少。小李有点摸不着头脑，心想我这么殷勤地对待他，他怎么……

你认为小李的举止是否合乎礼仪？为什么？小李应该怎么做才是正确的？

2. 外经贸委的处长王女士奉派随团出访，前去欧洲开展招商引资工作，因为出国之前她忘记重新印制一套名片，所以，每到送名片的时候，为了让对方能找到自己的最新的电话和住址，赶紧在名片上临时用钢笔加注了几个有用的电话号码和地址。半个月跑下来，王女士累得筋疲力尽，却未见有外商与其有过实质性接触，后来经人指点，才明白问题出在哪儿。原来是她自己奉送给外商的名片不合规范。为了图省事，王女士临时用钢笔在自己的名片上进行修改，本想这样联系起来更方便和更有效，可是在外商看来，名片犹如一个人的"脸面"，对其任意涂改，只能表明她的为人处世敷衍了事，马马虎虎。

问题：1. 试结合王女士的错误来谈一谈名片在当今商业交往中的重要作用。

2. 请想一想如何正确出示名片，自己不妨练习一下。

项目四　商务拜访、接待和礼品馈赠礼仪

学习任务 4-3　商务礼品馈赠礼仪

馈赠是人们在商务交往过程中通过赠送给交往对象一些礼物来表达对对方的尊重、敬意，友谊、纪念，祝贺、感谢，慰问、哀悼等情感与意愿的一种交际行为。

馈赠以礼品作为媒介，能够与交往对象建立很好的沟通渠道，充分表达对对方的友情与敬意。馈赠的目的在于沟通感情和保持联系，所以它不仅是一种行为方式，更为重要的是通过这种方式体现馈赠者的人品和诚意。

> "礼尚往来，往而不来，非礼也，来而不往，亦非礼也。"
> ——礼记·曲礼上

【任务分析】

商务交往中，礼尚往来是人之常情，馈赠礼品因为能起到联络感情、加深友谊、促进交往的作用，越来越受到人们的重视。得体的馈赠，恰似无声的使者，能给交际活动锦上添花，给人们之间的感情和友谊注入新的活力。这个任务中应掌握如下内容。

- 馈赠的目的。
- 馈赠的原则与方式。
- 礼品的选择与馈赠技巧。
- 受赠礼仪。
- 拒收礼品的礼仪。
- 回赠礼品的礼仪。
- 馈赠礼品禁忌。

馈赠作为一种非语言的重要交际方式，是以物的形式出现的，以物表情，礼载于物，起到寄情言意的"无声胜有声"的作用。

一、馈赠的目的

（一）以交际为目的的馈赠

这是一种为达到交际目的而进行的馈赠，有如下两个特点：

(1) 送礼的目的与交际目的的直接一致。
(2) 礼品的内容与送礼者的形象一致。

（二）以巩固和维系人际关系为目的的馈赠

这类馈赠，即人们常说的"人情礼"，一般讲究"礼尚往来"。这类馈赠，无论从礼品的种类、价值的轻重、档次的高低、包装的精美、蕴含的情义等都是以建立友谊、沟通情感、巩固和维系人际关系为目的的。

（三）以酬谢为目的的馈赠

这类馈赠是为答谢他人的帮助而进行的。因此在礼品的选择上十分强调其物质价值。礼品的贵贱厚薄，首先取决于他人帮助的性质；其次取决于帮助的目的；再次取决于帮助的时机。

（四）以公关为目的的馈赠

多发生在对经济、政治利益的追求和其他利益的追逐活动中，针对交往中的关键人物和部门赠送礼品，达到为组织带来经济效益或发展机会的目的。有些企业利用送礼的机会达到轰动性的广告宣传效应。

二、馈赠的原则与方式

（一）馈赠的原则

1. 轻重得当

所谓"礼轻情意重"。送礼是为了表达一种情感，所以要讲真情。"千里送鹅毛"的故事，在我国妇孺皆知，被标榜为礼轻情意重的楷模和学习典范。人们在选择礼品时，都是将其看作友情和敬意的物化，通过赠送礼品表达对他人的情谊和尊重。所以，礼物的贵重在其次，重要的是能融进和体现送礼人的情感。

2. 适用美观

馈赠礼品要符合别致、适用、新颖及美观原则，宜选择有艺术性、时尚性、实用性和纪念性的物品。

3. 因人/事而异

选择礼品时，要区分是迎接客人，还是告别远行；是慰问看望，还是祝贺感谢；是企业成立，还是朋友高升等。不同的商务活动有不同的目的，应选择不同的礼物。

1）因人而异

人有不同的品性和喜好，送礼要让受礼人喜爱、乐于接受，因此就要因人而异。尽可能了解受礼人的性格、爱好、修养与品位，尽量把礼品送到受礼人心坎儿上。对家贫者，以实惠为佳；对富裕者，以精巧为佳；对恋人、爱人、情人，以纪念性为佳；对朋友，以趣味性为佳；对老人，以实用为佳；对孩子，以启智新颖为佳；对外宾，以特色为佳。

2）因事而异

因事而异即在不同情况下，向受礼人赠送不同的礼品。出席家宴时，宜向女主人赠送鲜花、土特产和工艺品，或向主人的孩子赠送糖果、玩具；探视病人，向对方赠送鲜花、水果；对旅游者赠送有中国文化或民族地方特色的物品。

① 生日
○ 赠送长辈：蛋糕、花、礼金、营养品、保暖衣服等。
○ 赠送男士：蛋糕、古龙水、笔、皮夹、领带等。
○ 赠送女士：蛋糕、花、香水、化妆品、精致饰品等。
○ 赠送小朋友：蛋糕、花、玩具、图书、图书券等。

在这里要强调一下，在给男士或女士赠送礼物时，要考虑到自己与该男士或女士的关系，礼物的选择会有所不同。

② 结婚
逢亲友结婚，宜赠送礼金、饰品、精致餐具、银器、家电产品等。

③ 满月
亲友的孩子满月时可赠送礼金、婴儿衣服、金饰、银饰等。

④ 年节
年节礼品如：盆花、盆栽、腊味、干货、水果等。应节礼品如：端午节的粽子、中秋月饼等。

⑤ 公司成立、乔迁、庆贺
适宜公司成立、乔迁、庆贺的礼品有盆花、盆栽、花篮、壁饰等。

4. 尊重习俗

由于民族、生活习惯、生活经历、宗教信仰及性格、爱好的不同，不同的人对同一礼品的态度是不同的，我们在馈赠时要投其所好、避其禁忌。

（二）馈赠的方式

（1）当面赠送。这是最庄重的一种方式。当面赠送，可以充分表达赠送的用意，有时还可以介绍礼品的寓意，演示礼品的用法，令赠送礼仪得以淋漓尽致地发挥，也使受礼者感受馈赠的良苦用心。

举例：2002年2月美国总统布什访华，时值中国农历马年，国家主席江泽民将一个与原物同样大小、青铜镀金的"马踏飞燕"仿制品作为礼物送给布什总统。马年送"马"是中国人表示吉利的做法；"马踏飞燕"是古代中国东汉时期的奇思妙想，有1 800多年的历史，它表达快捷的意思。通过这件礼品表达了中国希望更快地发展中美关系的美好愿望。

（2）托人赠送。即委托第三人代替自己将礼品送达受赠对象手中。当本人不能或不宜当面赠送礼品时，采用这种形式可以显示自己对此次送礼活动十分重视，或者可以避免某些拘谨和尴尬。

（3）邮寄赠送。这是异地馈赠的方式。由于身处异地，无法当面赠送，通过邮寄及时赠送，弥补无法面送的缺憾。这种方式克服了"过期失效"的不足，保证礼品及时送达。

三、礼品的选择与馈赠技巧

（一）礼品的选择

1. 根据馈赠目的选择礼品

送礼在本质上应被视为向他人表示友好、尊重与亲切之意的途径或方式。只有本着这一目的，才能正确地选择适当礼品，才能准确表达自己的情意，才能使所赠礼品发挥正常功效。

庆祝公司庆典一般应送上一篮鲜花（见图4-43），慰问病人可以赠送鲜花、营养品、书刊等，朋友生日可以送卡片、蛋糕等，庆祝节日可以送健康食品、当地特产，旅游归来可以送当地人文景观纪念品及土特产，走亲访友一般送精致水果、糖酒食品等。

图 4-43

2. 根据馈赠对象选择礼品

（1）考虑彼此的关系现状。在选择礼品时，必须考虑到自己与受赠对象之间的关系现状，不同的关系应当选择不同的礼品。应根据与馈赠对象的亲缘关系、地缘关系、业缘关系、性别关系、友谊关系、文化习惯关系等在选择礼品时都要有所不同，区别对待。

例如，玫瑰是爱情的象征，是送给女友或夫人的佳礼。但若把它随便送给一位普通关系的异性朋友，就可能引起不必要的误会。

（2）了解受赠对象的爱好和需求。根据受赠对象的爱好和实际需求来选择礼品，往往可以增加礼品的实效性，增强对送礼者的好感和信任。因为在受赠对象看来，只有了解和关心他的人，才会明白他的需求。正如鲜花赠予美人，宝刀赋予烈士，可以使礼品获得增值效应。例如，老师在学生取得好成绩时可以赠给其有益的书籍，给书法爱好者赠送文房四宝，给音乐爱好者赠送乐器等。

举例：名影星奥黛丽·赫本十分爱狗。多年来一直豢养着一只叫杰西的长耳罗塞尔种的小猎犬。白天，杰西那无忧无虑和温柔的品性，令赫本感到平和温情，夜晚杰西暖融融地依偎在赫本的脚旁，伴她入睡。然而，有一天，杰西误吃了毒药，很快就死了，赫本爱犬心切，竟无法控制自己，终因悲伤过度而一病不起。这时，她的朋友克里斯多夫·格里文森托人给她送来了又一只长耳罗塞尔狗，它叫彭妮，小巧玲珑，毛色白亮，十分可爱。彭妮给了赫本无限的慰藉，赫本说："彭妮不仅使我恢复了健康，也赐给我无限的幸福，它真是来自天堂的宝贝。"

（3）尊重对方的个人禁忌。在礼品的选择过程中，应细致了解受赠对象的个人禁忌，以免所选礼品导致适得其反的作用。

一般而言，选择礼品不应忽视的禁忌有四类：第一，个人禁忌。送情侣表给一位刚刚守寡的妇女，送一条三五烟给一位从不吸烟的长者，都会触犯对方的私人禁忌。第二，民俗禁忌。如俄罗斯人最忌讳送钱给别人，因为这意味着施舍和侮辱。汉族人忌送钟、伞，因为这意味着不吉利。第三，宗教禁忌。如对伊斯兰教徒不能送人形礼物，也不能送酒、雕塑和女人的画片，因为他们认为酒是一切万恶之源。第四，伦理禁忌。如各国均规定不得将现金和有价证券送给并无私交的公务人员。

（二）礼品馈赠技巧

1. 精心包装

正式的礼品都应精心包装（见图 4-44）。良好的包装将使礼品显得更加精致、郑重、典雅，给受赠者留下美好的印象。在赠送礼品给外国友人时，尤其应当注意这点。

图 4-44

在美国，礼品精致的包装是对对方的尊重，而且，美国人习惯当场打开包装，欣赏礼品，赠礼者还要作一番介绍和说明。

中国传统并不十分注重包装，但是在正式场合中，一般应带有包装，以显示出馈赠者的情谊和对受礼者的尊重。

（1）注意包装禁忌。礼品包装时应注意包装的材料、容器、图案造型、商标、文字、色彩的选择和使用，应符合相关政策法规和习俗惯例，不要触及或违反受赠方的宗教和民族禁忌。

（2）注意数字禁忌。有的国家对数字的禁忌也是礼品包装所要注意的问题。如日本忌讳"4"和"9"这两个数字，因此，出口日本的产品，就不能以"4"为包装单位，像 4 个杯子一套，4 瓶酒一箱这类包装，在日本都将不受欢迎；欧美人忌讳"13"。

（3）注意色彩。礼品包装时，应根据世界各国的生活习俗，选择适宜的色彩。日本人忌绿色喜红色；美国人喜欢鲜明的色彩，忌用紫色；伊斯兰教徒特别讨厌黄色，因为它象征死亡，喜欢绿色，认为它能驱病除邪。

2. 赠送的时机

赠送礼品必须选择恰当的时机。时机上应注意把握如下四点：

（1）选择最佳时机。如亲友结婚、生子，交往对象乔迁、晋级、遭受挫折、生病住院，向对方表示感谢等，都是送礼的良佳时机。

（2）选择具体时间。一般来说，客人应在见面之初向主人送上礼品；主人应当在客人离去之时把礼品送给对方。另外，送礼还应考虑在对方方便之时，或选取某个特定时间给对方造成惊喜。

（3）控制好送礼时限。送礼时间应以简短为宜，只要向对方说明送礼的意图及相应的礼品即可，不必过分渲染。

（4）注意时间忌讳。不必每逢良机便送礼，致使礼多成灾。尽量不要选择对方不方便的时候送礼，比如对方刚刚做完手术尚未痊愈之时就不宜立即送礼。

3. 赠送的地点

送礼时应注意区分公务场合与私务场合。在公务交往中，一般应选择工作场所或交往地点赠送礼品；而在私人交往中，则宜于私下赠送，受赠对象的家中通常是最佳地点。

一般来说，在大庭广众之下，可以送大方、得体的书籍及鲜花一类的礼物。与衣食住行有关的生活用品不宜在公开场合相赠。当众只给一群人中的某一个人赠礼是不合适的。给关系密切的人送礼也不宜在公开场合进行。

4. 赠送的方法

（1）说明意图。应在适当的时机和场合赠送礼品，送礼前应先向对方致意问候，简要委婉地说明送礼的意图，如："祝你工作顺利"、"真是感谢你上次的帮助"等。

（2）介绍礼品。赠送礼品时，送礼者应对礼品寓意、礼品使用方法、礼品特色等进行适当解释。邮寄赠送或托人赠送时，应附上一份礼笺，用规范、礼貌的语句解释送礼缘由。在当面赠送礼品时，则应亲自道明送礼原因和礼品寓意，并附带说一些尊重、礼貌的吉言敬语。

（3）仪态大方。在面交礼品时，送礼者应着装规范，起身站立，面带微笑，目视对方，双手递交（见图4-45）。将礼品交与对方后，与对方热情握手。

图 4-45

四、受赠礼仪

只要是他人诚心诚意赠送的礼品，只要不是违法或违规的物品，对其采取最好的方式是大大方方、欣然接受。当然接受前适当地表示谦让也未尝不可，在国内这是必需的环节。具体的接受礼仪表现为如下几个方面。

（一）心态开放

接受礼品时，受赠者应保持客观、积极、开放、乐观的心态，要充分认识到对方赠礼行为的郑重和友善，不能心怀偏颇，轻易比较礼品的价值高低或作出对方有求于己的判断。

（二）仪态大方

受礼时，受赠者应落落大方，起身相迎，面带微笑，目视对方，耐心倾听，双手接过礼品后再抽出右手与对方相握，并说一些客气的表示感谢的话。不可畏畏索索、故作推辞或表情冷漠、不屑一顾。

（三）受礼有方

按照国际惯例，受礼后一定要当面拆启包装，仔细欣赏，面带微笑，适当赞赏。切不可草率打开，丢置一旁，不理不睬。中国人比较含蓄，不习惯当面打开，所以与国人交往时也可遵守这一传统习惯。另外，不是有礼必受，对于有违归越矩送礼之嫌的，应果断或委婉拒绝。

（四）表示谢意

接受礼品时，应充分表达谢意。表达时应让对方觉得真诚、友好，若是贵重礼品，往往还需要用打电话、电子邮件等方式再次表达谢意，必要时还应选择适当的时机加以还礼。

五、拒收礼品的礼仪

收礼人要慎重考虑是否收纳礼品，当出现如下情况时，最好拒收礼品。一是你并不熟悉的人送给你极其昂贵的礼品；二是隐含着需要你发生违法乱纪行为的礼品；三是你觉得似乎自己接受后会受到对方控制的礼品。

拒收礼品应该当场进行，最好不要接受后再退还。在拒收礼品时，应保持礼貌、从容、自然、友好，先向对方表达感激之情，再向对方详细说明拒收的原因，切不可生硬地阻挡，以免对方难堪。

如确实因为特殊原因礼品很难当场退还时，也可以采用先收下再退回的办法。此时，退还礼品，一是要及时，最好在24小时内将礼品退还送礼人；二是要保证礼品的完整，不要拆启封口再退还或试用之后再退还。

六、回赠礼品的礼仪

一般收到他人赠予的礼品后，我们要适时回赠礼品，从而表示自己的重视，加强双方的联系，增进相互之间的友谊。

一般回赠对方礼品时，一个比较好的办法是参考对方赠送的礼品，这样较易赢得对方的喜欢。通过礼品的类别，我们大致可以明确对方的喜好；通过礼品的价值，我们可以确定回赠礼品的价值。

在选择回赠礼品时，要注意如下细节：

（1）在选择回赠礼品时，一般不要超出对方所赠礼品的价值，要把握分寸、把握时机，千万不能因送礼、还礼而受累。

举例：邻里之间的礼尚往来。

为表示友好，甲家用小碗给乙家送了一碗饺子；为了还礼，没过几天，乙家用中碗给甲家送了一碗饺子。来而不往非礼也。于是，甲家过几天给乙家用大碗送了一碗饺子；乙家一看急了，不能失礼呀，于是用盛汤的磁盆给甲家送了一盆饺子；甲家一看，嘿！不能让人小瞧了！赶紧做了一锅饺子给乙家送去……

（2）在会见、会谈活动中，往往选择活动结束时回赠礼品。

（3）在日常交往过程中，不要在接受礼品后马上回礼，以免给对方造成不乐于交往的印象。选择还礼的时间，要讲"后会有期"。最佳的选择有三：一是和对方赠送自己的相同的机会。二是在对方或其家人的某个喜庆活动时。三是在此后登门拜访时。还礼不是"还债"，要讲自觉自愿。还礼次数也不要过多，完全没有必要再三再四地还礼，切勿让还礼成为双方的负担。

恰当的还礼，既不会伤害对方的自尊心，还能够使交往持续不断，使友谊得到发展。

七、馈赠礼品禁忌

（1）禁买或慎买有服务隐患的产品。

（2）禁止赠送一定数额的现金、有价证券。

（3）禁止赠送天然珠宝和贵重首饰。

（4）禁止赠送药品。

（5）禁止赠送广告性、宣传性物品。

（6）禁止赠送易于引起异性误会的物品。

（7）禁止赠送涉及国家和商业机密的物品。

（8）禁止赠送不道德的物品。

（9）严禁购买对健康存在隐患的产品：如食品或者不环保的产品。

（10）禁止女性将领带和腰带送给男性，除非你和他有亲密关系，因为这些东西有要拴住对方的意思。同样，送没有亲密关系的女性项链、戒指也不太合适。

（11）避免送鲜货。即使是给热爱烹调的主妇送礼，也不宜送鸡、鸭、鱼、肉、菜蔬。

（12）禁止送超过保质期的营养品、食品、化妆品等。

【知识链接】

一、送花礼仪

（一）花语

1. 中国花语

红玫瑰——爱情的象征；合欢花——表示夫妻和好；菊花——表示高洁；

荷花——表示出污泥而不染；牡丹花——表示荣华富贵；兰花——表示凛然，称为国香；

并蒂莲——表示夫妇恩爱；黄月季——表示和平；红豆——表示相思；

郁金香——表示胜利、美好；紫罗兰——表示朴素、谦逊、诚实。

2. 西方花语

百合花——象征纯洁、友好、幸福水仙花——象征尊敬；红菊花——象征自爱；

白菊花——象征真实；豆蔻花——象征离别；牡丹花——象征华贵；

勿忘我——象征爱情坚贞；莲花——象征无邪、相爱；郁金香——象征爱情；

梅花——象征卓越、坚贞；樱花——象征美丽；紫罗兰——象征诚实谦逊。

（二）送花的时机与场合

鲜花因品种、类型、颜色和数量的不同，被人们赋予了不同的寓意，从而表达不同的情感。在送花时，应注意把握最佳时机，选择合适的场合。

一年之中有许多节庆和令人难忘的纪念日，如春节、中秋节、情人节、母亲节、父亲节、生日、结婚纪念日等不胜枚举，都是赠花的好时机。

1. 恭贺结婚

恭贺结婚可送颜色鲜艳而富花语者佳，可增进浪漫气氛，表示甜蜜。一般选送红色或朱红色、粉红色的玫瑰花、郁金香、火鹤花、热带兰配以文竹、天门冬、满天星等；或选用月季、牡丹、紫罗兰、香石竹、小苍兰、马蹄莲、扶郎花等配以满天星、南天竹、花叶常春藤等组成的花束或花篮，既寓意火热吉庆，又显高雅传情，象征新夫妇情意绵绵，白头偕老，幸福美好。

2. 祝贺生产

祝贺生产可送色泽淡雅而富清香者（不可浓香）为宜，表示温暖、清新和伟大。

3. 乔迁庆典

乔迁庆典适合送稳重高贵的花木，如剑兰、玫瑰、盆栽和盆景，表示隆重之意。应选择瑰艳夺目、花期较长的花篮、花束或盆花，如大丽花、月季、唐菖蒲、红掌、君子

兰、山茶花、四季桔等，以象征事业飞黄腾达，万事如意。

4. 庆祝生辰

庆祝生辰可送诞生花最贴切，玫瑰、雏菊、兰花亦可，表示永远祝福。可依老人的爱好选送不同类型的祝寿花，一般可送长寿花、百合、万年青、龟背竹、报春花、吉祥草等；遇举办寿辰庆典可选送生机勃勃、寓意深情、瑰丽色艳的花，如玫瑰花篮，以示隆重、喜庆。

5. 慰问探视

慰问探视适合送剑兰、玫瑰、兰花，避免送白、蓝、黄色或香味过浓的花。要依病人脾气禀性而异。性格欢快的，可选用唐菖蒲、玫瑰；性格恬静的，可选用具有幽香的兰花、茉莉、米兰等盆花。

6. 丧事祭奠

丧事祭奠适合用白玫瑰、白莲花或素花，象征惋惜怀念之情。

7. 节日问候

（1）情人节（2月14日）：可送红玫瑰表达情人之间的情感。

（2）母亲节（5月的第二个星期日）：可送粉红色的香石竹（康乃馨）（见图4-46、图4-47）。康乃馨是所有女性的神圣之花，美好典雅的典范。

红色康乃馨，用来祝愿母亲健康长寿。黄色康乃馨，代表对母亲的感激之情。粉色康乃馨，祈祝母亲永远美丽年轻。白色康乃馨，除具有上述各色花的意思外，还可寄托对已故母亲的哀悼思念之情。

图4-46 　　　　　　　　　图4-47

（3）父亲节（6月的第三个星期日）：送秋石斛为主（见图4-48）。菊花、向日葵、百合、君子兰、文心兰等象征"尊敬父亲"、"平凡也伟大"。

（4）圣诞节（12月25日）：通常以一品红作为圣诞花（见图4-49），花色有红、粉、白色，状似星星，好象下凡的天使，含有祝福之意。

（5）春节（农历正月初一至十五）：选带有喜庆与欢乐气氛的剑兰、玫瑰、香石竹、兰花、热带兰、小苍兰、仙客来、水仙、蟹爪兰、红掌、金桔、鹤望兰等，具体送哪种花还要根据对方爱好和正在开放的应时花而定（见图4-50、图4-51）。

图4-48

图4-49

图4-50

图4-51

8. 几种场合中的具体选择

（1）情人节：可送玫瑰、勿忘我。

（2）朋友间：可送大丽菊、腊梅、月季花等，再配上文竹等。

（3）朋友结婚：可送玫瑰、百合、月季花等。

（4）祝寿：可送寿星草、常春花、万年青、文竹、龟背竹等。

（5）年轻人生日：可送玫瑰、月季花。

（6）探病人：可送玫瑰、兰花、康乃馨、百合花等。

（7）开幕落成纪念：可送兰花、百合、郁金香等。

（8）迎送、乔迁：可送玫瑰、兰花、百合、郁金香等。

（9）宴会、酒会：可送玫瑰、兰花、百合等。

（三）受花礼仪

1. 仪态大方

受花时，应起身站立，上身微倾，注视对方，面带微笑，双手接花。忌侧身面对，面无表情，动作鲁莽，单手接花。

2. 欣赏感谢

接过鲜花后，应仔细品味观赏，口中称道赞美，并表达真诚的谢意。

3. 妥善养护

致谢后，应将鲜花小心放置，科学养护。若是花束应将其插入花瓶中养护；如是篮花或盆花，应放在向阳通风之处，随时注意洒水以保持花叶的新鲜和气味的清新。忌随手丢在桌上或放在地上，置之不理。

（四）送花的禁忌

1. 忌不解花语

在选择鲜花作为礼物时，至少要在其品种、色彩和数目等三个方面加以注意。

（1）鲜花品种禁忌。在我国，牡丹表示富贵吉祥，百合寓意百年好合。在西方，玫瑰象征爱情，康乃馨则表示伤感或拒绝，单独送人时必须慎之又慎。菊、莲和杜鹃，在国内口碑甚佳，在涉外交往中却不宜用作礼品。菊花在西方系"葬礼之花"，用于送人便有诅咒之意。莲花在佛教中有特殊的地位，杜鹃则被视为"贫贱之花"，用于送人也难免发生误会。

（2）鲜花色彩禁忌。在我国，红色的鲜花是最受欢迎的喜庆之花，白色的鲜花则常用于丧礼。中国人颇为欣赏的黄色鲜花，是不宜送给西方人的，因为他们认为黄色暗含断交之意。巴西人认定紫色是死亡的征兆，故对紫色鲜花比较忌讳。

（3）鲜花数目禁忌。中国人讲究送花时数目越多越好，双数吉利。对西方人却不宜如此，他们认为只要意思到了，一支鲜花亦可胜过一束。只不过男士送鲜花给关系普通的女士时，数目宜单，否则便是指望与人家"成双成对"。

2. 忌不顾场合

赠送鲜花时应考虑到赠花的形式应与场合相适应。比如祝贺庆典活动不宜送花束、花环等；探望病人，不能送气味浓郁、色彩鲜艳的花，这些花给人强烈的嗅觉、视觉刺激，以免影响病人的病情和医院的环境，应送较为淡雅的花；看望亲朋好友个人则不宜送蓝花、盆花等。

3. 忌不懂习俗

在社交活动中，馈赠鲜花还要注意对方的民俗习惯和宗教禁忌，尤其是在涉外交往中，更应如此。在西方国家，除非表示绝交之意，不会选用同色的鲜花送人；而在探病时，红白相间的花是不能送给病人的，因为这被看作不吉利；向外国友人送花时，还要注意花的数目，若是给欧美客人送花，最好是单数，但不能送13枝花，因为"13"这个数字被认为会带来厄运。给法国人送花的时候不能送菊花、杜鹃花及黄色的花；切记不能送百合花给英国人，因为这意味着死亡。

二、玫瑰花语

玫瑰代表爱情，高贵，爱与美，容光焕发，纯洁的爱，美丽的爱情，美好常在。玫瑰的花语依颜色和数目的不同而有所不同。

（一）依玫瑰颜色分类

- 红：热情、热爱着你、求爱、我爱你、热恋、希望与你泛起激情的爱。
- 淡红：感动、爱的宣言、明艳照人。
- 粉红：求爱，铭记于心，初恋，喜欢你那灿烂的笑容、爱心与特别的关怀。
- 浅粉红：同情、仰慕。
- 酒红：美丽的你。
- 橙：羞怯，献给你一份神秘的爱或富有青春气息，初恋的心情。
- 黄：欢乐、美丽、高贵、珍重祝福、不贞、嫉妒、失恋、褪去的爱、道歉。
- 绿：青春常驻、纯真简朴。
- 蓝：敦厚、善良。
- 紫：永恒的爱、浪漫真情、珍贵独特，忧郁、梦幻、爱做梦。
- 白：天真、纯洁、尊敬、谦卑。
- 黑：温柔真心，为你而诞生的恶魔。
- 红＋白：共有。
- 红＋黄：快乐。

（二）依玫瑰数目分类

- 1朵：你是我的唯一。
- 2朵：世界上只有你和我。
- 3朵：I LOVE YOU。
- 4朵：誓言、承诺。
- 5朵：无悔。
- 6朵：顺心如意、顺利、永结同心、愿你一切顺利。
- 7朵：喜相逢、天天想你、无尽的祝福。
- 8朵：贵弥补、深深歉意、请原谅我。
- 9朵：长相守、坚定。
- 10朵：完美的你、完美的爱情。
- 11朵：最爱、双双对对、一心一意。
- 12朵：比翼双飞、心心相印、每日思念对方。

- 13朵：暗恋、你是我暗恋中的人。
- 99朵：天长地久。
- 100朵：白头偕老。
- 108朵：求婚。
- 111朵：一生一世只爱你一个。
- 365朵：天天想你、天天爱你。
- 999朵：天长地久、长相厮守、至死不渝。
- 1000朵：忠诚的爱，至死不渝。
- 1001朵：直到永远。

三、部分国家送花禁忌

（1）在中国的传统年节或喜庆日子里，到亲友家作客或拜访时，送的花篮或花束色彩要鲜艳、热烈，以符合节日的喜庆气氛。可选用红色、黄色、粉色、橙色等暖色调的花，切忌送整束白色系列的花束。

（2）在广东、香港等地，由于方言的关系，送花时尽量避免用如下花束：剑兰（见难）、茉莉（没利）。

（3）日本人忌"4"、"6"、"9"等数字，因为其发音分别近似"死"、"无赖"、"劳苦"，都是不吉利的。给病人送花不能带根的，因为"根"的发音近于"困"，使人联想为一睡就不起。日本人忌讳荷花。

（4）俄罗斯人送女主人的花束一定要送单数，这样会使女主人感到非常高兴。送给男子的花必须是高茎、颜色鲜艳的大花，俄罗斯人也忌讳"13"，认为这个数字是凶险和死亡的象征，而"7"在他们看来却意味着幸运和成功。

（5）在法国，当你应邀到朋友家中共进晚餐时，切忌带菊花，菊花表示哀悼，因为只有在葬礼上才会用到；意大利人和西班牙同样不喜欢菊花，认为它是不祥之花，但德国人和荷兰人对菊花却十分偏爱。

（6）英国人一般不爱观赏或栽植红色或白色的花。

（7）在德国，一般不能将白色玫瑰花送给朋友的太太，也避免用郁金香。

（8）瑞士的国花是金合欢花，瑞士人一般认为红玫瑰带有浪漫色彩。送花给瑞士朋友时不要随便用红玫瑰，以免误会。

（9）欧美一带在悲痛时，不以鲜花为赠物。

（10）巴丁人忌讳黄色和紫色的花，认为紫色是悲伤的色调，视黄色为凶丧的色调。

（11）探望病人的花束或花篮不要香气过浓或色彩过于素淡。

四、部分国家和地区的送礼风俗

1. 非洲

在非洲，回教徒是禁酒的，但非回教徒会高兴地收到酒；不要送不适合当地气候的衣服。

2. 阿拉伯国家

不要十分赞赏阿拉伯人的私人财物，他可能会马上强迫你接受；不可送食物，因为对方会误以为你觉得他的招待不周。

3. 印度

在印度，不能送牛皮制品给印度教徒，因为牛是神圣的动物；不可送猪皮制品给回教徒，那是对他们宗教的不敬。

4. 欧洲国家

在欧洲国家，送礼不大盛行，即使是重大节日和喜庆场合，这种馈赠也仅限于家人或亲密朋友之间。来访者不必为送礼而劳神，主人绝不会因为对方未送礼或礼太轻而产生不快。

5. 美国

在美国，请客人吃顿饭，喝杯酒，或到别墅去共度周末，会被视为较普遍的"赠礼"形式，你只要对此表示感谢即可，不必再作其他报答。去美国人家中做客一般不必备厚礼，带些小礼品如鲜花、美酒和工艺品即可，如果空手赴宴，则表示你将回请。

五、对外接待"八不送"

（1）不送现金、信用卡和有价证券。

（2）不送价格过高的奢侈品。

（3）不送不合时尚、不利健康之物。

（4）不送易使异性产生误解之物。

（5）不送触犯受赠对象个人禁忌之物。

（6）不送涉及国家机密之物。

（7）不送其他有违国家法律、法规之物。

（8）不送不道德的物品。

【案例分析】

案例：1997年，某阿拉伯国家的一个访问团来中国南方某城市进行参观访问。访问结束后，该市的市政府为这一代表团举办了欢送晚宴。在晚宴上，市长代表中方向客人赠送了一对特制的瓷瓶,上面印有一对可爱的熊猫图样,并用中文和阿拉伯语书写了"友谊长存"的字样。中方本以为这件礼物会博得对方的喜爱,没想到对方代表团的团长却一脸的不高兴,晚宴中甚至一言不发。这是怎么回事呢?

案例解析:原来,熊猫虽然是我国的国宝,但在阿拉伯地区却不怎么受欢迎。理由是在当地人看来,熊猫长得像猪,而猪是阿拉伯人民讨厌的动物,别人把像"猪"一样的物品送给他们,当然会遭到不大不小的抗议。

【实践训练】

由于同一种花在不同的国家、不同的民族往往会被赋予大不相同的寓意,所以在送花时,必须要了解交往对象的风俗习惯和花的不同寓意,避免出现笑话甚至更为严重的后果。请各位同学查阅资料分别写出5种花的禁忌、色彩的禁忌和数量的禁忌,下次课讨论分享。

【课后训练】

一、情景题

1. 请判断以下礼品赠送的方式是否符合礼仪。

一男一女登门拜访他人。登门之际,女宾向女主人赠送一束鲜花。(　　)

一个写字间内,几位工作人员正在办公。一位男宾带烟酒入内:"我找王哥。"对某男士说:"王哥,这是我一点小意思。"其他人狐疑。(　　)

写字间内,主方向来宾赠送礼物。女秘书把包装好的礼物递给其上司,上司双手交给客人。(　　)

2. 请判断以下人员在涉外交往中的行为是否正确。

一个中国人向一个外国人赠送小礼物。外国人道谢。中国人:"没有什么!这是我家用不完的。"(　　)

一个中国人在路上遇到一位外籍女士,互致问候。中国人:"去哪里?"(　　)

某外商与甲男士通电话:"我们今天下午14点整在咖啡厅见。"咖啡厅内,该外商看表,大钟指向14点半,甲男士赶至。(　　)

某外商与甲女士通电话:"我们今天下午14点整在咖啡厅见。"大钟指向14点,甲女士入内。(　　)

某外商与几位中方公司员工见面,一位男员工擤完鼻涕后与外商握手。(　　)

某外商称赞一位女员工:"小姐,你真漂亮!"女员工:"哪里。"(　　)

二、实训操作

假设马上就是你客户的生日了,请从给出的四件物品中选择最合适的礼物送给她:鲜花、手机、衣服、羽毛球拍,并说明原因。

三、案例分析题

一位女士,在伦敦留学,曾在一家公司打工。女老板对她很好,在很短的时间内给她加了几次薪。

一日,老板生病住院,这位女士打算去医院看望病人,于是她在花店买了一束红玫瑰,在半路上,她突然觉得这束花的色彩有点儿单调,而且看上去俗气,就又去买了十几枝黄玫瑰,并且与原来的玫瑰花插在了一起,自己感到很满意。结果,在病房中,老板见到她的时候,先是高兴,转而大怒。

试分析这位女士的失礼之处,并就此情景选择适宜的花。

项目五

商务宴请礼仪

知识目标：

1. 了解宴会的类型，掌握宴会的组织礼仪。
2. 掌握中餐宴请的尊位确定、位次排序。
3. 掌握中餐餐具和西餐餐具的使用。
4. 掌握西餐宴请的座次排序。
5. 掌握西餐中的饮酒与菜肴搭配技巧。

能力目标：

1. 能正确安排中餐宴请的桌次、位次。
2. 能针对不同的场合和环境，正确使用中餐餐具。
3. 能在西餐宴请接待中进行座次排序。
4. 能按礼仪要求赴宴、正确使用西餐餐具，并会进行西餐中的饮酒与菜肴搭配。
5. 能在不同的宴请场合协调主宾关系，达到最佳效果。

项目案例导入　正式宴请：提前沟通、安排，高潮出彩

李云在一家著名跨国公司的北京总部做总经理秘书工作，中午要随总经理和市场总监参加一个工作午餐会，研究未来一年市场推广工作的计划。这不是一个很正式的会议，主要是利用午餐时间彼此沟通一下。李云知道晚上公司要正式宴请国内最大的客户张总裁等一行人，答谢他们一年来给予的支持，她已经提前安排好了酒店和菜单。午餐是自助餐的形式，与总经理一起吃饭，李云可不想失分；所以在取食物时，她选择的都是一口能吃下去的食物，放弃了她平时喜爱的大虾等需要用手帮忙才能吃掉的美食。她知道自己可能随时要记录老板的指示，没有时间去补妆，而总经理是法国人，又十分讲究。

下午回到办公室，李云再次落实了酒店的宴会厅和菜单，为晚上的正式宴请做准备。算了算宾主双方共有8位，李云安排了桌卡；因为是熟人，又只有几个客人，所以没有送请柬；可是她还是不放心，就又拿起了电话，找到了对方公关部李经理，详细说明了晚宴的地点和时间，又认真地询问了他们老总的饮食习惯。李经理告诉说他们的老总是山西人，不太喜欢海鲜，非常爱吃面食。李云听后又给酒店打电话，重新调整了晚宴的菜单。

李云还是决定提前半个小时到酒店，看看晚宴安排的情况并在现场做准备工作。在酒店李云找到领班经理，再次讲了重点事项，又和他共同检查了宴会的准备。宴会厅分内外两间，外面是会客室，是主人接待客人小坐的地方，已经准备好了鲜花和茶点；里面是宴会的房间，中餐式宴会圆桌上已经摆放好了各种餐具。

李云知道对着门口桌子上方的位子是主人位，但为了慎重从事，还是征求了领班经理的意见。从带来的桌卡中先挑出写着自己老板名字的桌卡放在主人位上。再将对方老总的桌卡放在主人位子的右边。想到客户公司的第二把手也很重要，就将他放在主人位子的左边。李云又将自己的顶头上司市场总监的桌卡放在桌子的下首正位上，再将客户公司的两位业务主管，分放在他的左右两边。为了便于沟通，李云就将自己的位子与公关部李经理放在了同一方向的位置。

应该说晚宴的一切准备工作已经就绪。李云看了看时间还差一刻钟，就来酒店的大堂内等候。总经理一行提前10分钟来到了酒店门口，李云就接送他们到宴会厅并简单地汇报了安排工作。李云随即又返身回到了酒店大堂，等待着张总裁一行人的到来。几乎分秒不差，她迎接的客人准时到达。

晚宴按李云精心安排的情况顺利进行着，宾主双方笑逐颜开，客户不断夸奖菜的味道不错，正合他们的胃口。这时领班经理带领服务员像表演节目一样端上了山西刀削面。客人看到后立即哈哈大笑起来，高兴地说："你们的工作做得真细致。"李云的总经理也很高兴地说："这是李云的功劳。"

看到宾主满意，李云心里暗自总结着经验：下午根据客人的口味调整菜单，去掉了鲍鱼等名贵菜，不仅省钱，还获得了客人的好感。

资料来源：http://yingyu.100xuexi.com/view/mustdata/20100520/3ACC357E-3BCD-428B-810B-FCA3E651EB09.html

> 英国一位著名的外交家曾经说："请客吃饭是外交的灵魂。"似乎有点夸张，但是仔细分析，不管什么层次、类型的谈判、会议、活动，都离不开吃饭。

每一个商务人员都需要树立并维护自我职业形象。理解、控制并恰当地应用商务宴请礼仪有助于商务人员完善和维护自己的职业形象，会使其用一种恰当、合理的方式与人沟通和交流，在职场中博得他人的尊重。本项目你要完成如下商务活动礼仪方案：

1. 中式宴请礼仪。
2. 西式宴请礼仪。

【任务分解】

学习任务 5-1：中式宴请礼仪

学习任务 5-2：西式宴请礼仪

学习任务 5-1　中式宴请礼仪

中国宴请的历史可以追溯到新石器时代。宴请已成为中国传统文化的一个重要组成部分，到现在已经有千百年的演进。而且中国人讲究吃，常说"民以食为天"，不论大宴小酌，总是极尽巧思，以满足宾主的口腹之欲。同样，中餐也受到外国人士的喜爱。

【任务分析】

在餐桌上最能观察出一个人是否有涵养，尤其是一群人围坐一起吃饭时，很多细节都是少不了要注意的，不然就会给人留下一个"没有修养"的坏印象。

中式宴请涉及方方面面的礼仪知识，但如下几个方面是必须考虑的：

- 常见的宴请形式。
- 宴请的组织礼仪。
- 中式宴请礼仪。
- 中餐餐具的使用礼仪。

商务宴请是商务交往活动中常见的一种方式，通过宴请可达成某种共识，拉近彼此距离。宴请者时刻讲究宴请礼仪不但可以让应邀者感受到被重视，还能够增进彼此沟通的有效进行。宴请者和应邀者双方都只有在熟悉相关的商务宴请礼仪情况下，才能使得整个宴请顺利完成。

一、常见的宴请形式

（一）宴会

宴会，指比较正式、隆重的设宴招待，宾主在一起饮酒、吃饭的聚会。宴会是正餐，出席者按主人安排的席位入座进餐，由服务员按专门设计的菜单依次上菜。宴会种类复杂，名目繁多。

（1）按其规格又有国宴、正式宴会、便宴、家宴之分。

- 国宴。特指国家元首或政府首脑为国家庆典或为外国元首、政府首脑来访而举行的正式宴会，是宴会中规格最高的（见图5-1）。按规定，举行国宴的宴会厅内应悬挂两国国旗，安排乐队演奏两国国歌及席间乐，席间主、宾双方有致词、祝酒。

图 5-1

- 正式宴会。这种形式的宴会除不挂国旗、不奏国歌及出席规格有差异外，其余的安排大体与国宴相同。有时也要安排乐队奏席间乐，宾主均按身份排位就座。许多国家对正式宴会十分讲究排场，对餐具、酒水、菜肴的道数及上菜程序均有严格规定。
- 便宴。是一种非正式宴会，常见的有午宴、晚宴，有时也有早宴。其最大特点是简便、灵活，可不排席位、不作正式讲话，菜肴也可丰可俭。有时还可以自助餐形式，自由取餐，可以自由行动，更显亲切随和。
- 家宴。即在家中设便宴招待客人。西方人士喜欢采取这种形式待客，以示亲切。家宴常采用自助餐方式。西方家宴的菜肴往往远不及中国餐丰盛，通常由主妇亲自掌勺，家人共同招待，因而它不失亲切、友好的气氛。

一般情况下，宴会持续时间为2小时左右。

(2) 按餐型划分有中餐宴会、西餐宴会、中西合餐宴会。

(3) 按用途划分有欢迎宴会、答谢宴会、节庆宴会、告别宴会、招待宴会。

(4) 按时间划分有早宴、午宴和晚宴，以晚宴档次为最高。

（二）招待会

招待会不备正餐，是一种较为灵活的宴请方式。通常备有食品、酒水、饮料，由客人自取，或坐或站，或与他人一起，或独自一人用餐。一般不排座次，可以自由活动。常见的招待会主要有冷餐会和酒会。

- 冷餐会。此种宴请形式的特点是不排席位，菜肴以冷食为主，也可冷、热兼备；连同餐具一起陈设在餐桌上，供客人自取（见图5-2）。客人可多次进食，站立进餐，自由活动，边谈边用。冷餐会的地点可在室内，也可在室外花园里。对年老、体弱者，要准备桌椅，并由服务人员招待。这种形式适宜招待人数众多的宾客。在我国，举行大型冷餐招待会时，往往用大圆桌，设座椅，主桌安排座位，其余各席并不固定座位。食品和饮料均事先放置于桌上，招待会开始后，自行进餐。
- 酒会。又称为鸡尾酒会，较为活泼，便于广泛交谈接触。招待品以酒水为主，略备小吃，不设座椅，仅置小桌或茶椅，以便客人随意走动（见图5-3）。酒会举行的时间亦较灵活，中午、下午、晚上均可。请柬上一般均注明酒会起止时间，客人可在此间任何时候入席、退席，来去自由，不受约束。鸡尾酒是用多种酒配成的混合饮料，酒会上不一定都用鸡尾酒。通常鸡尾酒会备置多种酒品、果料，但不用或少用烈性酒。饮料和食品由服务员托盘端送，亦有部分放置桌上。近年来国际上举办大型活动广泛采用酒会形式招待。自1980年起我国国庆招待会也改用酒会这种形式。

图 5-2　　　　　　　　　　　图 5-3

（三）茶会

茶会，顾名思义就是请客人品茶，故对茶叶、茶具及递茶均有规定和讲究，以体现该国的茶文化。茶叶的选择要照顾到客人的嗜好和习惯,茶具要选用陶瓷器皿,不要用玻璃杯,也不要用热水瓶代替茶壶。

茶会是一种简便的招待形式,多为社会团体、厂矿企业举行纪念活动和庆祝活动所采用(见图5-4)。茶会通常安排在上午10点或下午4点左右举行,一般地点选在客厅,内设茶几、座椅,备有茶、点心或地方风味小吃,请客人一边品尝,一边交谈。茶会一般不排席位,但入座时有意识地将主宾和主人安排在一起,其他人则随意入座,宾主共聚一堂,饮用茶点,漫话叙谈,席间可安排一些短小的文艺节目助兴。安排有外国人参加的茶会应备有红茶、咖啡和冷饮。欧洲人一般喜欢饮红茶,日本人喜欢喝乌龙茶,美国人喜欢用袋茶。

(四)工作餐

工作餐是又一种非正式宴请形式,按用餐时间分为工作早餐、工作午餐和工作晚餐,主客双方可利用进餐时间,边吃边谈问题(见图5-5)。我国现在在外事工作中,也开始广泛使用这种形式。它的用餐多以快餐分食的形式,既简便、快速,又符合卫生。此类活动一般不请配偶,因其多与工作有关。双边工作进餐往往以长桌安排席位,其座位与会谈桌座位排列相仿,便于主宾双方交谈、磋商。在国外,工作进餐通常实行"AA制",由参加者各自付费。

图 5-4　　　　　　　　　　　图 5-5

当然,要使宴请活动井然有序、妥贴圆满,事先的充分准备和过程中的有效控制都是至关重要的。

二、宴请的组织礼仪

(一)明确宴请对象、目的、范围、形式

(1)对象。首先要明确宴请的对象。主宾的身份、国籍、习俗、爱好等,以便确定宴会的规格、主陪人、餐式等。

213

（2）目的。宴请的目的是多种多样的。可以是为表示欢迎、欢送、答谢，也可以是为表示庆贺、纪念、节庆聚会、工作交流、会议闭幕，还可以是为某一事件、某一个人等。明确了目的，也就便于安排宴会的范围和形式。

（3）范围。宴请哪些人参加，请多少人参加都应当事先明确。主客双方的身份要对等，主宾如携夫人，主人一般也应以夫妇名义邀请。哪些人作陪也应认真考虑。

（4）形式。宴会形式要根据规格、对象、目的来确定，可确定为正式宴会、冷餐会、酒会、茶会等形式。不同的宴请形式有各自不同的做法，在实际活动中具体选择哪一种形式应根据具体情况决定。

（二）选择时间、地点

宴会时间的选定：应以主客双方的方便为合适。注意不要选择对方重大的节假日、有重要活动或有禁忌的日子和时间。例如，对信奉基督教的人士不要选十三号；伊斯兰教在斋月内白天禁食，宴请宜在日落后举行。小型宴请的时间，应首先征询主要客人的意见，主宾同意后再约请其他宾客。

宴会地点的选择：官方正式隆重的活动，一般安排在政府、议会大厦或宾馆饭店的大厅举行；其余则按活动性质、规模大小、宴请方式及实际可能选定，一般环境幽雅、交通方便即可。

（三）精心制作请柬，认真发送确认

凡是正式宴请，都应该发送请柬或请帖（见图5-6），这既是礼节，也是对被邀请者起提醒与备忘的作用。请柬应注明邀请人姓名、被邀请人姓名、尊贵的称呼、宴请的方式及时间地点、着装要求或提示等。

图5-6

大型宴请可以单位名义发邀请，也可以个人名义发邀请；小型宴会可以个人名义或夫妇名义发邀请；工作餐可以单位名义发邀请。

除宴请临时来访人员，时间紧促的情况外，宴会请柬应提前一至二周发出，以便被邀请人及早安排时间。需要安排座次的宴请必须在请柬上注明，要求被邀请人答复能否出席，正式宴会在请柬上还要注明席次号。

为了表达主人的真诚，也为了减少活动的失误，在宴请的前夕，还应打电话给被邀请者进行确认，询问一下请柬是否收到，对方能否出席等。如果对方能出席，应向对方表示感谢；即使对方不能前来，也应表示理解。

非正式的宴请通常只需口头打个招呼，在得到对方明确首肯后进行。

(四) 拟订菜单

宴请菜肴的确定也要周密考虑宾客的爱好与禁忌。

宴会上的食品菜肴，既要精致可口，适合来宾的口味，也要美观大方，让人看了赏心悦目，做到色香味俱全。客人往往从主人准备的美味佳肴中，能体会到主人热诚待客的心意，从而留下难忘的记忆。

对于客人的宗教习惯一定要注意尊重。巴基斯坦首任驻华大使罗查将军离任前，周总理曾请他一家吃饭。鉴于巴基斯坦是一个伊斯兰教国家，周总理特地指定在西单的民族饭店设清真席，以羊肉等清真菜肴招待，这让罗查将军感到非常的舒心。

(五) 安排好席位

正式宴会，一般都事先排好座次，以便宴会参加者各得其所，入席时井然有序；同时，这也是对客人的尊重及礼貌。非正式的小型便宴，有时也可不必排座次。

安排座位时，应考虑如下几点：

（1）以主人的座位为中心。如有女主人参加时，则以主人和女主人为基准，以靠近者为上，依次排列。

（2）要把主宾和夫人安排在最尊贵显眼的位置上。通常的做法是，以右为上，即主人的右手是最主要的位置；其余主客人员，按礼宾次序就座。

（3）在遵照礼宾次序的前提下，尽可能使相邻就座者便于交谈。例如，在身份大体相同时，把使用同一语种的人排在相邻。

（4）主人方面的陪客，应尽可能插在客人之间坐，以便同客人接触交谈，避免自己人坐在一起。

（5）夫妇一般不相邻而坐。西方习惯，女主人可坐在男主人对面，男女依次相间而坐。女主人面向上菜的门。我国和其他一些国家，不受此限。

（6）译员可安排在主宾的右侧，以便于翻译。有些国家的习惯是，不给译员安排席次，译员坐在主人和主宾背后工作，另行安排用餐。

（7）在多边活动场合，对关系紧张、相互敌视国家的人员，应尽量避免把座次排在一起。

座位排妥后，应设法在入席前通知出席者，并现场对主要客人进行引导。通知席位的办法有如下几种：

（1）较大型宴会，以在请柬上注明席次为好。

（2）中小型宴会，可在宴会厅门口放置一席位图，画明每个人的坐处，请参加者自看。

（3）有的小型宴请，也可以口头通知，或在入席时，由主人及招待人员引坐，或者在每张餐桌上摆放用阿拉伯数字书写的桌次牌。

（六）宴会现场的布置

宴会现场的布置取决于活动的性质和形式。

官方的正式宴会布置应该严肃、庄重、大方，可以少量点缀鲜花、刻花等，不要用红红绿绿的霓虹灯作为装饰（见图5-7）。

图 5-7

如果是年轻人居多的酒会，整个会场的布置可多放置些鲜花及一些眩目的装饰物，使整个气氛显得轻松浪漫。

（七）宴请中主人的宴请程序及礼仪服务

非正式宴请当然无须讲究什么程序，只要双方能彼此呼应就行。

正式宴请主人按迎宾、引导入席、斟酒、致词、用餐、送别的程序服务。

1. 迎宾

宴会开始前，主人应站在大厅门口迎接客人。对规格高的贵宾，还应组织相关负责人到门口列队欢迎，通称迎宾线。客人来到后，主人应主动上前握手问好，然后引导客人进入休息厅，如无休息厅则直接进入宴会厅，但不入座。在有些国家，正式隆重的宴会，客人到达时，还可雇请专人协助唱名介绍。当主宾到达后，主人即陪同主宾进休息厅。这时如尚有其他客人陆续前来，可由其他人员代表主人在门口迎接。

2. 引导入席

主人陪主宾进入宴会厅，宴会即可开始。

主人陪同主宾进入宴会厅主桌，接待人员引导其他客人入席后，全体客人就座，宴会即正式开始。如休息厅较小，或宴会规模大，也可请主桌以外的客人先入座，主宾席最后入座。

3. 斟酒

向客人斟酒时，应走到客人右侧，上菜在客人左侧。除啤酒外，酒瓶瓶口不应接触杯沿，酒杯也不应提起。斟入的酒之多少应根据酒的种类酌定，一般斟入3/4杯即可，不要超过4/5（见图5-8、图5-9）。

图 5-8　　　　　　　　　图 5-9

服务人员侍应，要从主宾开始，有女主宾的，从女主宾开始，没有女主宾的，从男主宾开始，接着是女主人或男主人，由此向顺时针方向进行。规格高的，由两名服务员侍应，一个按顺序进行，另一个从第二主人右侧的第二主宾至男主宾前一位止。

4. 致词、祝酒

正式宴会一般都有致词和祝酒，但时间不尽相同。我国习惯是在大家刚入席或在热菜之后、甜食之前进行，致词应力求简短，才能给大家留下好的印象，才会受到欢迎。在宴会上长篇大论或高谈阔论是不明智的，也是一种失礼的表现。

在致词时，全场人员要停止一切活动，聆听讲话，并响应致词人的祝酒，在同桌中间互相碰杯，这时宴会正式开始。

5. 用餐

主人应努力使宴会进行得气氛融洽、活泼有趣；要不时地找话题进行交谈，还要注意主宾用餐时的喜好，掌握用餐的速度。

6. 送别

正式宴会，吃完水果，主人与主宾起立，宴会即告结束。主宾告辞时，主人送主宾到门口，原迎宾人员按顺序排列热情相送，感谢光临。

（八）宴请中客人应邀的程序及礼仪

正式宴请中客人按应邀、出席、交谈、进餐、饮酒和致谢退席的程序完成赴宴。

1. 应邀

客人接到请柬或邀请信，无论能否出席，都要及时答复对方，以便主人做出安排。如果由于特殊情况不能出席，特别是主宾，应尽早向主人解释、道歉，甚至亲自登门表示歉意。同时客人还要核实宴会举办的时间、地点，是否邀请配偶及主人对服装的要求等情况。

举例：卓越集团 12 月 28 日上午 10 点举办新年招待会，感谢客户对集团工作的支持与帮助。王磊作为某高校物品采购部门领导，12 月 20 日收到了该集团发来的请柬后，

放在了一边。12月28日，在收拾物品时，王磊突然发现了这张请柬，慌忙跑去赴宴。可是宴会已经开始，每桌都有桌牌和名字，他找了一大圈，才找到自己的位置。坐下后，主人正在讲话，这时，他的手机突然响起，王磊接听电话，被告知学校有重要事情需要他马上办理；但主人还没有讲完，他非常焦急，拿着筷子在盘中来回划动，心不在焉。主人讲话完毕，他迫不及待地搬开凳子，凳子发出很大的声响，同座的其他人面面相觑，王磊慌忙而去。

2. 出席

出席宴会前，最好稍作梳洗打扮，穿上一套合时令的干净衣服，精神饱满。应牢记对方宴请的时间和地点、搞清行车或步行的路线及所需要的时间，以保证能按时到达。

出席宴请，要准时抵达，过早或过迟、无故提前退场等均被视作不恭和失礼之举。一般来说，身份高者可略晚到达，一般客人宜略早到达。

3. 交谈

抵达宴请地点，应主动向主人或其他客人问好，如是节庆活动，应表示祝贺，可赠送花束或花篮。入席前，要尽量与更多的宾客主动交谈，沟通感情，以创造一种友好活跃的氛围（见图5-10）；待主人和主宾入座后，再在自己的席位处从座椅的左侧入座。入座时应听从主人的安排。如桌次较多，应在进入宴会厅前，先了解自己的桌次，不要随意乱坐，特别注意不要轻易坐在尊位上。如果邻座是长者或妇女，应主动协助其坐下。

图5-10

4. 进餐

入座后，应端庄自然，双腿靠拢，双足平放于地面，不宜将两腿交叠，双手不可放在邻座的椅背上。未上菜时，不可随意玩弄桌上的酒杯、筷子、盘碗等餐具。主人招呼后即可开始进餐。用餐前应先将餐巾打开铺在膝上，餐后叠放在盘子右边，不可放在椅子上。每道菜，要让年长者或职位高的人先动筷。进餐时应闭嘴咀嚼，不要舔嘴或发出声响。喝汤时不要发出声响，汤菜太热，可待稍凉后再食用，切勿用嘴吹去热气。嘴内有食物时切勿说话。吃剩的菜、用过的餐具、牙签及骨刺等要放入骨盘中，勿随意乱扔。

剔牙时，要用手或餐巾掩口。在餐桌前咳嗽、打喷嚏应侧身掩口，并要向周围的人道歉。进餐时，擤鼻涕、打嗝都是不礼貌的行为。

5. 饮酒

参加正式宴会，宾客一般都有祝酒的习惯。碰杯时主人和主宾先碰，人多时可同时举杯示意。在主人和主宾致辞、祝酒时，其他人应暂停进餐和交谈，并注意倾听。主人和主宾讲完话并与贵宾席人员碰杯后，往往到其他桌敬酒，遇此情况应起立举杯，碰杯时应目视对方以示致意。饮用酒水要适度，不可过量。不能喝酒时应予以说明，但不要把酒杯倒置，应轻轻按住杯边缘。

6. 致谢退席

通常情况下，用完水果后，主人与主宾起立，宴会即告结束。告辞时，应向主人表示感谢，并礼貌地同其他客人握手道别。参加宴会，一般不要中途退席，确实需要提前退席，应向主人说明后悄悄离去，也可事先打好招呼，届时离席。中途退席时，还应向本席的主要客人告辞，然后向其他客人点头示意。参加宴会后的两三天内，客人应致感谢卡或打电话向主人致谢。

三、中式宴请礼仪

（一）中餐宴会的席位排列

1. 中餐宴会的桌次排列

主桌确定的原则为"面门定位，以右为尊，以远为上，居中为尊"，其他桌次按照离主桌的远近按"近高远低，右高左低"原则进行。

在正式的宴会厅内安排桌次时，主要有如下几条规矩。

（1）以右为上：即各桌横向并列时，以面对宴会厅正门时为准，右侧的餐桌高于左侧的餐桌。

（2）以远为上：即各桌纵向排列时，以距离宴会厅正门的远近为准，距其愈远，餐桌的桌次越高。

（3）居中为上：即各桌围绕在一起时，居于正中的那张餐桌应为主桌。

（4）临台为上：即宴会厅内有专用的讲台时，背靠讲台的餐桌为主桌；若宴会厅内没有专用讲台，有时也可以背临主要画幅的那张餐桌为主桌。

在中餐宴请活动中，往往采用圆桌布置菜肴、酒水。排列圆桌的主次次序，有两种情况。

一种情况是，由一桌或两桌组成的小型宴请，常见的排列方法可参见图 5-11 和图 5-12，图中圆圈里的序号就是桌次的高低序号。

图 5-11

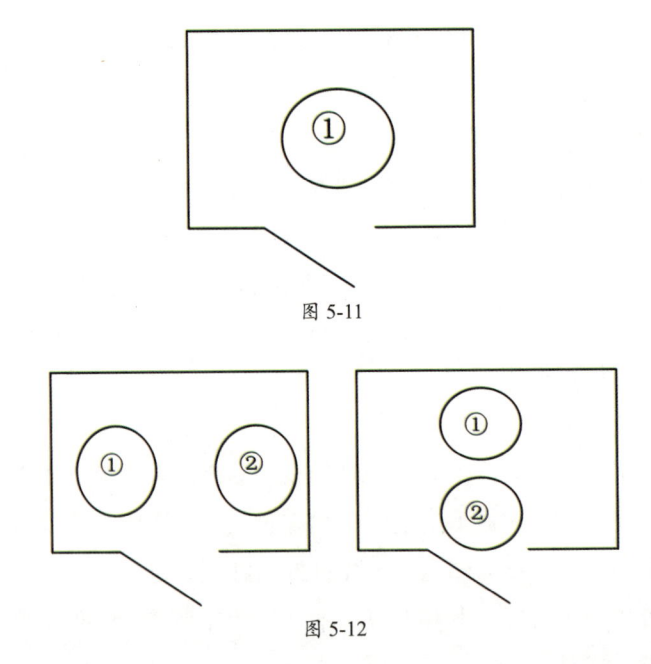

图 5-12

另一种情况是，由三桌或三桌以上的桌数组成的宴请，常见的排列方法可参见图 5-13。

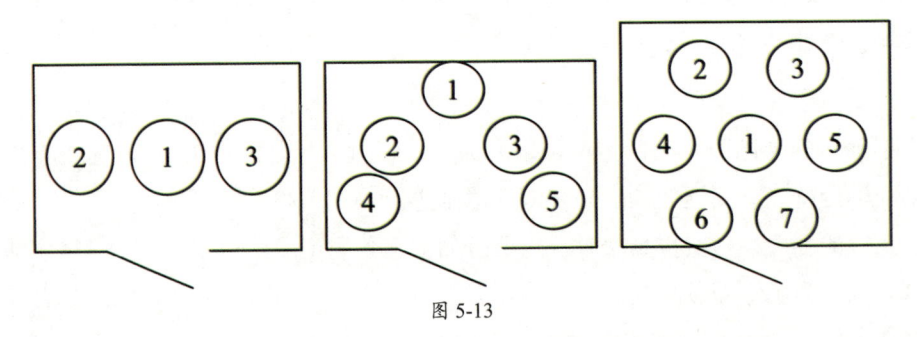

图 5-13

在安排桌次时，所用餐桌的大小、形状要基本一致。除主桌可以略大外，其他餐桌一般以十人为宜，不要过大或过小。

2. 中餐宴会的位次排列

宴请时，每张餐桌上的具体位次也有主次尊卑之分。排列位次的基本方法如下有四种，它们往往会同时发挥作用。

（1）主人在主桌面对正门之位就坐。所谓"面门为主"，是指在每一张餐桌上，以面对宴会厅正门的正中那个座位为主位，通常应请主人在此就座。若宴会厅无正门，则一般以面对主屏风的正中的那个座位为主位。

（2）多桌宴请时，每桌都要有一位主人的代表在座。位置一般和主桌主人同向，有时也可以面向主桌主人。所谓"各桌同向",是指在举行大型宴会时,其他各桌的主陪之位,均应与主桌主位保持同一方向。

(3) 各桌位次的尊卑,以距离该桌主人的远近而定,以近为上,以远为下。

(4) 各桌距离该桌主人相同的位次,讲究以右为尊。

所谓"右高左低",是指在每张餐桌上,除主位之外,其余座位位次的高低,应以面对宴会厅正门时为准,右侧的位次高于左侧的位次。如果就某一侧的座位而言,距离主位越近,位次越高。一般情况之下,可将主宾排在主人右手,而将主宾夫人排在其左手。主人的夫人则往往被安排在主宾的右侧就座。

另外,每张餐桌上所安排的用餐人数应限在10人以内,最好是双数,如6人、8人、10人。人数如果过多,不仅不容易照顾,而且也可能坐不下。

根据上述四个位次的排列方法,圆桌位次的具体排列可以分为三种具体情况。它们都和主位有关。

第一种情况:每桌一个主位的排列方法。特点是每桌只有一位主人,主宾在主人右侧就坐,每桌只有一个谈话中心(见图5-14)。

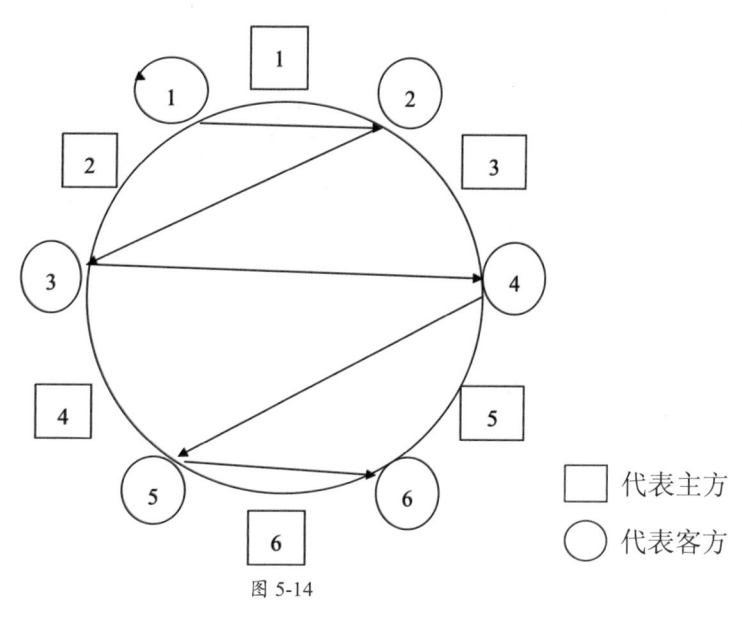

图 5-14

第二种情况:每桌两个异性主位的排列方法。特点是主人夫妇或异性双主人在同一桌就坐,以男主人为第一主人,女主人为第二主人,主宾和主宾夫人分别在男女主人右侧就坐;或以女主人为第一主人,男主人为第二主人,主宾和主宾夫人分别在女男主人右侧就坐。每桌从而客观上形成了两个谈话中心(见图5-15)。

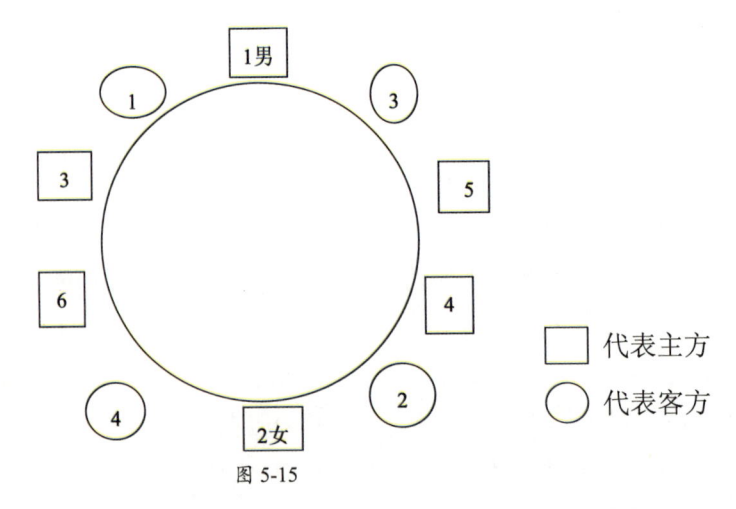

图 5-15

第三种情况：每桌两个同性主位的排列方法。特点是主人为两男性或两女性，双主人在同一桌就坐，以一位男主人为第一主人，另一位男主人为第二主人，主宾和主宾夫人分别在一号男主人右侧、左侧就坐；或以一位女主人为第一主人，另一位女主人为第二主人，主宾和主宾夫人分别在一号女主人右侧、左侧就坐。每桌在客观上形成了两个谈话中心（见图 5-16）。

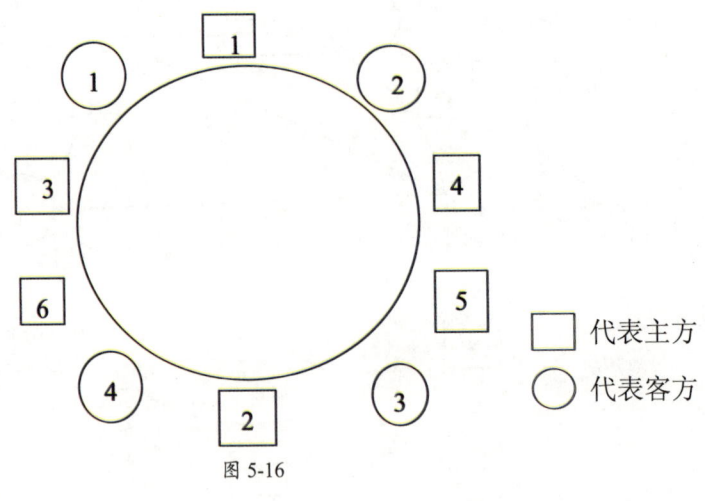

图 5-16

如果主宾身份高于主人，为表示尊重，也可以安排在主人位子上坐，而请主人坐在主宾的位子上。

（二）中餐的上菜顺序与就餐方式

1. 中餐的上菜顺序

不管是什么风味的中餐，它的上菜次序一般都是相同的。标准的中餐，通常是先上冷盘—热炒—主菜—点心和汤—最后是果盘拼盘。当冷盘已经吃了 2/3 时，开始上第一道热菜,一般每桌要安排10个热菜。宴会上桌数再多,各桌也要同时上菜。如果上咸点心,一般应上咸汤;如果上甜点心,则应上甜汤。

2. 中餐的就餐方式

中餐的就餐方式可分为：分餐式、布菜式、公筷式和混餐式。

1) 分餐式

在用餐的整个过程中,为每一位用餐者所上的主食、菜肴、酒水及所提供的其他餐具,一律每人一样一份,分别使用。优点是用餐卫生,又体现了公平,适合正式宴会。

2) 公筷式

在用餐时,主食、菜肴等用大盘盛放,用公用的餐具适量取食,放入自己的食碟、汤碗之内,再用自己专用的餐具享用。这既体现了中国传统聚餐方式,又兼顾了卫生,适合一般的宴会。

3) 自助式

不排席位,不安排统一的菜单,提供的全部主食、菜肴、酒水陈列在一起,由用餐者根据自己的喜好自主地选择、加工、享用。自助式就餐方式体现了节省费用、用餐卫生、就餐自由等优点,适合举行大型活动,招待为数众多的来宾用餐。

4) 合餐式

中餐传统用餐方式,多人一道用餐时,主食、菜肴被置于公用的碗、盘之内,用餐者使用自己的餐具直接从中取用。容易体现出家庭般的和睦、团结的气氛,但不够卫生。它仅适用个人吃便餐或家人一道聚餐,正式的宴会不宜使用,尤其是宴请外国友人是非常不合适的。

（三）中餐餐桌上的礼仪

1. 入座的礼仪

先请客人入座上席,再请长者在客人旁依次入座。入座时要从椅子左边进入,入座后不要动筷子,更不要弄出什么响声来,也不要起身走动。

入座后姿态端正,脚踏在本人座位下,不可任意伸直,手肘不得靠桌缘,或将手放在邻座椅背上。

2. 进餐时的礼仪

（1）进餐时须温文而雅,从容安静,不能急躁。

（2）在餐桌上不能只顾自己,要关心别人,尤其要招呼两侧的女宾。

（3）如欲取用摆在同桌其他客人面前的调味品,应请邻座客人帮忙传递,不可伸手横越,长驱取物。

（4）冷盘菜、海味、虾、蒸鱼等需要沾调料的食物可自由调味，但切记勿将咬过的食物再放进调料盘中调味。

（5）取菜舀汤，应使用公筷公匙。自用餐具不可伸入公用餐盘夹取菜肴。

（6）筷子不要伸得太长，更不要在菜盘里翻找自己喜欢的菜肴，应先将转台上自己想吃的菜转到自己眼前，再从容取菜。

（7）必须小口进食，食物未咽下，不能再吃另一口食物。好的吃相是食物就口，不可将口就食物。食物带汁，不能匆忙送入口，否则汤汁滴在桌布上，将显得极为不雅。

（8）他人在咀嚼食物时，均应避免跟人说话或敬酒。

（9）喝酒宜主宾随意，敬酒以礼到为止，切忌劝酒、猜拳、吆喝。

（10）主人向客人介绍自家做的拿手菜或名家做的菜，请大家趁热品尝时，不得争抢，应首先礼让领座客人后，再伸筷取食，勿忘给予赞赏。

（11）没有吃过的菜肴，或者食用方法较特殊的菜肴上席时，不知如何食用不要紧，慢一点动筷，等别人食用时你再依样而行，自然就学会了。

（12）如吃到不洁或异味，不可吞入，应将入口食物轻巧地用拇指和食指取出，放入盘中。倘若未吃时，在盘中的菜肴中发现有昆虫和碎石，不要大惊小怪，宜等候侍者走近，轻声告知侍者更换。

（13）遇有意外，如不慎将酒、水、汤汁溅到他人衣服上，表示歉意即可，不必恐慌赔罪，反使对方感到难为情。

（14）如餐具坠地，可请侍者拾起。

（15）进餐的速度，宜与男女主人同步，不宜太快，亦不宜太慢。

（16）餐桌上不能谈悲戚之事，否则会破坏欢愉的气氛。

（17）进餐后，不能抢着付账，推拉争付，极为不雅。倘系做客，不能抢付账。未征得朋友同意，亦不宜代友付账。

3. 离席时的礼仪

离席时，必须向主人表示感谢，或者即时邀请主人以后到自己家做客，以示回请。

四、中餐餐具的使用

（一）餐具的摆放

中餐的餐具主要有杯、盘、碗、碟、筷、匙等。在正式宴会上，水杯应放在餐盘上方，酒杯放在右上方。筷子与汤匙放在专用的座上（见图5-17）。

图 5-17

（二）餐具的使用

1. 筷子（见图 5-18）

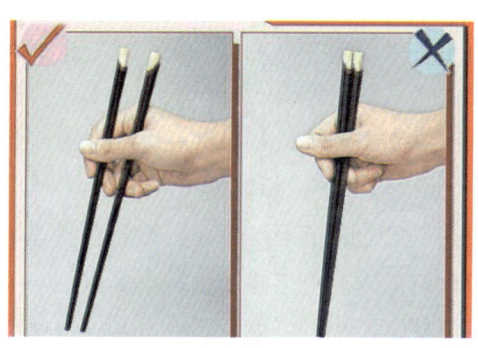

图 5-18

在中国几千年的饮食文化中，用筷子形成了基本的规矩和礼仪：

- 直筷——筵席中暂时停餐，可以把筷子直搁在碟子或者调羹上。
- 横筷——将筷子横搁在碟子上，则表示酒足饭饱不再进膳。横筷礼一般用于平辈或比较熟悉的朋友之间。小辈为了表示对长者的尊敬，必须等长者先横筷后才能跟着这么做。

中餐用餐礼仪中，用筷子取菜时，需注意如下几个问题：

（1）在进餐前发放筷子时，要把筷子一双双理顺，然后轻轻地放在每个餐位前，相距较远时，可请人递交过去，不能随手掷在桌子上，更不能掷在桌下。

（2）要注意筷子是用来夹取食物的。用来挠痒、剔牙或用来夹取食物之外的东西都是失礼的。在等待就餐时，不能坐在桌边一手拿一根筷子随意敲打或用筷子敲打碗盏或茶杯。

（3）用餐过程中与人交谈时，要暂时放下筷子，不能把筷子当成道具，在餐桌上乱舞，也不要在请别人用菜时，把筷子戳到别人面前。用餐完毕，筷子应整齐地搁在靠碗右边的桌上，并应等众人都放下筷子后，在主人示意散席时方可离座；不可自己用餐完毕，便扔下筷子离席。

（4）不论筷子上是否残留食物，千万不要去舔。因为用舔过的筷子去夹菜，是不是有点倒人胃口？

（5）不要把筷子竖插放在食物的上面。因为在中国习俗中只在祭奠死者的时候才用这种插法。

（6）每次夹的菜不宜太多，夹菜途中不能滴水不停，不能指点他人。夹菜时，不能把筷子在菜盘里挥来挥去，上下乱翻。遇到别的宾客也来夹菜时，要注意避让，避免"筷子打架"。

为别人夹菜时，要使用公筷；喝羹汤时，要用公勺舀到自己的小碗内。使用完公筷、公勺，要放回原来位置。

2. 汤匙（见图 5-19）

汤匙也叫勺子，用筷子取菜时，可用它加以辅助，不要单用汤匙去取菜。用汤匙取食物时，不要过满免得溢出来弄脏餐桌或自己的衣服。在舀取食物后，可以在原处"暂停"片刻，汤汁不会再往下流时，再移回来享用。

暂不用汤匙时，应放在自己的碟子上，不要直接放在餐桌上，或在食物中"立正"。用汤匙取食物后，要立即食用或放在自己碟子里，不要再倒回原处。如食物太烫，不可用汤匙舀来舀去，也不要用嘴对着吹，可先放到自己的碗里等凉了再吃。不要把汤匙塞到嘴里，或反复吮吸、舔食。

3. 碗（见图 5-20）

不要端起碗进食，碗里食物不可往嘴里倒，暂不用的碗不可放杂物。

图 5-19

图 5-20

4. 盘、碟（见图 5-21）

盘子主要用来盛放食物，在使用方面和碗略同。盘子在餐桌上一般要保持原位，而且不要堆放在一起。

不吃的残渣、骨、刺不要吐在地上、桌上，而应轻轻取放在食碟前端，放的时候不能直接从嘴里吐在食碟上，要用筷子夹放到碟子旁边。如果食碟放满了，可以让服务员更换。

5. 水杯（见图 5-22）

水杯主要用来盛放清水、汽水、果汁、可乐等软饮料。不要用水杯盛酒，也不要倒扣水杯。另外，喝进嘴里的东西不能再吐回水杯。

图 5-21 　　　　　　　　图 5-22

6. 湿毛巾（见图 5-23）

餐前，湿毛巾用于擦手，不要用来擦脸、嘴、汗。餐后，用于擦嘴，不要擦脸、汗。

7. 餐巾（见图 5-24）

餐巾应铺放在并拢的大腿上，不能围在脖子上、衣领里或腰带上。餐巾可用于擦嘴和手，但不能擦餐具或汗。

图 5-23 　　　　　　　　图 5-24

8. 水盅（见图 5-25）

当吃螃蟹、龙虾等需要用手撕着吃的食物，服务员会给每人送上一个用银、铜、磁器、玻璃制成的小水盅，上面飘着柠檬片或玫瑰花瓣，这是专供餐者洗手指头用的，不能喝。

9. 牙签（见图 5-26）

尽量不要当众剔牙。若需要剔牙，则需用另一只手掩住口部，剔出来的东西，不要当众观赏或再次入口，也不要随手乱弹，随口乱吐。剔牙后，不要长时间叼着牙签，更不要用来扎取食物。

图 5-25

图 5-26

➔【知识链接】

一、国宴的礼仪要求

（1）国家元首或政府首脑亲自主持。

（2）座次按照礼宾次序排列。

（3）场地布置隆重、热烈，主席台中设有大型鲜花花台。

（4）宴会厅内悬挂宾主两国国旗。

（5）宾主入席后，乐队演奏两国国歌。

（6）主人和主宾先后发表祝酒辞。

（7）乐队席间穿插演奏两国民族音乐作品。

（8）与宴者必须正式着装，国宴大都安排在晚上进行；男宾一般穿中山装或西装，女宾穿旗袍或晚礼服。

（9）国宴席卡、菜单上均印有国徽，代表国家最高规格。

二、接待外宾吃中餐注意事项

（1）当外宾上桌后，应首先询问客人是否会用或者喜欢用筷子，是否需要另配刀叉进餐，总之，要尊重客人的饮食习惯。

（2）餐席上使用的餐具，千万不要再用餐巾纸或餐巾去擦拭，这会使外宾误认为餐具不洁，没有经过消毒处理而影响进餐情绪。

（3）每上一道菜，应主动向客人介绍食品制作原料及食用方法；因为中餐菜肴经过加工以后，已看不见食品本身原料，而外宾对许多中国人喜欢吃的菜肴（动物内脏等）是拒绝食用的。

（4）给客人介绍菜点时，应尽量介绍其特色，而不要笼统地说这是中国的"名菜"，外国人对于"著名"的认识与中国人有一定差距。

（5）招待外宾千万不要说"没有什么菜"、"招待不周"之类的客套话。这种中国式的谦虚会被他们误认为你对他重视不够，而应当说"今天的菜肴是我夫人精心为你们准备的，希望你们吃得开心。"

（6）注意外宾的饮食禁忌。

（7）注意女士优先原则。

举例：某参赞身份的外宾和一位本国女士共同来赴中国人的宴请，到达宴席地点后，主人首先安排参赞坐下，接着才让同行的女士入座。随后服务员等待点餐时，又让参赞先点。参赞称他当时有些尴尬，不知所措，因为在希腊等西方国家，女士优先已经成为社交准则之一。

案例启示：

当中国传统社交礼仪与国际礼仪出现差异时，国人可以首先避免外宾所不容易接受和习惯的做法，以免使他们感到尴尬和难堪。此外，谦让于女士也是一名男士良好品德的象征。在西方国家，进入餐厅时，男士通常会先开门，请女士进入。如果有服务员带位，也是请女士走在前面。入座、餐点端来时，也都会让女士优先。

三、筷子文化十五忌

（1）疑筷：忌举筷不定，不知夹什么菜好。

（2）搅筷：忌用筷子在盘里扒拉夹菜。

（3）指筷：不能拿筷子指人。

（4）抢筷：忌两个人同时夹菜，结果筷子撞在一起。

（5）刺筷：夹不起来就用筷子当叉子，扎着夹。

（6）横筷：表示用餐完毕，客人和晚辈不能先横筷子。

（7）吸筷：即使菜上有汤汁也不能嘬筷子。

（8）泪筷：忌夹菜时不干净，菜上挂汤淋了一桌。

（9）别筷：不能拿筷子当刀使用，撕扯肉类菜。

（10）供筷：忌讳筷子插在饭菜上。

（11）拉筷：正嚼着的食物不能拿筷子往外撕，或者当牙签。

（12）粘筷：筷子上还粘着食物时不能夹别的菜。

（13）连筷：同一道菜最好不要连夹3次以上。

（14）斜筷：吃菜要注意吃自己面前的菜，不要吃得太远，不要斜着伸筷够菜。

（15）分筷：摆筷子，不要分放在餐具左右，只有在吃绝交饭时才这样摆。

四、敬酒礼仪

（1）敬酒应以年龄大小、职位高低为序。

（2）敬酒者站在被敬人的右侧，起立举杯。

（3）在敬酒与人碰杯时，要注视对方，自己的杯身比对方略低时，表示你对对方的尊重。不可交叉碰杯。

（4）如不能喝酒，可礼貌声明，轻按杯缘，不可将杯倒置。

（5）向距离较远的客人敬酒，可用举杯、点头和微笑的方式进行。

（6）西方斟酒三分满，我国斟酒十分满。注意斟酒按顺时针次序。

（7）注意礼貌拒酒。

【案例分析】

严非今天心情特别好，要去参加同学聚会。聚会时气氛非常热烈，大家都在回忆过去的美好时光。吃饭时，严非发现曾住他下铺的小武咀嚼食物时发出"吧唧吧唧"的声音，还边吃边说，唾沫横飞。吃完后，小武伸了伸懒腰，做出很满足的样子，还打了一个响嗝。严非的心情顿时暗淡下来。

讨论：针对此案例谈谈你的看法，严非的心情为什么会顿时暗淡下来？

【实践训练】

为欢迎公司重要客户，公司特举办了一次中餐宴会，宴会中，主人、主宾、副主人、副主宾及陪同共20人。

问题：如何安排他们的位次呢？并说出理由。说明在进餐时应注意哪些内容。

【课后训练】

一、单项选择题

1. 中餐上菜的顺序一般是先上（　　），后上（　　）。
   A. 热菜　　　　B. 冷盘　　　　C. 汤菜　　　　D. 甜食

2. 中式宴会厅配备最多的餐桌是（　　）。
   A. 长方桌　　　B. 圆台　　　　C. 长条台　　　D. 方台

3. 圆桌单主人宴请时，错误的是（　　）。
   A. 主人应面对门　　　　　　B. 主人应背对门

C. 主人在左　　　　　　　D. 主宾在右

4. 进行商务正式宴请时，首先考虑的是（　　）。

　　A. 座次　　　　B. 菜肴　　　　C. 餐费　　　　D. 时间

5. 商务宴请礼仪中，为表示对主宾的尊重，主宾的座位应是（　　）。

　　A. 主人的左侧　　　　　　　B. 主人的右侧

　　C. 主人的对面　　　　　　　D. 面对门的位置

二、实训操作

举办一次让主客双方都满意的中餐宴请活动，应注意哪些问题？各位同学通过查阅资料以 PPT 形式完成，下次课抽查展示。

三、案例分析题

一次，刚刚毕业的张平邀请他刚认识的美国生意伙伴吃饭。为了表达自己的盛情，张平邀请了很多朋友来作陪，并点了许多菜。为了照顾好这位美国朋友，张平不断地为其夹菜；同时，为了营造气氛，还不时说一些关于国家时政领导的反面趣闻，逗得大家哈哈大笑。宴会在愉快的氛围中结束了。事后，张平却得知这位美国朋友拒绝与其合作。这让张平一头雾水，直抱怨外国人不好交往。

请分析张平在这次宴请中违反了哪些礼仪规范，并帮其改正。

学习任务 5-2　西式宴请礼仪

　　西餐是我国对欧美地区菜肴的统称。西餐实行分餐制，即用餐者各自点菜，各持一份，就餐时用刀叉取食。最普遍的盘式服务是将餐食在厨房分装到每一只餐盘中，由服务员从厨房端出，再迅速、礼貌地送给每位客人。西餐形式从表面上看似乎少了些热闹，多了些客气和独立，但实质上最重要的是讲究卫生。

　　在欧洲，所有跟吃饭有关的事，都备受重视，因为它同时提供了两种最受赞赏的美学享受——美食与交谈。除口感精致外，用餐时酒、菜的搭配，优雅的用餐礼仪，调整和放松心态，享受环境和美食，正确使用餐具、酒具都是进入美食的先修课。

　　在西方，一个人的吃相几乎比任何别的社交礼仪更能显示出其是否具有良好的教养和风度。

【任务分析】

在西方去饭店吃饭一般都要事先预约，在预约时，有几点要特别注意。首先要说明人数和时间，其次要表明是否要吸烟区或视野良好的座位。如果是生日或其他特别的日子，可以告知宴会的目的和预算。在预定时间到达，是基本的礼貌，有急事时要提前通知，取消定位一定要道歉。

再昂贵的休闲服，也不能随意穿着上高档西餐厅吃饭，穿着得体是欧美人的常识。去高档的西餐厅，男士要衣着整洁；女士要穿晚礼服或套装和有跟的鞋子，女士化妆要稍重，因为餐厅内的光线较暗。如果指定穿正式的服装，男士必须打领带。进入餐厅时，男士应先开门，请女士进入，应请女士走在前面。入座、点酒都应请女士来品尝和决定。吃西餐在很大程度上讲是在吃情调，大理石的壁炉、熠熠闪光的水晶灯、银色的烛台、缤纷的美酒，再加上人们优雅迷人的举止，这本身就是一幅动人的油画。为了在初尝西餐或西式宴请时举止更加娴熟，学习西餐礼仪还是非常值得的。西餐礼仪主要涉及如下几个方面。

- 认识西餐。
- 赴宴的礼仪。
- 西式宴请礼仪。
- 西餐餐具的摆放和使用。
- 西餐的禁忌。

一、认识西餐

我们通常所说的"西方"习惯上是指欧洲国家和地区，以及以这些国家和地区为主要移民的北美洲、南美洲和大洋洲的广大区域，因此西餐主要指上述区域的餐饮文化。

实际上，西方各国的餐饮文化都有其各自的特点，各个国家的菜式也都不尽相同。例如，法国人会认为他们做的菜是法国菜，英国人则认为他们做的菜是英国菜。西方人自己并没有明确的"西餐概念"，这个概念是中国人和其他东方人的概念。那么为什么会有这样的概念呢？这是因为我们在刚开始接触西方饮食时还分不清什么是意大利菜，什么是法国菜，以及什么是英国菜，只能有一个笼统的概念。

近年来，随着东西方文化的不断撞击、渗透与交融，东方人已经逐渐了解到西餐中各个菜式的不同特点，并开始区别对待。一些高级饭店也分别开设了法式餐厅、意式餐厅等，西餐作为一个笼统的概念逐渐趋于淡化，但西方餐饮文化作为一个整体概念还是会继续存在的。

我们通常所说的西餐，其基本特点是以面包为主食，要用刀叉进食，多使用长形桌台进餐。豪华高级的西餐厅，通常会有乐队演奏柔和的乐曲，一般的西餐厅也播放一些美妙典雅的乐曲，但这里最讲究的是乐声的"可闻度"，即声音要达到"似听到又听不到的程度"；就是说，要集中精力和友人谈话就听不到，在休息放松时就听得到，这个火候要掌握好。吃西餐讲究环境雅致，气氛和谐，音乐相伴，桌台整洁干净，所有餐具一定要洁净。如遇晚餐，要灯光暗淡，桌上要有红色蜡烛，营造一种浪漫、迷人、淡雅的气氛（见图5-27）。

图 5-27

二、赴宴的礼仪

（一）应邀后应尽早答复

接到邀请后，不论能否赴约，都应尽早做出答复。不能应邀的，要婉言谢绝。接受邀请的，不要随意变动，按时出席。确有意外，不能前去的，要提前解释，并深致歉意。作为主宾不能如约的，更应郑重其事，甚至应登门解释、致歉。

（二）出席时应仪态端庄，不早不晚

出席宴会前，最好稍作梳洗打扮，穿上一套优雅的晚礼服将成为气氛的调和剂，也是对主人及参加宴会者的尊重（见图5-28、图5-29）。在这种场合，美酒及气氛比菜肴的数量更能给人留下难忘的印象。

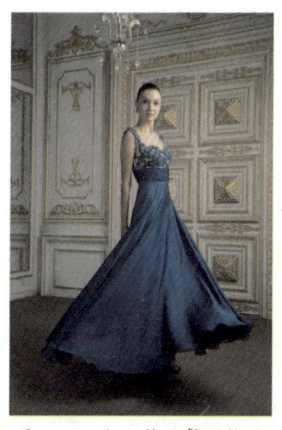

图 5-28　女士赴西餐厅礼服　　　图 5-29　女士赴正规晚宴礼服

赴宴不得迟到，迟到是非常失礼的，但也不可去得过早。去早了主人未准备好，难免尴尬，也不得体。提前一二分钟、正点，或迟一二分钟到达是最适宜的。过早或过晚不仅对邀请者是失礼的，而且也有失自己的体面。

（三）入席时不要坐错了位置

在服务人员的引导下按照主人安排的座次入席，不能乱坐座位。西餐宴会上入席时需要牢记如下要点。

（1）一定要记住最得体的入座方式是从左侧入座。入座时要轻、稳、缓。走到座位前，转身后轻稳地坐下。如果椅子位置不合适，需要挪动椅子的位置，应当先把椅子移至欲就座处，然后入座。而坐在椅子上移动位置，是有违社交礼仪的。

（2）神态从容自如。嘴唇微闭，下颌微收，面容平和自然。

（3）双肩平正放松，两臂自然弯曲放在腿上，亦可放在椅子或沙发扶手上，以自然得体为宜，掌心向下。

（4）坐在椅子上，要立腰、挺胸，上体自然挺直。

（5）女士双膝自然并拢，双腿正放或侧放，双脚并拢或交叠或成小"V"字形。男士两膝间可分开一拳左右的距离，脚态可取小八字步或稍分开以显自然洒脱之美，但不可尽情打开腿脚，那样会显得粗俗和傲慢。如长时间端坐，可双腿交叉重叠，但要注意将上面的腿向回收，脚尖向下。

（6）坐在椅子上，应至少要坐满椅子的2/3，宽座沙发则至少要坐1/2。落座后至少10分钟左右时间不要靠椅背。时间久了，可轻靠椅背。

（7）谈话时应根据交谈者方位，将上体双膝侧转向交谈者，上身仍保持挺直，不要出现自卑、恭维、讨好的姿态。讲究礼仪要尊重别人但不能失去自尊。

（8）离座时要自然稳当，右脚向后收半步，而后站起。

（9）女士入座时，若是裙装，应用手将裙子稍稍拢一下，不要坐下后再拉拽衣裙，那样显得并不优雅。女士入座尤要娴雅、文静、柔美，两腿并拢，双脚同时向左或向右放，两手叠放于左右腿上。如长时间端坐可将两腿交叉重叠，但要注意上面的腿向回收，脚尖向下，以给人高贵、大方之感。

（10）男士、女士需要侧坐时，应当将上身与腿同时转向同一侧，但头部保持向着前方。

（11）就座后，不要随意摆弄餐具和餐巾，要避免一些不合礼仪的举止体态。例如，随意脱下上衣、摘掉领带、卷起衣袖；说话时比比画画、频频离席或挪动座椅；头枕椅背打哈欠、伸懒腰、揉眼睛、搔头发等。

（四）进餐时要文明、从容

1. 吃相要文雅（见图5-30）

图 5-30

吃东西要文雅，闭着嘴嚼，喝汤时不要啜，吃东西时不要发出声音。如汤菜太热，可稍待凉后再吃，切勿用嘴吹。嘴内的鱼刺、骨头不要直接外吐，用餐巾掩嘴，用手取出，或轻吐在叉上，放在菜盘内。吃食物时要用食物就口，不可将口去就食物。两肘不可伸得很开。嘴内有食物切勿说话。剔牙时，用手或餐巾遮口，不要边走边剔牙。吃剩的菜，用过的餐具、牙签，都应放在盘内，勿置在桌上。

2. 举止要得体

不要两眼盯着菜只顾吃，要照顾到别的客人，谦让一下。与邻座交谈时，切忌一边嚼食物，一边与人含含糊糊地说话。嘴里有食物时不要说话。在餐桌上，手势、动作幅度不宜过大，更不能用餐具指点别人。

3. 应付餐桌上的意外

自己的餐具掉在地上，可向服务员再取一副。不小心把酒溅到别人身上，应表示歉意，并递上手帕或餐巾。失手打翻了酱碟，应向注意到你的人婉言致歉，如："看我真不小心""看我笨手笨脚的"，不要大声嚷嚷，也不要没完没了地自责。喝了一口滚热的汤，难以下咽，不妨吐出来，然后说一两句俏皮话给自己解围，如："这汤太诱人了，我都等不及了"或者"傻瓜才会把这么烫的东西咽下去"。席间一般关掉手机，或把手机拨到震动档。离席回电时，应向主人或左右的客人致歉，轻轻拉开座椅离去。

（五）交谈时的话题要轻松、有趣

边吃边谈是宴会的重要形式，应当主动与同桌人交谈，特别注意同主人方面的人交谈，不要总是和自己熟悉的人谈话（见图5-31）。话题要轻松、高雅、有趣，不要涉及对方敏感、不快的问题，不要对宴会和饭菜妄加评论。

图 5-31

（六）退席时应道谢告辞

用餐完毕，等主人示意宴会结束时，客人才能离席。客人应向主人道谢、告别，如"谢谢您的款待""您真是太好客了""菜肴丰盛极了"，并向其他客人告别。如果客人有事要提前离席，则应向主人及同席客人告别。

三、西式宴请礼仪

（一）进入餐厅的礼仪

进入西餐厅，应等候侍者带领入座，不可自行就座，正式的西餐厅会要求客人事先订位。西餐习惯上由左侧入座，男士应协助女士入座，帮女士拉出椅子，等女士就座后再入座（见图 5-32）。

（二）西餐座次排列的基本规则

图 5-32

西餐的位置排列与中餐排列既有相同之处，又有相当大的区别：中餐多使用圆桌，而西餐的餐桌一般有方桌、长桌或由其拼成各种图案的桌形。其中，最常见、最为正规的西餐桌当属长桌。西餐座次排列的基本规则如下。

1. 女士优先

在西餐礼仪里，女士处处备受尊重和照顾，这也是西方绅士风度的体现。

2. 恭敬主宾

在西餐中，主宾极受尊重。即使用餐的来宾中有人在身份、地位、年纪方面高于主宾，但主宾仍是主人关注的中心。在位次排列时，男、女主宾应分别紧靠着女主人和男主人就座，以便受到很好的照顾。

3. 以右为尊

在排定位次时，以右为尊是基本规则。就两人而言，右位高于其左位，所以安排女主宾坐在男主人的右侧,男主宾坐在女主人的右侧。

4. 距离定位

西餐桌上位次的高低,往往是根据离主人座位的远近而定的,离主人座位越近的位次越高,离主人座位越远的位次越低。

5. 面门为上

和中餐一样,面门而上是指面对餐厅正门的位子为上位。

6. 交叉排列

西餐用餐惯例是男女交叉安排座位,所以用餐人数最好是偶数,并且男女人数相同。

(三)西餐长桌、方桌座位的具体排列方法

1. 西餐长桌座位的排列方法

西餐长桌座位的排列一般有两种方法。一是男女主人分坐于长桌两端。二是男女主人对坐于长桌横面的中央,其他男女宾相间入座(见图5-33至图5-35)。

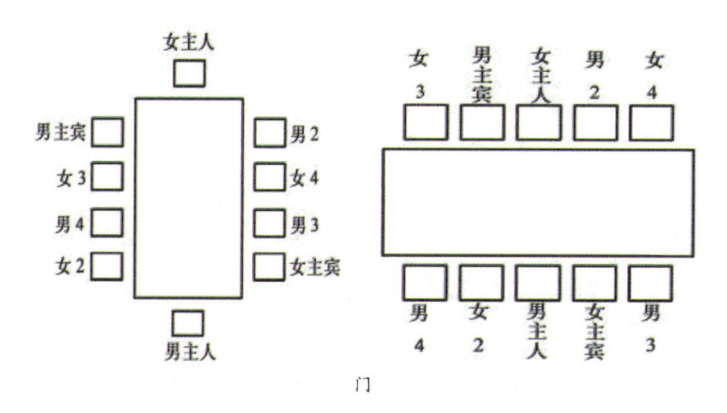

图 5-33

图 5-34　西餐长桌座位的排列

图 5-35　西餐方桌座位的排列

2. 西餐方桌座位的排列方法

以方桌排列位次时,就座于餐桌四面的人数应相等。一般每侧各坐两人的情况比较多见。排列座位时,应使男、女主人与男、女主宾对面而坐,所有人都与自己的恋人或配偶坐成斜对角（见图5-36）。

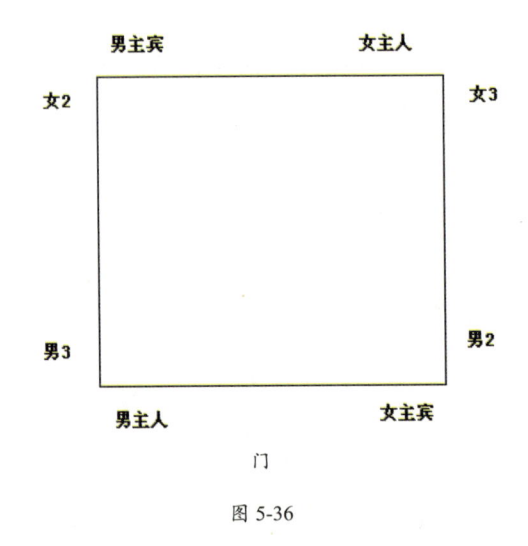

```
         男主宾              女主人
       ┌─────────────────────────┐
   女2 │                         │ 女3
       │                         │
       │                         │
       │                         │
       │                         │
       │                         │
   男3 │                         │ 男2
       └─────────────────────────┘
         男主人              女主宾
                    门
```

图5-36

（四）西餐菜序

1. 正餐的菜序

前菜→面包→汤→主菜→点心→甜点→水果→热饮

1）前菜（见图5-37、图5-38）

前菜也称为开胃品或头盆，即开餐的第一道菜，可分为冷前菜和热前菜两种。前菜一般多用水果、蔬菜、海鲜、熟肉制成，再配以各种沙司；口味清淡、具有特色、分量较少，能起到增加食欲的作用。

比较著名的冷前菜：法式鹅肝酱、烟熏三文鱼、鱼子酱等。

比较著名的热前菜：焗蜗牛。

图5-37 烟熏三文鱼　　　　图5-38 前菜

2）面包（见图5-39）

面包是西餐的主食，一般是切片面包。吃面包时，可根据个人口味，用专用的小刀抹黄油、果酱或奶酪；尤其要注意，不要把黄油直接放入口中，也不要用面包去蘸黄油，而要用黄油来抹面包。如是整块面包，先用双手把面包撕成小块，再用左手拿来吃。记住，绝不能用叉子叉面包来吃。吃硬面包时，用手撕不但费力，而且会导致面包屑乱飞，此时可用刀先把面包切成两半，再用手撕成块来吃。不要像用锯子似的切面包，正确的切法是：用叉子将面包固定住，然后把刀刺入面包的中央部分，先将正对自己的那部分切开，再将面包转过来切开另一半，避免发出声响。

图 5-39

3）汤（见图 5-40、图 5-41）

汤是西餐的"开路先锋"，可分为清汤和浓汤，也可分为冷汤和热汤。

清汤的制作工艺较为复杂，是用大量的高品质原材料经过长时间耐心熬煮后过滤而得，清汤看似澄清寡淡实则味道醇厚。

图 5-40　俄式蔬菜汤　　　　　　图 5-41　法式洋葱汤

浓汤是在制作过程中加入奶酪和奶油或制成茸状的蔬菜，使汤汁增稠。

汤也起到开胃的作用，在西餐便餐中，选择开胃品就不再用汤，或用汤就不选开胃品。

代表性的汤：俄式蔬菜汤、英式牛尾清汤、法式洋葱汤、蘑菇浓汤；冷汤较少，有德式冷汤、俄式冷汤。

4）主菜（见图 5-42）

主菜作为西餐的"主旋律"，其内容十分广泛，包括水产类、畜肉类、禽肉类和蔬菜类等菜肴，其中最有代表性的是牛肉或牛排。肉类菜肴配用的调味汁主要有西班牙汁、浓烧汁精、蘑菇汁、白尼丝汁等。禽类菜肴的原料取自鸡、鸭、鹅；禽类菜肴最多的是鸡，可煮、可炸、可烤、可焖，主要的调味汁有咖喱汁、奶油汁等。

主餐的配菜通常有土豆、西兰花、胡萝卜、芹菜、芦笋、玉米和蘑菇。

图 5-42 沙浪牛排

5）点心（见图 5-43）

点心放在主菜之后，意在使没有吃饱的人填饱肚子，一般包括蛋糕、饼干、吐司、馅饼、三明治之类的小点心，使没有吃饱的人填饱肚子。

6）甜品（见图 5-44）

西餐的甜品是主菜后食用的，可以算作第六道菜。从真正意义上讲，它包括所有主菜后的食物，如布丁、冰淇淋、奶酪、水果等。

图 5-43

图 5-44

7）水果

在食用西餐时，进食水果的方法与日常生活中的吃法大不一样。吃水果要用水果刀，禁止用手去拿水果，而且水果的品种也很多，吃法也各式各样。

8）热饮（见图 5-45、图 5-46）

图 5-45 红茶

图 5-46 黑咖啡

西餐通常将热饮放在最后，以帮助消化。最正规的热饮是红茶或黑咖啡。可在餐桌上饮用，也可以到休息室或客厅饮用。

2. 便餐的菜序

前菜→汤→主菜→甜品→咖啡

（五）西餐餐桌上的礼仪

西餐餐桌上的礼仪按时间的先后分为餐前礼仪、餐中礼仪和餐后礼仪。

1. 餐前礼仪

1）女主人示意开始

在正式宴会上，女主人把餐巾铺在腿上是宴会开始的标志。餐巾（见图5-47）的位置暗示着宴会的开始和结束。西方有女士优先的原则，西餐宴会上女主人是第一顺序，女主人不坐，别人是不能坐的，女主人把餐巾铺在腿上就说明大家可以开动。反之，女主人要把餐巾放在桌子上，是宴会结束的标志。一般应等全体客人面前都上了菜，女主人示意后才开始用餐。

2）铺好餐巾

在某些宴会中，服务员可能不会提供铺餐巾的服务，这时候就需要宾客在用餐前自行铺好餐巾。一般说来，餐巾应该铺在膝上。如果餐巾较大，应双叠放在腿上；如果较小，可以全部打开。

图 5-47

3）注意坐姿

西餐宴会坐姿主要应该注意进餐时身体要端正，不可过于向前倾斜，也不要把两臂横放在餐桌上，以免碰撞旁边的客人。

2. 餐中礼仪

西方人不仅在餐具、食物方面都非常讲究，在用餐时也有着很多的禁忌和礼仪。因此不少人在吃西餐时，都会担心"失礼"。谨记"整齐、清洁和保持安静"三项原则便可无往而不利。下面介绍西餐宴会用餐时经常遇到的场景和正确应对方法。

1）刀、叉、勺的使用礼仪

①刀的使用。刀是用来切割食物的，切忌用刀挑起食物往嘴里送。如果用餐时，有

三种不同规格的刀同时出现，一般正确的用法是：带小小锯齿的那一把用来切肉制食品；中等大小的用来将大片的蔬菜切成小片；而那种小巧的，刀尖是圆头的、顶部有些上翘的小刀，则用来切开小面包，然后用它挑些果酱、奶油涂在面包上面。

②叉的使用。用叉子（见图5-48）叉起食物往嘴里送时，动作要轻，捡起适量食物一次性放入口中，不要拖拖拉拉一大块，咬一口再放下，这样很不雅。叉子叉起食物入嘴时，牙齿只碰到食物，不要咬叉，也不要让刀叉在齿上或盘中发出声响。

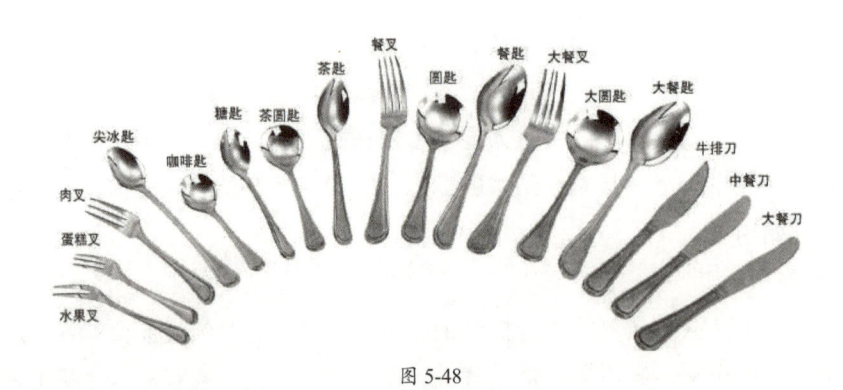

图 5-48

③勺的使用。在正式场合下，勺有多种，小的用于喝咖啡和吃甜点心；扁平的用于涂黄油和分食蛋糕；比较大的，用来喝汤或盛碎小食物；最大的是公用的，用于分食汤，常见于自助餐。

需要注意：勺绝对不可直接舀取其他任何主食、菜肴；已经开始使用的勺，不可再放回原处，也不可将其插入菜肴、主食中；尽量保持勺干净清洁；用勺取食时，动作应干净利索，切勿在甜品、汤中搅来搅去；勺取食不要过量；不能直接用茶匙去舀取茶饮用。

2）鱼的吃法

鱼肉极嫩易碎，因此餐厅常不备餐刀而备专用的汤匙。这种汤匙比一般喝汤用的稍大，不但可切分菜肴，还能将调味汁一起舀起来吃。若要吃其他混合的青菜类食物，还是使用叉子为宜。首先，用刀在鱼鳃附近刺一条直线，刀尖不要刺透，刺入一半即可。然后，将鱼的上半身挑开后，从头开始，将刀叉在骨头下方，往鱼尾方向划开，把针骨剔掉并挪到盘子的一角。最后，再把鱼尾切掉。由左至右，边切边吃。

3）面包的吃法

面包的吃法是，先用两手撕成小块，再用左手拿来吃。吃硬面包时，用手撕不但费力而且面包屑会掉满地，此时可用刀先切成两半，再用手撕成块来吃。

4）酒水的分类和饮用

①餐前酒。又称为开胃酒，指一般在正式用餐前饮用，或吃开胃菜时为打开胃口

而饮用的酒。在一般情况下，人们喜欢在餐前饮用的酒水有鸡尾酒、味美思和香槟酒。

② 佐餐酒。又称为餐酒，是在正式用餐期间饮用的各种酒水。西餐里的佐餐酒均为葡萄酒，而且大多数是干葡萄酒或半干葡萄酒。在正餐或宴会上选择佐餐酒，有一条重要的讲究不可不知，即"白酒配白肉，红酒配红肉"。这里所说的白肉，即鱼肉、海鲜、鸡肉。吃它们时，须以白葡萄酒搭配。

③ 餐后甜酒。指在用餐之后饮用的酒水，用来帮助消化的酒水。最常见的餐后酒是利口酒，又叫香甜酒。最有名的餐后酒则是有"洋酒之王"美称的白兰地酒。

④ 喝酒的姿势与方法。酒类服务通常是由服务员负责将少量酒倒入酒杯中，让客人鉴别一下品质是否有误，只需把它当成一种形式，喝一小口并回答："好"。

接着，侍者会来倒酒，这时，不要动手去拿酒杯，而应把酒杯放在桌上由待者去倒。正确的握杯姿势是用手指握杯脚。为避免手的温度使酒温增高，应用大拇指、中指和食指握住杯脚，小指放在杯子的底台固定（见图5-49）。喝酒时绝对不能吸着喝而是倾斜酒杯，像是将酒放在舌头上似的喝。轻轻摇动酒杯让酒与空气接触以增加酒味的醇香，但不要猛烈摇晃杯子。此外，一饮而尽、边喝边透过酒杯看人、拿着酒杯边说话边喝酒、吃东西时喝酒、口红印在酒杯沿上等，都是失礼的行为。不要用手指擦杯沿上的口红印，用面巾纸擦较好。

图5-49 酒杯的握法

5）喝汤吃饭

喝汤时不能吸着喝，先用汤匙由后往前将汤舀起，汤匙的底部放在下唇的位置将汤送入口中。汤匙与嘴部呈45°角较好。身体上的半部略微前倾。碗中的汤剩下不多时，可用手指将碗略微抬高。如果汤用有握环的碗装，可直接拿住握环端起来喝。喝茶或者喝咖啡不要把汤匙放在杯子里。吃饭，特别是喝汤时不要发出响声，咀嚼时应该把嘴合上。

3. 餐后礼仪

（1）用餐完毕，客人应该先等女主人从座位上站起来之后，再随同一起离席。

（2）起立后，男宾应该帮助女宾把椅子回归原处。

（3）餐巾放在桌上，不要照原来的样子折好，除非主人请你留下吃下顿饭，否则表示不喜欢再来。

（4）记住在餐前或者餐中离席都是非常不礼貌的，应尽量避免。

四、西餐餐具的摆放和使用

（一）餐具的摆放（见图5-50）

图5-50

（二）西餐餐具认知（见图5-51）

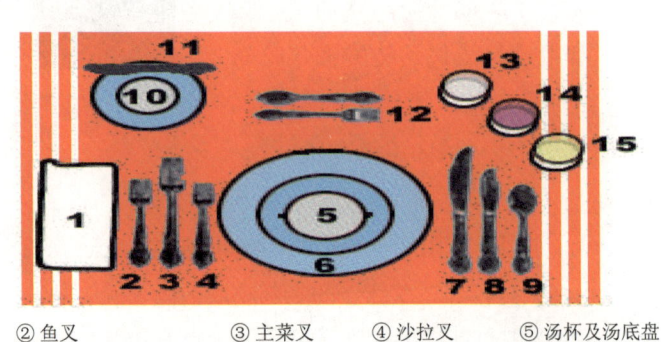

① 餐巾　　② 鱼叉　　③ 主菜叉　　④ 沙拉叉　　⑤ 汤杯及汤底盘
⑥ 主菜盘　⑦ 主菜刀　⑧ 鱼刀　　⑨ 汤匙　　⑩ 面包及奶油盘
⑪ 奶油刀　⑫ 点心匙及点心　⑬ 水杯　⑭ 红酒杯　⑮ 白酒杯

图5-51

（三）西餐餐具使用

1. 刀叉的使用

（1）刀叉的持法（见图5-52）。用刀时，应将刀柄的尾端置于手掌之中，以拇指抵住刀柄的一侧，食指按在刀柄上，但需注意食指绝不能触及刀背，其余三指则顺势弯曲，握住刀柄。持叉应尽可能持住叉柄的末端，叉柄倚在中指上，中间则以无名指和小指为支撑，叉可以单独用于叉餐或取食，既可用于取食某些头道菜和馅饼，也可用于取食那种无须切割的主菜。

一般有两种常规方法可供借鉴：英国式和美国式。

英国式的刀叉使用方法是，要求在进餐时，始终右手持刀，左手持叉，一边切割，一边叉而食之。通常认为，这是一种较为文雅的进餐方式。

美国式的刀叉具体做法则是，先是右刀左叉，一口气把餐盘里要吃的东西全部切好，然后把右手里的餐刀斜放在餐盘前方，将左手中的餐叉换到右手，再以之大吃一气。这种方法的好处是比较省事。

图 5-52　刀叉的持法

（2）刀叉的使用顺序。从外侧依次向内取用。在宴会中，每吃一道菜用一副刀叉，刀叉摆放的顺序正是每道菜上桌的顺序。刀叉用完了，上菜也结束了。如果不知如何取用刀，不妨观察主人，主人取用哪种刀叉，就跟着取用哪种刀叉。

（3）刀叉的暗示作用。刀与叉，除将餐食切开送入口中外，还有另一项非常重要的功用，即暗示作用。

暗示尚未吃完的摆放方式：刀右叉左（见图 5-53），刀刃朝内、叉齿朝下，二者呈"八"字形状摆放在餐盘上。

用餐结束的摆放方式：可将叉子的叉齿朝上、刀子的刀刃朝内、刀与叉并排放在餐盘上，或刀上叉下并排横放在餐盘上（见图 5-54）。这种做法等于告知服务生，请将刀叉及餐盘一并收掉。

图 5-53　用餐尚未结束　　　　　　　图 5-54　已经用餐完毕

2. 餐巾的使用

（1）餐巾的放置。一般在点完餐至第一道菜上菜之间展开，从餐桌上拿起餐巾，平铺在自己并拢的双腿上；如果餐巾比较大，应将餐巾对折成三角形，开口朝外，褶线朝向自己，铺在腿上（见图 5-55）。

（2）不可用餐巾擦拭餐具。这是一种很不礼貌的行为，表示餐具很脏，不卫生；会让主人很尴尬，不愉快。

（3）餐巾的作用。防止弄脏衣服。在用餐过程中，避免菜汁、汤汁滴下来，弄脏自己的衣服。所以，餐巾可以起到服装的保洁作用。餐巾用来擦拭口部（见图5-56），但不应以餐巾擦汗、擦脸，擦手也要尽量避免；餐巾可用来掩口遮羞，如当众剔牙或者吐东西时；餐巾的使用形式可进行暗示，表示用餐开始、结束、暂时离开。

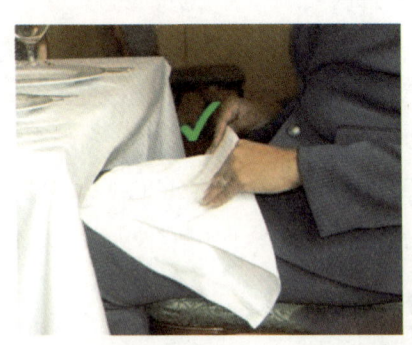

图 5-55 　　　　　　　　　　图 5-56

3. 酒杯的使用

西餐中使用的酒杯多种多样，共计20多种。一般在餐桌上，用餐者面前餐刀的上方，会放置三至四只酒水杯，其中香槟杯、红葡萄酒杯、白葡萄酒杯必不可少。根据每道菜式，按由外侧向内侧的顺序依次取用，便不会出错。

五、西餐的禁忌

（1）就座后不要跷足，不要两脚交叉，不要摆弄餐桌上已摆好的餐具。用餐时，腹部和桌子保持约一个拳头的距离。一定要记得抬头挺胸吃东西，在食物送进口中时，要以食物就口，而非弯下腰以口就食物。

（2）用餐时身体不要过于接近餐盘，千万不要把盘、碗端起来——谁也不会来抢你盘子里的食物。应闭嘴咀嚼食物，口中有食物时切忌饮用酒水等饮料。

（3）在吃西餐的时候，不可以当众解开纽扣、拉松领带或脱下衣服。

（4）不要用自己的餐具为他人夹菜、盛汤或选取其他食物。

（5）在用餐时拨弄头发会给人很不干净的印象，当着别人的面打哈欠也是很失礼的。

（6）吃西餐时不能拒绝对方的敬酒，在对方劝酒时，表情一定要热情，即便你不能喝酒，也要端起酒杯回敬对方，为表示礼仪，也要与对方碰一下杯，然后把杯子送到嘴边表示去喝的动作。

（7）吃西餐的席间不许抽烟，只有咖啡上来了，表示筵席结束时，方可抽烟。

（8）在吃西餐的时候，掉在地上的餐具和东西是不用去捡的，正确的做法是请服务生过来替你捡起来。

（9）打喷嚏要赶快用餐巾挡一挡，并说声"对不起"。如果和你一起进餐的人咳嗽或呛到，你的神情要若无其事般自然，以免让对方感到尴尬。

（10）吃西餐时，要注意每个人都有自己的"管辖范围"，每个人只能拿靠近自己的东西。

（11）吃西餐讲究干净。

（12）在西餐桌上不可以剔牙。

（13）在进餐过程中，不宜把胳膊放在桌子上，这是很不文明的；也不要吃得太快，好似狼吞虎咽一般，喝酒不要一饮而尽。

（14）咀嚼食物时一定要闭着嘴，而不能张开嘴发出响声。喝汤时要用汤匙一勺一勺地舀汤送入口中，而不能用嘴唇去啜汤，呼呼作响。

（15）嘴里含有食物的时候不能和别人说话，要讲话必须先把嘴里的食物咽下去再说。

➔【知识链接】

一、西餐宴会的迎宾服务

西餐宴会迎接宾客要求在宴会开始前十分钟，餐厅经理带领迎宾员到餐厅门口恭候迎接顾客。为客人提供引领服务时，迎宾员需要注意如下几点：

（1）仪态。迎宾员应该神情专注，反应敏捷，注视过往宾客。当客人走近餐厅1.5米处左右时，应面带笑容，热情问候，一视同仁。

（2）问候。男女宾客若一起走进来，应先问候女宾，再问候男宾。请问顾客是否有预订，并核实人数。

（3）迎位。客人进门后，立即迎候，面带微笑地说："女士（夫人、先生），您好！""晚上好！""请问，预订过吗？""请问，一共有几位？"等。

（4）引位。手持清洁的菜单、酒单走在客人前面，将客人引领到餐桌边。引位时应当说"请跟我来""这边请""里边请"，并用手示意，把客人引领到适当的位置入座或进入包房。

（5）候位。如果遇到餐位已满或有客人需要等人聚齐时，可以先请客人在沙发上等候。一般不安排拼桌，以免客人尴尬。这时候应该视情况给予客人最满意的服务。

（6）入位。为客人拉椅让座，可以示意性地为一两位客人拉椅子即可。具体做法是，双手把椅子拉出，右腿在前，膝盖顶住椅子后部，待宾客曲腿入座的同时顺势将椅子推向前方。

二、西餐宴会的餐前服务

（1）水。宾主就位后，马上斟倒柠檬水、冰水或矿泉水等免费饮料。

（2）铺餐巾。帮助客人把餐巾铺在膝盖上。（站在客人右侧，从主宾开始，按顺时针方向快速把餐巾从客人右侧铺在客人的双膝上，从右腿铺到左腿，铺餐巾的要点在于不碰到客人身体的任何部位。）

（3）上菜单。六人宴会上4份菜单，分别上给主宾、主人、女士和长者。（注意：上菜单不上封面，要打开菜单的第一页用双手把菜单从客人右边递给客人。）

（4）点酒水。外国酒具有配餐饮用的特点，如开胃酒用于餐前，葡萄酒作为佐餐酒，甜酒、白兰地作为餐后用酒。

（5）斟酒服务。斟酒时应注意不滴不洒，红酒倒杯高的1/3，香槟倒杯高的2/3，白酒倒满。斟酒服务分为桌斟服务和捧斟服务。

酒水服务的步骤如下：

① 点酒。请主人点酒，主人会征求宾客的意见。

② 验酒。请主人验酒，验品牌、酒度、保质期是否符合要求。

③ 开酒。询问主人是否可以开酒，主人点头则在备餐台当着客人的面开酒。

④ 品酒。请主人品酒，在主人酒杯中倒入一小口酒请主人品尝。

⑤ 斟酒。询问主人是否可以斟酒，主人点头，回到主宾位，从主宾右边斟酒并按顺时针方向依次为客人斟酒。

⑥ 续酒。杯中剩下第一次到酒量的1/3时要马上续杯。

（6）点菜服务。西餐菜单上有四或五大分类，其分别是开胃菜、汤、沙拉、海鲜、肉类、点心类。点菜并不一定要从前菜开始点，可以先选一样最想吃的主菜，再配上适合主菜的汤。原因是菜太多，没有必要全部都点，点太多却吃不完反而失礼。

三、自助餐礼仪

（一）自助餐的含义

自助餐是一种自己选择取用食物的餐会，也称为冷餐会，是一种非正式的西餐宴会，在一些商务活动中可以经常见到。由于它的形式不拘一格，来宾可边吃、边走动、边交谈，因此越来越受到中外人士的喜爱。具体的做法是，厨师将烹制好的冷、热菜肴及点心陈列在餐厅的长条桌上，就餐者在用餐时可根据自己的喜好，随意取食，然后站着或找位置就座，与他人在一起边吃边交流或自己一人独自用餐。

（二）自助餐的安排礼仪

1. 时间的安排

因为自助餐多在正式的商务庆典活动之后举办，因此它举行的具体时间一般很少被安排在晚间，并且每次的时间不宜超过一个小时。

2. 地点的选择

应选择既能容纳下全部就餐之人，又能为其提供足够交际的空间。自助餐既可安排在室内，也可安排在室外。自助餐大都在大型餐厅、露天花园之内进行。

3. 食物的准备

一般餐桌上供应的菜肴大概有冷菜、汤、热菜、点心、甜品、水果及酒水等几大类型。

4. 怎样招待主要的客人

主宾是第一位的，因此不论在何种情况下，主宾都是主人照顾的重要对象。主人在自助餐会上对主宾的照顾就是要陪同其就餐，跟其进行适当的交流，为其引见其他客人等。

（三）享用自助餐的注意事项

1. 按自助餐顺序取菜

原则上按照生菜、色拉、主食、甜点、水果顺序取菜，一次取 2 至 3 样。如果人多，要讲究先来后到，排队按顺序取菜。盘子如果堆得太满，既不雅观，又混淆原味。选用牛排、猪排、鱼排等食物时，须遵照西餐的礼仪食用。不要混用专用菜夹。用过的餐盘不可再用。

2. 参加自助餐会，应遵循"多次少取"的原则

"多次"的原则，就是允许多次取菜，即用餐者在自助餐上可以反复取用同一种菜肴。品尝之后，如感觉不错可以再取，反复取食也不会引起非议，当然前提是吃完盘内的食物再去，避免"多吃多占"。

3. 要避免外带

无论如何都不要将自助餐打包带回去，即便是参加不用付费的内部自助餐会也要遵守这一点。

4. 用餐完毕后将餐具整理到一起，并将其送回指定的位置

在自助餐上强调自助，不但要求就餐者取用菜肴时以自助为主，而且还要求其善始善终。在一般情况下，自助餐大都要求就餐者在用餐完毕之后、离开用餐现场之前，自行将餐具整理到一起，然后一并将其送回指定的位置。

5. 考虑到他人

对自己的同伴和熟人应给予关心。如果对方不熟悉自助餐，可以向其扼要地介绍；在对方乐意的前提下，还可以向其提出一些选取菜肴的建议。

6. 积极交际

在参加自助餐时，一定要主动寻找机会，积极进行交际活动。

【案例分析】

一天傍晚，巴黎的一家餐馆迎来了一群中国人，于是老板特地派了一名中国侍者去为他们服务。侍者向他们介绍了一些法国菜，他们却不问菜的贵贱，一下子点了几十道菜。点完菜，他们开始四处拍照留念，用餐时嘴里还不时发出咀嚼食物的声音，而且还弄得桌子、地毯上到处是油渍和污秽。邻座的客人实在看不下去了，对他们提出了抗议。

1. 请指出中国客人的失礼之处。
2. 公众场合应注意哪些用餐礼仪规范？

案例解析：1. 指出中国客人的失礼之处：

点菜违反"量入为出"原则。饭桌上拍照也有失礼仪。特别是餐时表现有众多不妥之处。餐前表现应注意适度修饰、准点到场、各就各位、认真交际、倾听致辞。

2. 公众场合用餐时应注意做到如下几点：

①不违食俗。②不坏吃相。③不胡乱点菜。④不乱挑菜。⑤不争抢菜。⑥不玩餐具。⑦不吸香烟。⑧不清嗓子。⑨不作修饰。⑩不瞎走动。

【实践训练】

请同学们分组模拟西餐正餐的桌次和位次排列。

【课后训练】

一、单项选择题

1. 关于西餐餐具的使用，下面哪项做法是错误的？（　　）

A. 一般情况下，左手持刀，右手持叉。
B. 就餐过程中，需同人交谈，刀叉应在盘子上放成八字。
C. 进餐一半，中途离席，餐巾应放在座椅的椅面上。
D. 取用刀叉或汤匙时，应从外侧向内侧依次取用。

2. 宴会上，为表示对主宾的尊重，主宾的座位应是（　　）。

A. 主人的左侧　　　　B. 主人的右侧
C. 主人的对面　　　　D. 面对门的位置

3. 使用餐巾时，不可以用餐巾（　　）。

A. 擦嘴角的油渍　　B. 擦手上的油渍　　　C. 擦拭餐具

4. 西餐吃鱼或海鲜时，喝（　　）酒。

A. 鸡尾酒　　　　B. 干白葡萄酒　　　C. 红葡萄酒　　D. 白兰地

5. 关于喝汤的几种说法中不正确的是（　　）。

A. 要用汤匙，不宜端起碗来喝。

B. 喝汤的方法，汤匙由身边向外舀出，并非由外向内。

C. 汤舀起来，一次分几口喝下。

6. 西餐大菜正确的食用顺序是（　　）。

A. 开胃小菜，汤，海鲜，肉类，冷饮，烘烤食物，餐后甜食

B. 汤，开胃小菜，海鲜，肉类，烘烤食物，冷饮，餐后甜食

C. 开胃小菜，汤，肉类，海鲜，烘烤食物，冷饮，餐后甜食

7. 在西餐厅，如果用餐的时候刀叉不小心掉在地上，应该怎样做？（　　）

A. 弯下腰去捡

B. 轻唤服务生前来处理并更换新的餐具

C. 不管它，用餐结束再说

8. 西餐中取面包时，应该（　　）。

A. 用叉子叉　　　B. 用刀叉一起取　　　C. 用手拿

9. 如果餐中离座，应该将餐巾放在（　　）。

A. 餐桌上　　　B. 椅子上，或让它在桌缘边下垂一角　　C. 放在椅背上

10. 餐后酒指的是用餐之后，用来以助消化的酒水。最有名的餐后酒，则是有"洋酒之王"美称的（　　）酒。

A. 白兰地　　　　B. 威士忌　　　　　C. 曼哈顿

11. 如果在你的餐巾前有大、中、小、高脚杯四个杯子，应该分别装（　　）。

A. 水、红葡萄酒、白葡萄酒、香槟酒

B. 啤酒、水、红葡萄酒、香槟酒

C. 水、啤酒、白酒、红葡萄酒

D. 水、红葡萄酒、白酒、香槟酒

12. 在他人敬酒或致词时，应（　　），认真倾听。

A. 起身肃立　　　B. 保持安静　　　　　C. 停止用餐或饮酒

二、实训操作

举办一次让主客双方都满意的西餐宴请活动，应注意哪些问题？各小组以PPT完成。

三、案例分析题

1. 某公司林总请刚回国的朋友刘先生吃饭，叫秘书小欧去安排，小欧便安排在上岛西餐厅吃西餐。

在吃西餐时，小欧把餐巾围在了衣领前，为了对刘先生的到来表示欢迎，她一口气喝完餐前的开胃酒，而林总和刘先生只是随意地喝了一点点。刘先生略显惊讶地说："欧小姐真是好酒量啊！"林总却尴尬地笑了笑。在吃饭过程中林总与刘先生聊得十分开心，小欧嘴里含着还没有咽下去的食物，手里摇晃着刀叉时不时插上几句。中途小欧外出接电话时就把刀叉和餐巾往桌上一丢说："不好意思，我先离开一会。"

学习要求：

分小组评价小欧吃西餐时的言行举止，然后分角色演示正确的做法。

2. 老张的儿子留学归国，还带了位洋媳妇回来。为了讨好未来的公公，这位洋媳妇一回国就诚惶诚恐地张罗着请老张一家到当地最好的四星级饭店吃西餐。用餐开始了，老张为了在洋媳妇面前显示自己也很讲究，就用桌上一块"很精致的布"仔细地擦了自己的刀、叉。吃的时候，学着他们的样子使用刀叉，既费劲又辛苦，但他觉得自己挺得体的，总算没丢脸。用餐快结束时，习惯吃饭喝汤的老张盛了几勺精致小盆里的"汤"放到自己碗里，然后喝下。洋媳妇先一愣，紧跟着也盛着喝了，而他的儿子早已满脸通红。

讨论并回答：老张在吃西餐的过程中到底哪里做得不对？请帮他指出。

项目六

商务专题会务礼仪

知识目标：

1. 掌握公司会议的工作流程。
2. 了解会议准备的内容。
3. 掌握会议、会谈座次安排的原则。
4. 了解商务谈判的礼仪规范。

能力目标：

1. 能按照礼仪规范策划筹备商务会议。
2. 能布置商务会议、商务谈判场地。
3. 能彬彬有礼地出席商务会议、商务谈判。

商务礼仪与职业形象塑造

> **项目案例导入** 请柬发出之后

某机关定于某月某日在单位礼堂召开总结表彰大会，发了请柬邀请有关部门的领导光临，在请柬上把开会的时间、地点写得一清二楚。

接到请柬的几位部门领导很积极，提前来到礼堂开会。他们看到会场布置得不像是开表彰会的样子，经询问礼堂负责人才知道，今天上午礼堂开报告会，某机关的总结表彰会改换地点了。几位领导同志感到莫名其妙，个个都很生气，改地点了为什么不重新通知？一气之下，都回家去了。

事后，会议主办机关的领导才解释说，因秘书人员工作粗心，在发请柬之前还没有与礼堂负责人取得联系，一厢情愿地认为不会有问题，便把会议地点写在了请柬上；等开会的前一天下午去联系，才知道礼堂早已租给别的单位用了，只好临时改换会议地点。由于邀请的单位和人员较多，来不及一一通知，结果造成了上述失误。尽管领导登门道歉，但造成的不良影响却难以消除。

资料来源：http://zhidao.baidu.com/link？url=1npS9q8LCNe0KSq5i1szBH1R0CLAYa9oBq9t8jvzS3EPLklQeWS0G5UGg48RBK2XNtSQQWtVmnzmDKlmUP2QCMxf3vW6ShQoUYCqFK764o

商务会议的筹备、召开与结束，要注意哪些事项呢？能否成功"办会"，是现代商务人员具备的一项业务能力。

【任务分解】

学习任务 6-1：商务会议礼仪

学习任务 6-2：商务谈判礼仪

学习任务 6-1　商务会议礼仪

【任务分析】

商务会议的筹办包括会议的策划、筹备、出席等，商务会议礼仪涉及方方面面的工作，但如下几方面的工作是必须要做的：

- 商务会议的工作流程。
- 做好会议前的准备工作。
- 安排会议座次。
- 遵守与会礼仪。

一、商务会议的工作流程

商务会议的工作流程包括会前、会中和会后三个阶段的工作流程。

(一) 会前工作流程。

会前工作流程如图 6-1 所示。

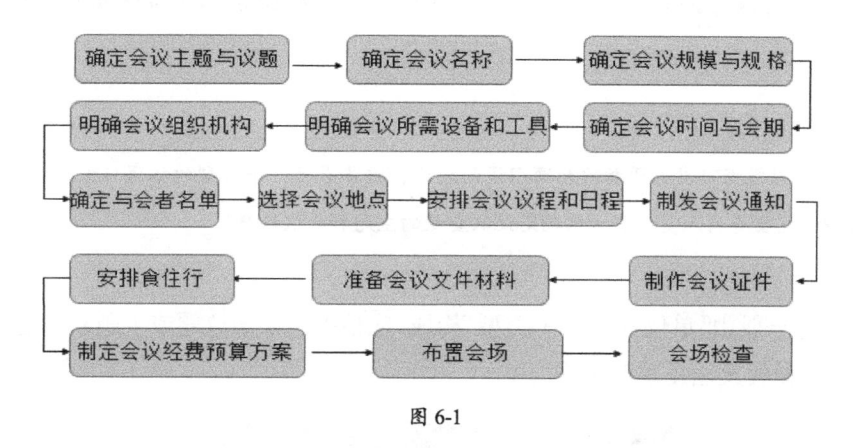

确定会议主题与议题 → 确定会议名称 → 确定会议规模与规格
明确会议组织机构 ← 明确会议所需设备和工具 ← 确定会议时间与会期
确定与会者名单 → 选择会议地点 → 安排会议议程和日程 → 制发会议通知
安排食住行 ← 准备会议文件材料 ← 制作会议证件
制定会议经费预算方案 → 布置会场 → 会场检查

图 6-1

(二) 会中工作流程

会中工作流程如图 6-2 所示。

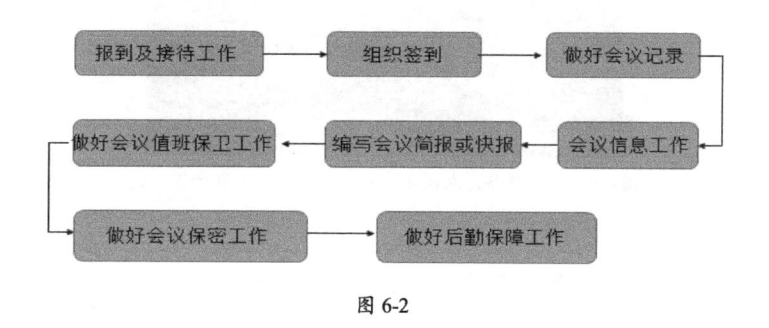

报到及接待工作 → 组织签到 → 做好会议记录
做好会议值班保卫工作 ← 编写会议简报或快报 ← 会议信息工作
做好会议保密工作 → 做好后勤保障工作

图 6-2

(三) 会后工作流程

会后工作流程如图 6-3 所示。

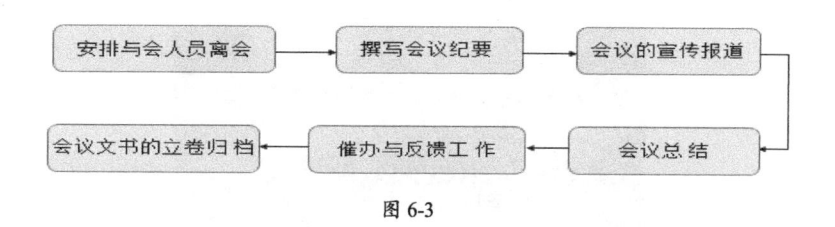

安排与会人员离会 → 撰写会议纪要 → 会议的宣传报道
会议文书的立卷归档 ← 催办与反馈工作 ← 会议总结

图 6-3

二、做好会议前的准备工作

指导会务工作的原则是准备充分、组织严密、服务周到、确保安全。会前要做好充分的准备工作,一般会议准备工作主要包括如下内容(见图6-4至图6-6)。

1. 确定会议主题与议题

会议主题与议题的确定,要有切实的依据,必须要结合本单位的实际,要有明确的目的。

> **案例思考1:**
> 宁波某公司根据市里关于加快招商引资的指示,准备召开一个大型的招商引资洽谈会,你作为此次会议的主要筹备人员,将如何确定此次会议的主题和会议议程?

2. 确定会议名称

会议名称一般由"单位+内容+类型"构成,应根据会议的议题或主题来确定。比如:"2014年诚通商贸集团夏季时装秀"。

图6-4 青年视界,大同远景·2015北京模拟联合国大会

3. 确定会议规模与规格

本着精简效能的原则,会议的规模可分为大型、中型、小型,会议的规格可分为高档次、中档次和低档次。

图6-5

图 6-6　中国（芜湖）电子商务高峰论坛 2015-05-27

4. 确定会议时间、会期

会议的最佳时间，要考虑主要领导是否能出席；确定会期的长短应与会议内容紧密联系。

5. 确定会议所需用品和设备

（1）必备用品是指各类会议都需要的用品和设备，包括文具、桌椅、茶具、扩音设备、照明设备、空调设备、投影和音像设备等。

（2）特殊用品是指一些特殊类型的会议，如谈判会议、庆典会议、展览会议等所需的特殊用品和设备。

6. 建立会议组织机构

会议组织机构主要有会务组、宣传组、秘书组、文件组、接待组和保卫组。

7. 确定与会人员名单

与会人员包括出席会议和列席会议的有关人员，应根据会议的性质、议题、任务来确定与会人员。

8. 确定会议地点，布置会议现场

会议地点要根据会议的规模、规格和内容等要求来确定，有时也要考虑政治、经济、环境等因素。会议现场的布置，要安排主席台座次、其他人员的座次及会场内外的布置，包括会标、会徽、台幕、标语、桌签、座签、色调、灯光、气味、旗帜和花卉等。

案例思考 2：

某公司将举行一次上千人的总结表彰大会，会期半天，请问该公司的秘书应如何选择合适的会址？

257

1）不同会议类型的花卉选择与色调布置（见表6-1）

表6-1

会议类型	花卉种类	作用与效果
一般性会议	柔和、轻松色调 月季、扶桑等观赏型花卉 米兰、茉莉等赏香型花卉	心情愉快、气氛轻松 增加团结和谐气氛
庄重的会议	绿色调 君子兰、棕榈、万年青	情感镇静、不宜冲动
日常工作会议	冷色、中色色调 棕榈、苏铁等绿色花卉	减轻疲劳、冷静、 净化空气
庆祝大会	暖色调 红掌、一品红、鸿运当头等花卉	醒目、鲜亮

2）灯光运用

① 灯光不要有闪动和变化。

② 以黄光代替白光。

③ 考虑色彩在不同灯光下的变化。

3）气味环境

① 放置有清香气味的鲜花。

② 可以少量使用空气清新剂。

9. 安排会议议程与日程

会议日程是指会议在一定时间内的具体安排，对会议所要通过的文件、所要解决的问题的概略安排，并冠以序号将其清晰地表达出来。

10. 制发会议通知

会议通知的内容包括名称、时间、地点、与会人员、议题及要求等。会议通知的种类有书信式和柬帖式。会议通知的发送形式有正式通知和非正式通知。会议通知的方式有书面、口头、电话和邮件。

11. 制作会议证件（见图6-7）

图6-7

会议证件主要有三类：① 会议正式证件，包括代表证、出席证、列席证、来宾证；② 旁听证；③ 会议工作证件，包括工作证、记者证、出入证等。

会议证件的内容包括会议名称，与会者的单位、姓名、职务和证件号码等。有些重要证件还应贴上本人照片，加盖印章。

12. 准备会议文件资料

会议文件资料主要有议程表和日程表、会场座位分区表和主席台及会场座次表、主题报告、领导讲话稿、其他发言材料、开幕词和闭幕词、其他会议材料等。

案例思考3：

一个多变的通知

有一次，某地准备以党委、人民政府名义召开一次全区性会议，为了让有关单位有充分时间准备会议材料和安排好工作，决定由领导机关办公室先用电话通知各地和有关部门，然后再发书面通知。电话通知发出不久，某领导即指示：这次会议很重要，应该让参会单位负责某项工作的领导人也来参加，以便更好地贯彻落实这次会议的任务。于是，发出补充通知。过后不久，另一位领导同志又指示：要增加另一项工作的负责人参加会议。如此再三，在三天内，一个会议的电话通知，通知了补充，补充了再补充，前后共发了三次，导致有关人员无所适从，怨声载道。

问题讨论：请你从协调的角度说说怎样才能不出现上述情况，从而使工作顺利进行。

三、安排会议座次

（一）商务场景座次排列的基本原则

（1）以右为上，遵循国际惯例。
（2）居中为上，中央高于两侧。
（3）前排为上，适用所有场合。
（4）以远为上，远离房门为上。
（5）面门为上，良好视野为上。

除了上述五项原则，针对不同的会场情况，还应该以使会议合理、高效进行为原则来排列座位次序。

（二）商务场景座次排列的礼仪标准

座次可以根据实际情景依据下列礼仪标准进行排列：
（1）按职务高低顺序排列。
（2）按姓氏笔画或拉丁字母顺序排列。
（3）按上级批复任命名单次序排列。

（4）按各单位名称笔画或拉丁字母顺序排列。

（三）不同会议现场的座次安排

1. 小型会议室座次安排

1）长方形会议桌

这种会议桌适用于内部会议或者双边谈判的现场。进行内部会议时，职务最高的人应该位于短矩形边的一侧，并且应该面门而坐。进行双边谈判时，双方可分别坐于桌子长边的两侧（见图6-8）。

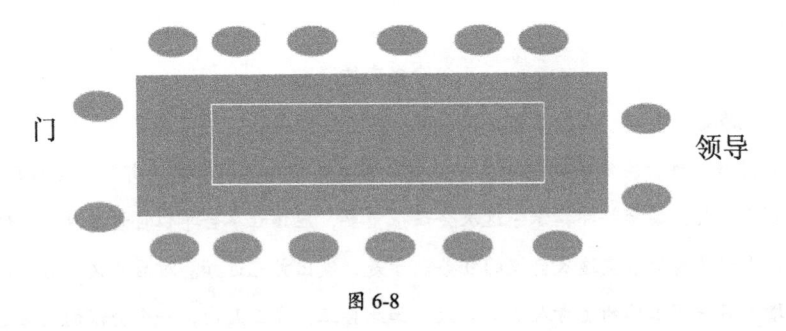

图 6-8

2）椭圆形会议桌

这种会议桌适用于内部会议，职务最高的人应该位于椭圆形会议桌的一头，面向大门（见图6-9）。

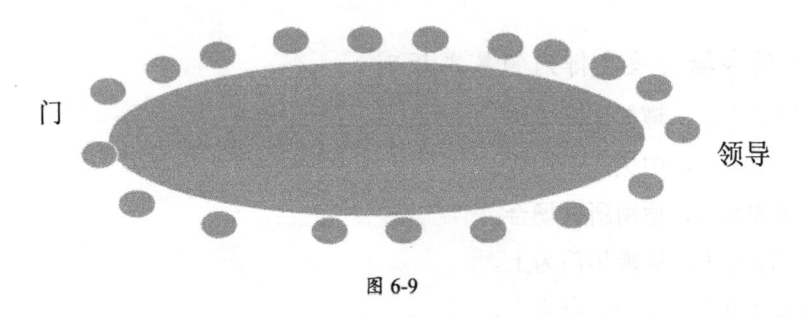

图 6-9

3）T形会议桌

对于T形会议桌，领导坐在T形会议桌的横边位置（见图6-10）。

2. 大中型会议主席台的座次安排

内部大中型会议或者对外新闻发布会一般采用设有主席台的会议形式。主席台座次排列讲究内外有别。内事活动主席台的座次安排按照中国传统习惯为，前排高于后排、中间高于两边、左边高于右边；而涉外活动，遵守国际惯例，前排高于后排、中间高于两边、右边高于左边。主持人的位置可以在前排中间也可以在最右端，发言席在主席台正前方或右前方。

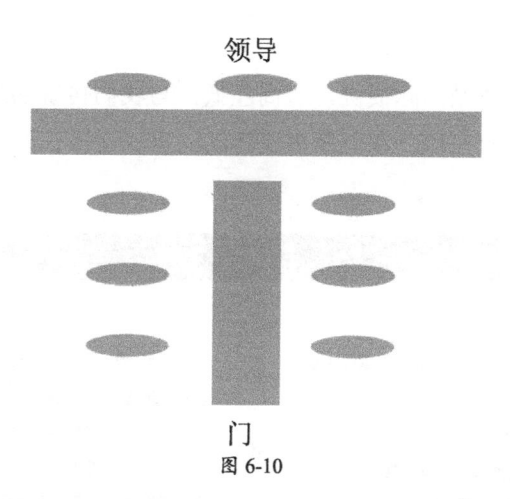

图 6-10

1）中国内事活动主席台座次安排

（1）主席台人数为单数。主席台人数为单数时，1号领导居中，然后依次按照左高右低的顺序排列（见图 6-11）。

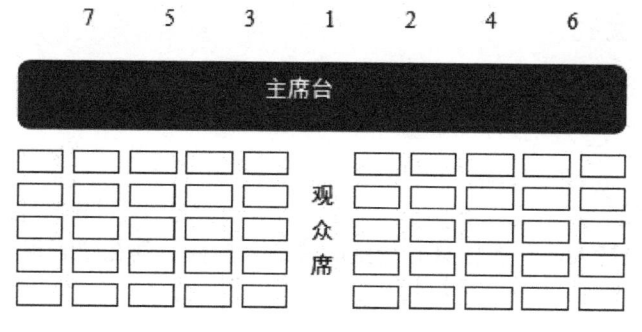

图 6-11

（2）主席台人数为双数。主席台人数为双数时，1号领导位于2号领导的左侧，按照左高右低的顺序依次排列（见图 6-12）。

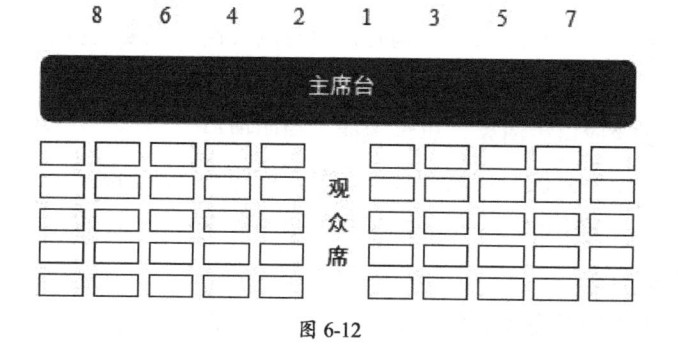

图 6-12

2）涉外活动主席台座次安排

涉外商务活动，要遵循国际惯例，右高左低，与我们传统的政务礼仪正好相反；所以主席台为偶数时的座次安排，和上面内事活动的座次安排正好相反（见图6-13）。

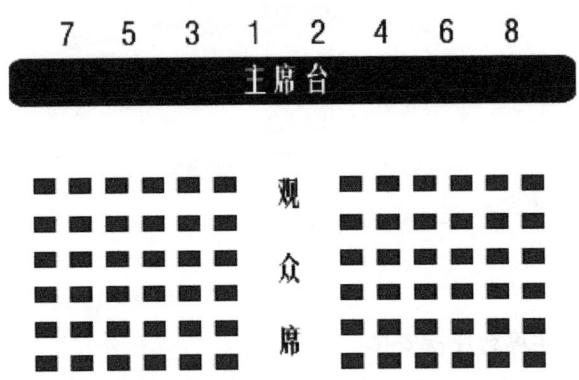

```
7  5  3  1  2  4  6  8
       主席台
```

观众席

注：摄影人员的座次安排和主席台座次安排相同。

图6-13

四、遵守与会礼仪

主持、领导或出席商务会议，是商务人员必不可少的商务活动之一，商务人员必须遵守相应的与会礼仪。

（一）主持人礼仪

各种会议的主持人，一般由具有一定职位的人担任，其礼仪表现对会议能否圆满举行有着重要的影响。

（1）主持人应衣着整洁、大方庄重、精神饱满，切忌不修边幅、邋里邋遢（见图6-14）。

（2）走上主席台应步伐稳健有力，行走的速度因会议的性质而定。

（3）入席后，如果是站立主持，应双腿并拢，腰背挺直。持稿时，右手持稿的底中部，左手五指并拢自然下垂。双手持稿时，应与胸齐高。坐姿主持时，应身体挺直，双臂前伸，两手轻按于桌沿。主持过程中，切忌出现搔头、揉眼、挠腿等不雅动作。

（4）主持人言谈应口齿清楚，思维敏捷，简明扼要。

（5）主持人应根据会议性质调节会议气氛，或庄重，或幽默，或沉稳，或活泼。

（6）主持人对会场上的熟人不能打招呼，更不能寒暄闲谈，会议开始前或会议休息时间可点头、微笑致意。

（7）要尊重别人的发言和提问，不能用任何小动作、表情或语言来阻止别人的正当行为和发言。

(8) 切实把握会议的主题，不要使讨论或发言离题太远。

(9) 掌握会议时间。

图 6-14

（二）会议发言人的礼仪

会议发言有正式发言和自由发言两种，前者一般是领导报告，后者一般是讨论发言。正式发言者，应衣冠整齐，走上主席台应步态自然，刚劲有力，体现一种成竹在胸、自信自强的风度与气质。发言时应口齿清晰，讲究逻辑，简明扼要。如果是书面发言，要时常抬头扫视一下会场，不能低头读稿，旁若无人。发言完毕，应对听众的倾听表示谢意。

自由发言则较随意，但要注意：发言应讲究顺序和秩序，不能争抢发言；发言应简短，观点应明确；与他人有分歧，应以理服人，态度平和，听从主持人的指挥，不能只顾自己。

如果有会议参加者对发言人提问，应礼貌作答，对不能回答的问题，应机智而礼貌地说明理由；对提问人的批评和意见应认真听取，即使提问者的批评是错误的，也不应失态（见图 6-15）。

图 6-15

（三）会议参加者礼仪

会议参加者应衣着整洁，仪表大方，准时入场，进出有序，依会议安排落座。开会时应认真听讲，不要私下小声说话或交头接耳；发言人发言结束时，应鼓掌致意（见图 6-16）。会中尽量不离开会场，如果必须离开，要轻手轻脚，尽量不影响发言者和其他与会者；如果长时间离开或提前退场，应与会议组织者打招呼，说明理由，征得同意后再离开。

图 6-16

在开会过程中，如果有讨论，最好不要保持沉默，这会让人感到你对工作或对单位漠不关心。想要发言时应先在心里有所准备，用手或目光向主持人示意或直接提出要求。发言应简明、清楚、有条理，实事求是。反驳别人不要打断对方，应等待对方讲完再阐述自己的见解；别人反驳自己时要虚心听取，不要急于争辩。在此，要特别强调商务会议参加者在讨论中要注意如下十大禁忌：

（1）发言时不可长篇大论，滔滔不绝（原则上以 3 分钟为限）。

（2）不可从头到尾沉默到底。

（3）不可选用不正确的资料。

（4）不要尽谈些期待性的预测。

（5）不可进行人身攻击。

（6）不可打断他人的发言。

（7）不可不懂装懂，胡言乱语。

（8）不要谈及抽象论或观念论。

（9）不可对发言者吹毛求疵。

（10）不要中途离席。

【知识链接】

一、会议的含义

会议，又称为集会或聚会，是指有领导、有组织地使人们聚集在一起，对某些议题进行商议或讨论的集会。在现代社会里，它是人们从事各类有组织的活动的一种重要方式。

二、商界会议的划分

在商界活动中，由于会议发挥着不同的作用，因此便有着多种类型的划分。依照会议的具体性质来进行分类，商界会议大致可以分为如下四种类型：

（1）行政性会议：商界的各个单位所召开的工作性、执行性的会议。例如，行政会、董事会。

（2）业务性会议：商界的有关单位所召开的专业性、技术性会议。例如，展览会、新闻发布会。

（3）群体型会议：商界各单位内部的群众团体或群众组织所召开的非行政性、非业务性的会议，旨在争取群体权利，反映群体意愿。例如，职代会、团代会。

（4）社交型会议：商界各单位以扩大本单位的交际面为目的而举行的会议。例如，茶话会、联欢会。

三、商务会议的作用

（1）实现决策民主化、科学化的必要手段。

（2）实施有效领导、有效管理、有效经营的重要工具。

（3）达成共识、贯彻决策、下达任务、沟通信息、协调行动的有效方法。

（4）保持接触、建立联络、结交朋友的基本途径。

【课后训练】

一、简答题

1. 简述会前、会中、会后的工作流程。
2. 会前要做好哪些准备工作？
3. 小型会议和大中型会议分别如何安排座次？
4. 主持、领导或出席会议要遵守哪些与会礼仪？

二、实训操作

（一）你所在的公司将与国外某企业举行商务会谈，总经理安排你负责此次会谈的准备工作。请你考虑此次会谈的性质并对会谈准备计划的内容进行模拟设置。

（二）办会能力自测。

筹办年会，你面面俱到吗

年底将至，正是企业答谢客户或员工、进行年度总结的好时机，召开年会是一种常见形式。年会如果办得好，不仅可以形成深度总结，还有利于提升员工士气、增强企业凝聚力，为来年的发展做好铺垫。

下面就通过测评来看看你的筹办能力吧。

测试题目：

1. 举办之前你是否会采集方方面面的信息以明确年会主题？（   ）

A. 信息采集在任何时候都重要，办年会也不例外

B. 未必采集信息，能反映主题就行

C. 年会就是吃吃喝喝，没必要收集信息

2. 对于年会的准备时间你会如何做出安排？（   ）

A. 提前安排，上上下下都会做好准备

B. 临近时再安排，如果人手不足则考虑外包

C. 到时再订酒店，不提前考虑这档事

3. 你是否会精心设计年会主题？（   ）

A. 是的，希望提炼出与当前工作重心相关的主题

B. 偶尔会参与主题讨论

C. 不就是搓一顿嘛，要什么主题

4. 你会如何进行年会预算？（   ）

A. 早做预算安排，考虑诸多细节，比如交通、场地及各项杂费

B. 只是大体估算一下，没有详细计划

C. 不做预算，花多少报多少

5. 在年终总结之类的场面上，你是否总是"报喜不报忧"？（   ）

A. 不是，片面强调成绩会麻痹员工思想

B. 会轻描淡写地提及企业的不足

C. 过年嘛，不要提不高兴的事

6. 你是否重视年会的节目内容和质量？（   ）

A. 是的，年会的节目应该紧扣主题，对企业现状有所寓意

B. 主要安排一些娱乐节目，无所谓质量

C. 没有节目也无所谓

7. 你是否会把拓展训练融入年会当中？（　　）

A. 是的，拓展往往能起到更大的激励效果

B. 有机会也许会尝试

C. 暂时没这个打算

8. 你是否会在年会上设置一些令员工惊喜的环节？（　　）

A. 是的，这样可以加强激励效果　　B. 要看年会策划负责人怎么安排

C. 从不安排这些小花样

9. 年会结束时，你是否会进行总结？（　　）

A. 是的，总结有助于强化年会的效果　　B. 不刻意安排这个环节

C. 吃完就各走各的，谁有耐心做总结

测评结果：

选A得3分，选B得2分，选C得1分，然后将分数加总。

22～27分，表明你对年会十分重视，希望它能体现你的一些战略意图，同时成为激励员工奋斗的精神源泉。你自身就是一个完美主义者，很重视企业的文化活动，由于这一份在意，你的企业年会总是深受好评。

16～21分，表明对年会的诸多细节你一般交由下属操作，你作为企业领导对年会的作用有一定的认识程度，但不愿意花力气完善一些细节，因此年会的举办效果可能要略打折扣。

9～15分，你可能觉得年会只不过就是年终时大家一起吃顿饭，所以常从节约的角度来考虑，并不重视。你应该学会利用年终这个难得的时机，为员工创造一份小小的惊喜，让大家更加团结和努力。

三、案例分析题

发放资料的学问

天地石化股份有限公司董事会召开会议，讨论从国外引进化工生产设备的问题。秘书小李负责为与会董事准备会议所需的文件资料。因有多家国外公司竞标，所以材料很多。小张由于时间仓促就为每位董事准备了一个文件夹，将所有材料放入文件夹。有三位董事在会前回复说将有事不能参加会议，于是小张就未准备他们的资料。不料，正式开会时其中的两位董事又赶了回来，结果会上有的董事因没有资料可看而无法发表意见，有的董事面对一大摞资料不知如何找到想看的资料，从而影响了会议的进度。

问题讨论：你知道应该如何发放资料才能避免此类事件的发生吗？

学习任务 6-2　商务谈判礼仪

【任务分析】

商务谈判是当事人之间为实现一定的经济目的，明确相互的权利义务关系而进行协商的行为。商务谈判既是一门科学，又是一门艺术。优秀的谈判者，不仅要精通商务知识，还要通晓礼仪知识，这样才能在谈判中占据主动，应对自如。

商务谈判礼仪涉及谈判人员的仪容仪表、谈判场地、谈判语言等方面，这里主要考虑以下几方面事项：

- 主座谈判礼仪。
- 客座谈判礼仪。
- 谈判过程礼仪。
- 谈判语言礼仪。

一、主座谈判礼仪

（一）主座谈判的接待准备

主座谈判，作为东道主一方出面安排各项谈判事宜时，一定要在迎送、款待、场地布置、座次安排等各方面精心周密准备，尽量做到主随客便，主应客求，以获得客方的理解、信赖和尊重。

1. 成立接待小组

接待小组成员由后勤保障、交通、通信、医疗等各环节的负责人员组成，涉外谈判还应备有翻译。

接待小组成员要事先了解客方基本情况，收集有关信息。可向对方传真一张表格，让其填写谈判代表团成员的姓名、性别、职务、级别、宗教信仰、饮食习惯和禁忌等，以作为食宿安排的依据。

此外，还要掌握客方抵离的具体时间、地点、交通方式，以安排迎送的车辆和人员，以及预订、预购返程车船票或飞机票等。

2. 拟订接待方案

根据客方的意图、情况和主方的实际能力，拟订接待计划和日程安排表。日程安排时间上要紧凑，日程安排表拟出后，可传真给客方征询意见，待客方无异议确定以后，即可打印。

如涉外谈判，则要将日程安排表译成客方文字；日程安排表可在客方抵达后交由客方副领队分发，亦可将其放在客方成员住房的桌上。

（二）主座谈判迎送工作

主座谈判时，东道主可根据实际情况举行接风、送行、庆祝签约的宴会或招待会，客方谈判代表在谈判期间的费用通常都由其自理。

迎送礼仪是商务谈判中最基本的礼仪之一。迎来送往是一种很常见的社交活动。这一礼节包含两个方面：一方面，对应邀前来参加谈判的人士，无论官方人士、专业代表团，还是民间团体、友好人士，在他们抵达时，一般都要安排相应身份的人员前去迎接；另一方面，谈判结束后，要安排专人欢送。重要客商或初来的客商，要专人迎送。

1. 确定迎送规格

对来宾的迎送规格各国做法不尽一致。确定迎送规格，主要依据来访者的身份和访问目的，适当考虑两国关系，同时要注意国际惯例，综合平衡。主要迎送人通常都要同来宾的身份相当，专业对口，做到对口、对等接待。

但由于各种原因（如国家体制不同、当事人年高不便出面、临时身体不适或不在当地等），不可能完全对等。遇此情况，可灵活变通，由职位相当的人士或由副职出面。总之，主人身份应与客人相差不大，同客人对口、对等为宜。当事人不能出面时，无论怎样处理，均应从礼貌出发，向对方做出解释。另外，其他迎送人员不宜过多。

如果从发展两国关系或当前政治需要出发，也可破格接待，安排较大的迎送场面。然而，为避免造成厚此薄彼的印象，非有特殊需要，一般都按常规办理。

2. 做好迎送工作

准确掌握对方抵离的时间，接站时，主方所有迎送人员都应先于客方15分钟到达指定地点，如机场、车站、码头迎接。迟到是失礼的行为。

对于客方身份特殊或尊贵的领导，还可以安排献花。如安排献花，须用鲜花，并注意保持花束整洁、鲜艳，忌用菊花、杜鹃花、石竹花、黄色花朵。有的国家习惯送花环，或者送一、二枝名贵的兰花；通常由儿童或女青年在参加迎送的主要领导人与客人握手之后，将花献上。有的国家由女主人向女宾献花。

迎接的客人较多的时候，主方迎接人员可以按身份职位的高低顺序列队迎接，双方人员互相握手致意，问候寒暄。

如果主方陪同乘车，应该遵守如下乘车礼仪：

（1）让领导和客人先上，自己后上。

（2）要主动打开车门，并以手示意，待领导和客人坐稳后再关门，一般车的右门为上、为先、为尊，所以应先开右门，关门时切忌用力过猛。

（3）在乘车的座位上很讲究，一般是右为上，左为下。陪同客人时，要坐在客人的左边。

3. 谈判室布置与座次安排

1）谈判室的选择与布置（见图6-17）

图6-17 "忠旺杯"第二届高校商务谈判邀请赛现场

选择谈判环境，一般看自己是否感到有压力，如果有，说明环境是不利的。不利的谈判场合包括：嘈杂的声音，极不舒适的座位，谈判房间的温度过高或过低，不时有外人搅扰，环境陌生而引起的心力交瘁感，以及没有与同事私下交谈的机会等。这些环境因素会影响谈判者的注意力，从而导致谈判的失误。

小规模谈判可以选在公司会议室，若有条件最好安排两三个房间，一间作为主要谈判室，另一间作为双方进行内部协商的密谈室，再配一个休息室。

从礼仪角度讲，为合作或谈判者布置好谈判环境，将有利于双方谈判的顺利进行。一般来说，应考虑如下几个因素：

第一，光线。可利用自然光源，也可使用人造光源。利用自然光源即阳光，应备有窗纱，以防强光刺目；使用人造光源时，要合理配置灯具，使光线尽量柔和一些。

第二，声响。室内应保持宁静，使谈判能顺利进行。房间不应临街，不在施工场地附近，门窗应能隔音，周围没有电话铃声、脚步声等噪声干扰。

第三，温度。室内最好能使用空调机和加湿器，以使空气的温度与湿度保持在适宜的水平。温度在20℃左右，相对湿度在40%～60%之间最合适。一般情况下，至少要保证空气的清新和流通。

第四，色彩。室内的家具、门窗、墙壁的色彩要力求和谐一致，陈设安排应实用美观，留有较大的空间，以利于人的活动。

第五，装饰。用作谈判活动的场所应洁净、典雅、庄重、大方。宽大整洁的桌子，简单舒适的座椅（沙发），墙上可挂几幅风格协调的书画，室内也可装饰适当的工艺品、花卉、标志物，但不宜过多过杂，以求简洁实用。

2）安排谈判座次

在谈判中要想获得对方的合作，获取某种效果，座位的安排大有学问。谈判双方应该是面对面坐着，还是采取某种随意的座次安排，有着不同的意义。

①双边谈判的座次安排

在商务谈判中，双方的主谈者应该居中坐在平等而相对的位子上，谈判桌应该是长而宽绰、明净而考究的；其他谈判人员一般分列两侧而坐。这种座位的安排通常显示出正式、礼貌、尊重、平等。

长方形或椭圆形座次安排（见图6-18、图6-19），如果涉外谈判，应有翻译，各方的2号位为翻译人员的坐席。

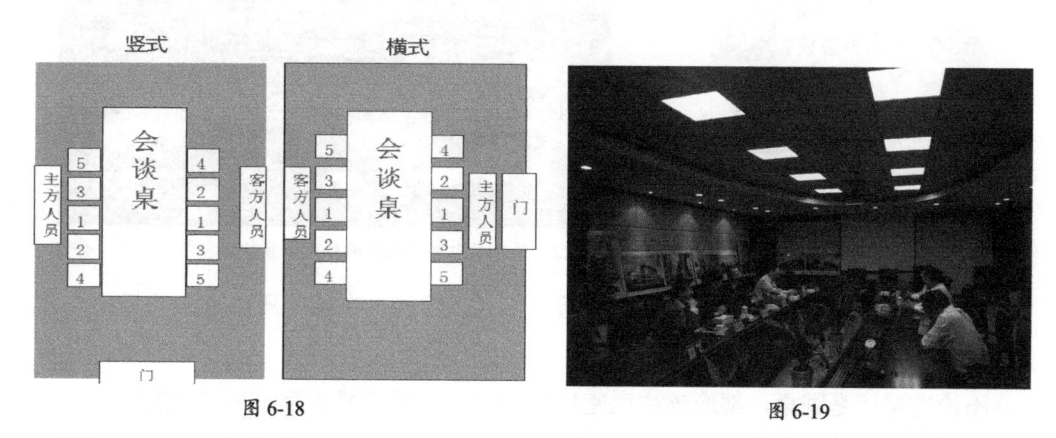

图 6-18

图 6-19

对于长方形或椭圆形座次安排，若谈判桌横放，则面向大门为上座，应属于客方，背对大门为下座，属于主方；谈判桌竖放，则应以进门方向为准，右侧为上，属客方，左侧为下，属主方。

双方主谈人（首席代表）各在己方一边的中间就坐，译员安排在主谈人右侧，其余人员则遵循右高左低的原则，依照职位高低自近而远地分别在主谈人两侧就坐。

马蹄形座次安排如图6-20所示。

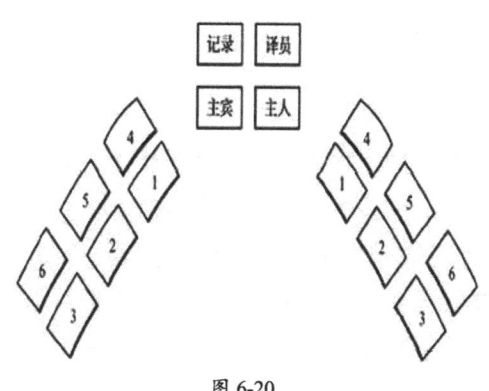

图 6-20

小型的谈判，也可不设谈判桌，直接在会客室沙发上进行，双方主谈人在中间长沙发就坐，主左客右，译员在主谈人后面，双方其余人员分坐两边。

②多边谈判座次安排

如果是多边谈判，则各方的主谈者应该围坐于圆桌相应的位子，圆桌通常较大，也可分段而置；翻译人员及其他谈判工作人员一般围绕各自的主谈者分列两侧而坐，也可坐于主谈者的身后（见图6-21、图6-22）。

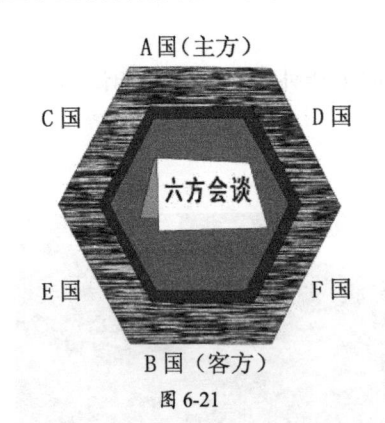

图6-21

图6-22 第八届中部博览会境外商会领袖与中部六省圆桌会议

与长方形谈判桌不同，圆形谈判桌通常给人以轻松自在感。所以在一些轻松友好的会见场所，一般采用圆桌。

不论方桌还是圆桌，都应该注意座位的朝向。一般习惯认为面对门口的座位最具影响力，西方人往往习惯认为这个座位具有权力感，中国人习惯称此座位为"上座"；而背朝门口的座位最不具影响力，西方人一般认为这个座位具有从属感，中国人习惯称此座位为"下座"。

如果在谈判中想通过座位的安排暗示权力的高下，较好的办法是在座位上摆放名牌，指明某人应当就座于某处，这样就可对每个人形成某种影响力。按照双方在各自团体中地位高低的顺序来排座，也是比较符合社交礼仪规范的。

二、客座谈判礼仪

案例思考：

某工厂的副总裁吉拉德突然中风，英国总公司第二天派了一位高级主管凯瑟琳直飞利雅得接替他的职务。凯瑟琳到沙特阿拉伯还负有另一个重要任务，即介绍公司的一项新产品并在当地制造、销售。凯瑟琳赶到利雅得正赶上当地的斋月，接待她的贝格先生是沙特国籍的高级主管，一位年约50岁的传统生意人。

虽然正值斋月，贝格还是尽地主之谊请凯瑟琳到他家为她洗尘。因为时间紧迫，凯瑟琳一下飞机就去赴约，当时饥肠辘辘的她心想，等一会到贝格家一定好好吃一顿。见面之后一切还好，虽然是在斋月，贝格先生仍为来客准备了吃的东西。凯瑟琳觉得饭菜非常合口于是大吃起来，然而她发觉主人却一口不吃，就催促主人和她一起享用。狼吞虎咽间她问贝格是否可在饭后到她办公室谈公事，她说："我对你们的设施很好奇，而且还迫不及待地想介绍公司的新产品。"虽然凯瑟琳是个沉得住气的人，然而因为习惯偶尔会双脚交叠上下摇动脚尖。贝格一一看在眼里，在她上下摇动脚尖时他还看到凯瑟琳那双黑皮鞋的鞋底。顷刻间刚见面时的那股热忱消失得无影无踪。大家想想：（1）贝格先生为何在顷刻之间刚见面时的那股热情便消失得无影无踪？（2）如果你是凯瑟琳，与贝格见面后应该如何表现？

客方谈判代表要明确告诉主方自己代表团的来意、目的、成员人数、成员组成、抵离的具体时间、航班车次、食宿标准等，以方便主方的接待安排。

对一些非原则性问题采用宽容的态度，以保证谈判的顺利进行。

谈判期间，对主方安排的各项活动要准时参加，通常应在约定时间的5分钟之前到达约定地点。

到主方公司做公务拜访或有私人访问要先预约。对主方的接待，应在适当的时间以适当的方式表示感谢。

客座谈判有时也可视双方的情况，除谈判的日程外，可自行安排食宿、交通、访问、游览等活动。参观游览前可与主方协商提出自己的参观访问、游览观光等活动要求，但应尊重主方安排。

涉外客座谈判，要遵守如下礼仪规范。

商务人员在国外日常生活中应遵守国际礼仪，遵守国际礼仪是维护自身形象，向外宾表示尊重、友好的交际形式，如果能得体地运用，必然会对对外商务交往活动产生积极的作用。国际礼仪的十大原则如下：

（一）求同存异

世界各国的礼仪和习俗存在着一定差异。对于礼仪类似的差异性，重要的是要了解，而不是要评判是非、鉴定优劣。

"求同"，就是要遵守有关礼仪的国际惯例，要重视礼仪的"共性"。"存异"，就是要求对其他国家的礼俗不能一概否定，不要忽略礼仪的"个性"。在必要的时候，对交往对象所在国的礼仪与习俗要有所了解，并表示尊重。

在国际交往中，在礼仪上"求同"，遵守礼仪的"共性"，也就是在礼仪的应用上"遵守惯例"，是非常重要的。世界各国有着不同的见面礼节，那些都属于礼仪的"个性"，握手作为见面礼节，可以说是通行于世界各国的，是"共性"。

（二）入乡随俗

"入乡随俗"，是涉外礼仪的基本原则之一。在国际交往中，要真正做到尊重交往对象，首先就必须尊重对方所独有的风俗习惯。去其他国家或地区进行工作、学习、参观、访问、旅游的时候，更要对当地所特有的风俗习惯有一定的了解和尊重。

要做到"入乡随俗"，最重要的是，要注意对外国友人所特有的习俗既要了解，更要尊重。没有了解，就无所谓尊重；了解的目的，是为了更好地尊重。尊重是建立在了解基础之上的。

（三）不卑不亢

不卑不亢，是国际礼仪的一项基本原则。商务人员必须意识到，自己代表着单位、民族和国家。所以，言行必须从容得体，堂堂正正。在外宾面前，既不应该表现得低三下四、自卑自贱，也不应该表现得放肆嚣张、孤芳自赏。在国际交往中坚持"不卑不亢"原则，是每一名涉外人员都必须给予高度重视的问题。这一原则同时表现为：无论交往对象的国家大小、强弱，都要给予平等的尊重、礼遇。

（四）热情适度

"热情适度"，是涉外礼仪的基本原则之一。要求人们在参与国际交往，直接和外国人打交道时，不仅待人要热情友好，更重要的是要把握好待人热情友好的具体分寸。否则将事与愿违。

在国际交往中要遵守"热情适度"这一基本原则，不要对外国友人表现得过于关心，让对方难以适从。对待外国友人的所作所为，只要对方不触犯我国法律、无有悖伦理道德、没有污辱我们国格人格，就没有必要对其评判是非对错。特别是不要当面对对方进行批评指正，或进行干预。

和外国人进行交往应酬时，要根据双方关系的不同，和对方保持着适度的空间距离。国际交往中，人和人的距离小于0.5米，仅适用于家人、恋人和至交。距离大于0.5米、小于1.5米，适合于一般性的交际应酬，所以也称为"常规距离"；距离大于1.5米、小于3米，适用于会议、演讲、庆典、仪式及接见，意在向交往对象表示敬意，所以又称为"敬人距离"；距离在3米以外，适用于在公共场所和陌生人相处。

和外宾相处，务必要对自己的举止动作多加检点。要在国际交往中真正做到"举止有度"，注意不要随便采用某些意在显示热情的动作。在国内，朋友相见时，彼此拍拍肩膀；长辈遇见孩子时，抚摸一下对方的头顶或脸蛋；两名同性在街上携手而行等。但是，外国人却绝对接受不了这种方式表示友好。

在国际交往中，当自己身为东道主时，通常讲究"主随客便"；当自己充当客人时，要讲究"客随主便"。这两种做法都是对"入乡随俗"原则的具体贯彻落实。

（五）尊重思维习惯

在对外交往中，涉及自我评价时，在外国人面前不要过度谦虚、客套。要在实事求是的前提下，敢于并且善于对自己进行正面的评价或肯定。如对方赞美自己的相貌、衣饰、手艺时，一定要落落大方地道上一声："谢谢。"这也是为了接纳对方。称道自己的工作、技术或服务时，同样要大大方方地予以认可，而不要极力进行否认。

和外国友人进行交往应酬时，无论如何都不要说出"瞎忙"、"混日子"、"什么正经事都没有干"之类的话。因为这些话会让对方觉得你是一个不务正业的人。当自己设宴款待外国友人时，应当在介绍席上菜肴的过程中，有意识地说明"这是本地最有特色的菜"、"这是这家菜馆烧得最拿手的菜"等。只有这样，才会让对方感到自己受到了重视。有必要向外国友人赠送礼品时，先要说明寓意、特点和用途，还要说明它是为对方精心选择的。

（六）模仿原则

在国际交往中，面对自己一时难以应付、举棋不定，或者不知道到底怎样做才好的情况时，最明智的做法是尽量不要急于采取行动，尤其是不要急于抢先。不妨静观一下周围人的所作所为，并采取一致的行动。这样就不至于弄巧成拙。

模仿原则，一方面要求在难以确定如何行动才好时，应尽可能地避免采取任何行动，免得出丑露怯。另一方面又要求在不知道到底怎么做才好，而又必须采取行动对，最好先视察其他人的正确做法，然后加以模仿，或和当时的绝大多数在场者行动上保持一致。

（七）尊重隐私

个人隐私，就是不愿意公开，不希望外人了解或打听的个人秘密、私人事情。在国际交往中，人们普遍讲究尊重个人隐私，并且把是不是尊重个人隐私，看成一个人在待人接物方面有没有教养、能不能尊重和体谅交往对象的重要标志。

国际交往中，个人收入多少，一向被外国人看作自己的脸面，十分忌讳别人直接或间接地打听。除去工资外，那些反映个人经济状况的问题，如纳税数额、银行存款、股票收益、住房面积、汽车型号、服饰品牌、娱乐方式等，因为和个人收入相关，都不适合提到。

国外，普遍把实际年龄当作"核心机密"，而对于"老"字很忌讳。人们对亲友、晚辈的恋爱，以及婚姻、家庭生活的话题不以为然。在一些国家里，跟异性谈论此类话题，极有可能被对方视为无聊至极，甚至还会认为是"性骚扰"。闲聊时，一般都反感别人对自己的健康状况关注过多。

外国人大都把私人住所看成私生活领地，都不喜欢轻易把个人住址、住宅电话号码等私人资讯"泄密"。我们对于别人打听诸如"是哪里的人"、"什么学校毕业的"、"以前干过什么"等问题，认为是正常的。而外国人却把这些内容看作"商业秘密"，反对询问交往对象的既往经历，随随便便地擅自查对方的"户口"。

在国际交往中对信仰和政见避而不谈。在国外询问对方："最近忙什么呢"、"怎么好久没见到你"等，这一类的问题非常忌讳，认为向别人探听这一类问题的人，不是好奇心过盛，不懂得尊重别人，就是"别有用心"。

上述提到的这些问题，都属于个人隐私问题。要尊重外国友人的个人隐私权，就必须避免涉及这些问题。

（八）女士优先

"女士优先"是国际社会公认的一条重要的礼仪原则。在西方社交场合，是否遵循"女士优先"是一条成规，是评价男士是否有男子汉气概和绅士风度的首要标准。在一切社交场合，每一名成年男子，都有义务主动自觉地尊重、照顾、体谅、关心、保护妇女，并且还要想方设法、尽心竭力地为她们排忧解难。

在国外，"女士优先"是礼仪的基本原则，已经逐渐演化为一系列具体的、可操作的做法，每一名成年男士都要认真对待。

走路的时候，同行男士应走靠外一侧，女士则走贴近建筑物的一侧；如果两女一男同行，应让年长的或较弱小的一位女士走在中间；如果两男一女同行，让女士走在中间。

上楼梯时，女士走在前面，男士走在后面，下楼梯时相反。因为万一发生意外，男士可设法保护走在前面的女士，万一自己滑倒，也不会倒在走在后面的女士身上。

看影剧时，同行男士应坐在最靠近走道的座位上，影剧结束时，男士应站在走道边等女士出来后，再一起走出影剧院。如果影剧结束时，因走道拥挤而不能并行，男士应走在女士的前面。

出席晚会或宴会时，同行男士应先给女士找好座位，并等女士坐下后再坐下。如果没有专人服务，男士就应该为女士拉出椅子，等她站在椅子前的时候再把椅子稍稍往前移，直至女士就坐。

男士和女士一同上车时，男士应上前几步，为女士打开车门；下车时，男士应先下来，为女士拉开车门。

另外，在乘公共汽车时，看到年长或体弱的女士，应主动让座；聚会时，女客人进入聚会场所，先到的男士应站起来迎接；和女士一起外出，应主动帮助她拿一些笨重的东西，但不用帮她拎随身的小包。

（九）以右为尊

在各种类型的国际交往中，大到政治磋商、商务往来、文化交流，小到私人接触、社交应酬，但凡有必要确定并排列具体位置的主次尊卑，"以右为尊"都是普遍适用的。

在进行涉外往来、召开国际会议、举办国际博览会，或者从事国际体育比赛时，按照国际惯例，经常需要悬挂有关国家的国旗。在国际交往中悬挂国旗是一件极其严肃的事情，悬挂他国国旗，并借此向他国表示尊重和敬意时，就更要这样。不仅不能把其他国旗弄错、挂错，而且还要在悬挂国旗时给予适当的礼遇。

在各类国际交往中所悬挂的国旗，大都采用并排悬挂的方法。具体来说，并排悬挂两国国旗时，按惯例要以国旗自身面向为准，以右为上，悬挂来访国国旗；以左为下，悬挂东道国国旗。在重要国宾搭乘的轿车上同时悬挂两面国旗时，一般要以轿车行进的方向为准，以驾驶员右侧为上，悬挂来宾所在国国旗；以驾驶员左侧为下，悬挂东道国国旗。

需要同时悬挂多国国旗时，通行的做法是，以国旗自身面向为准，让旗套位于右侧。越往右侧悬挂的国旗，被给予的礼遇就越高；越往左侧悬挂的国旗，被给予的礼遇就越低。在确定各国国旗的具体位次时，一般按照各国国名的拉丁字母的先后顺序而定。在悬挂东道国国旗时，可以遵行此惯例，也可将其悬挂在最左侧，以示东道国的谦恭。

在国际交往中有必要排定并排位次的尊卑时，遵循"以右为尊"原则，就可以化繁为简，以不变应万变。

（十）维护好个人形象

个人形象，是所在单位甚至所在国家整体形象的化身，所以做好个人形象工作非常重要。

通常要求男子不蓄须（艺术工作者除外），鼻毛、耳毛不外露，不留长发；女子不剃光头，不剃眉毛，不暴露腋毛，不化浓妆；不刺字、不纹身。最适当的表情应当是亲切、热情、友好、自然。表情过度夸张、表情过于沉重或者面无表情，都是不应该的。要坚决改正当众喷鼻涕、剔牙齿、抠脚丫等不文明的举止动作，要认真纠正诸如对人指指点点，大声交谈，就坐后高翘"二郎腿"并且脚尖或鞋底直对着别人抖动等这一些失敬于人的举止。

要使用规范的尊称、谦词、敬语和礼貌语。重视待人接物，是维护个人形象的重要方法，不仅要善于运用常规的技巧，最重要的是要善于理解人、体谅人、关心人和尊重人。

三、谈判过程中的礼仪

商务谈判过程中，自始至终都贯穿一定的礼仪规范。

（一）商务谈判之初的礼仪

谈判之初，谈判双方接触的第一印象十分重要，言谈举止要尽可能创造出友好、轻松的良好谈判气氛。

主方准时迎候。主方人员应先于客方到达谈判地点，当客方人员到达时，主方人员在大楼门口迎候，亦可指定专人在大楼门口接引客人，主方人员只在谈判室门口迎候。

主客双方见面时，应相互介绍。通常做法是，先由主方负责人出面，自我介绍，然后将主方代表按职位的高低依次介绍给客方；由客方负责人出面，自我介绍，再将来宾按职务的高低依次介绍给主方。

自我介绍时要自然大方，不可露傲慢之意。被介绍到的人应起立，微笑示意，可以礼貌地说："幸会"、"请多关照"之类。询问对方要客气，如"请教尊姓大名"等。如有名片，要双手接递。

介绍完毕，然后请客方先行进入谈判室或宾主双方同时进入谈判室，主方人员待客方人员落座后再坐下。入座后，双方要关闭所有的通信工具（或调到静音），其他人员也不要随便进出。谈判双方可选择双方共同感兴趣的话题进行交谈，稍作寒暄，以沟通感情，创造和谐气氛。

谈判之初的姿态动作也对把握谈判气氛起着重大作用，应注视对方，目光停留于对方双眼至前额的上三角区域正方，这样使对方感到被关注，觉得你诚恳严肃。手心朝上比朝下好，手势自然，不宜乱打手势，以免造成轻浮之感。切忌双臂在胸前交叉，那样显得十分傲慢无礼。

谈判之初的重要任务是摸清对方的底细，因此要认真听对方谈话，细心观察对方举止表情，并适当给予回应，这样既可了解对方意图，又可表现出尊重与礼貌。

重要的谈判，在正式开始前，双方作简短致辞，互赠纪念品，安排合影后再入座。合影位置排列，通常主方主谈人居中，其右侧是客方主谈人，客方其余代表依次排列，主方其余代表一般站在两端。（注：集体合影座次安排与主席团的座次安排相同）

（二）商务谈判之中的礼仪

这是谈判的实质性阶段，主要是报价、查询、磋商、解决矛盾、处理冷场。

（1）报价：要明确无误，恪守信用，不欺蒙对方。在谈判中报价不得变换不定，对方一旦接受价格，即不再更改。

（2）查询：事先要准备好有关问题，选择气氛和谐时提出，态度要开诚布公。切忌气氛比较冷淡或紧张时查询，言辞不可过激或追问不休，以免引起对方反感甚至恼怒。但对原则性问题应当力争不让。对方回答查问时不宜随意打断，答完时要向解答者表示谢意。

（3）磋商：讨价还价事关双方利益，容易因情急而失礼，因此更要注意保持风度，应心平气和，求大同，存小异。发言措词应文明礼貌。

（4）解决矛盾：要就事论事，保持耐心、冷静，不可因发生矛盾就怒气冲冲，甚至进行人身攻击或侮辱对方。

（5）处理冷场：此时主方要灵活处理，可以暂时转移话题，稍作松弛。如果确实已无话可说，则应当机立断，暂时中止谈判，稍作休息后再重新进行。主方要主动提出话题，不要让冷场持续过长。

谈判中，主方应提供茶水、咖啡等饮料。服务人员添茶续水动作要小心，可在休会或某一方密谈时进行。

谈判结束后，主方人员应将客方人员送至电梯口或送到大楼门口上车，握手告别，目送客人汽车开动后再离开。

如果安排了与谈判内容密切相关的参观考察活动，则应在参观点安排专门的接待人员，并悬挂欢迎性的标语横幅。

四、谈判的语言礼仪

成功的商务谈判都是谈判双方出色运用语言艺术的结果。谈判语言礼仪表现在如下几个方面。

（一）针对性强

在商务谈判中，双方各自的语言，都是表达自己的愿望和要求的，因此谈判语言的针对性要强，做到有的放矢。模糊、啰唆的语言会使对方疑惑、反感，降低己方威信，成为谈判的障碍。

针对不同的商品、谈判内容、谈判场合、谈判对手，要有针对性地使用语言，才能保证谈判的成功。例如，对脾气急躁、性格直爽的谈判对手，运用简短明快的语言可能受欢迎；对慢条斯理的对手，则采用春风化雨般的倾心长谈可能效果更好。在谈判中，要充分考虑谈判对手的性格、情绪、习惯、文化及需求状况的差异，恰当地使用针对性的语言。

（二）表达方式婉转

谈判中应当尽量使用委婉语言，这样易于被对方接受。比如，在否决对方要求时，可以这样说："您说的有一定道理，但实际情况稍微有些出入。"然后再不露痕迹地提出自己的观点。这样做既不会有损对方的面子，又可以让对方心平气和地认真倾听自己的意见。其间，谈判高手往往努力把自己的意见用委婉的方式伪装成对方的见解，提高说服力。在自己的意见提出之前，先问对手如何解决问题。当对方提出以后，若和自己的意见一致，要让对方相信这是他自己的观点。在这种情况下，谈判对手有被尊重的感觉，他就会认为反对这个方案就是反对他自己，因而容易达成一致，获得谈判成功。

（三）灵活应变

谈判形势的变化是难以预料的，往往会遇到一些令谈判双方意想不到的尴尬事情，要求谈判者具有灵活的语言应变能力，与应急手段相联系，巧妙地摆脱困境。当遇到对手逼你立即作出选择时，你若是说"让我想一想"、"暂时很难决定"之类的话，便会被对方认为缺乏主见，从而在心理上处于劣势。此时你可以看看表，然后有礼貌地告诉对方："真对不起，9点钟了，我得出去一下，与一个约定的朋友通电话，请稍等5分钟。"于是，你便很得体地赢得了5分钟的思考时间。

（四）恰当地使用无声语言

商务谈判中，谈判者通过姿势、手势、眼神、表情等非发音器官来表达的无声语言，往往在谈判过程中发挥重要的作用（见图6-23）。在有些特殊环境里，有时需要沉默，恰到好处的沉默可以取得意想不到的良好效果。

图 6-23

➔【知识链接】

一、何为圆桌会议？

所谓"圆桌会议"，是指一种平等、对话的协商会议形式，是一个与会者围圆桌而坐的会议。现在，联合国安理会和其他国际会议，以及在举行国际政治谈判时，大多开圆桌会议。

那么，圆桌会议是怎么来的呢？据说，以前中外会议，尤其是那些正式的会议或宴会，非常讲究主宾的席位座次，一般都是让主、尊、长者居中而坐，宾客则根据其身份、地位、辈分，一左一右，依次安排在主位的两边；但如果碰巧客人都是显贵尊长，就不好办了。

公元5世纪时，英国的亚瑟国王想出了一个办法，即他和他的骑士们举行会议共商国事时，不分上下席位，围着圆桌而坐，这样就避免了与会者为席位上下而引起的纠纷。于是便形成了"圆桌会议"。

圆桌会议不分上下尊卑，含有与会者"一律平等"和"协商"的意思。第一次世界大战后，国际会议便多采用圆桌会议的形式。"圆桌会议"一直沿用至今天。

直到今天"圆桌会议"已成为平等交流、意见开放的代名词，也是国家之间及国家内部一种重要的协商和讨论形式。

圆桌会议是为了尽量避免这种主次的安排，而以圆形桌为布局的会议。在圆桌会议中，则可以不用拘泥这么多的礼节，主要记住以门作为基准点，比较靠里面的位置是比较主要的座位。

二、礼仪在商务谈判中的作用

商务谈判既是一门科学，又是一门艺术。优秀的谈判者，不仅要精通专业知识，掌握社会学、心理学、语言学等方面的知识，还要通晓礼仪知识，这样才能在洽谈中得心应手、应付自如。商场如同战场，在市场经济条件下，各行各业之间、企业之间，为了自己的经济利益，寸利必争，毫不相让。但是商场毕竟不是战场，这种竞争不是真刀明枪、你死我活的拼杀，商场上的较量是文质彬彬地进行的。即使双方有争议，相持不下，一切言行也必须是彬彬有礼的。无论交易成功与否，注重礼仪都是十分重要的。礼仪在商务洽谈中起着重要作用。

（一）创造良好氛围，拉近双方距离

对一个企业而言，企业代表如果能够热情周到、大方得体地接待客户，想对方所想，帮助对方解决困难、解决疑问，尊重对方，就会使客户感到该企业是有诚意的，乐意同该企业打交道。在一个宽松和谐的氛围中洽谈，就会自然地缩短双方的距离，容易找到一个双方均能接受、彼此都可受益的结合点。

（二）塑造良好形象，推动交易成功

在商务洽谈中，交易双方可能并非相互了解，而个人形象往往是企业形象的代表。在商务活动中，一方往往通过对方的仪容仪表、举止言谈来判断对方，并通过对方来分析他所代表的企业的可信程度。进而影响与其交往合作的程度。由此可见，在商务活动中，双方人员的高尚道德情操、彬彬有礼的言谈举止、渊博的知识、得体的礼遇，都会给对方留下深刻的印象，并对企业产生好感，减少谈判阻力，推动交易成功。

（三）加深理解，促进友谊

在商务洽谈中，双方都要维护各自的经济利益，难免会发生冲突。企业与企业、人与人之间因商务活动而产生的冲突，不是对抗，更不可把交易中的矛盾变为对某个企业或个人的攻击，而要把人和事区分开来。"买卖不成情义在。"在商务谈判双方相持不下的时候，也要注意礼仪规范，通过理解和沟通，找出双方都能接受的方案，通过交易，双方建立友谊，成为长期的合作伙伴。即使交易不成，由于待人真诚，礼仪有加，双方

也会沟通感情，建立友谊，日后会寻找其他的合作途径。

商务洽谈是在人与人之间进行的，因此洽谈的过程又是一个人际交往的过程。人际关系在洽谈中往往起着十分微妙的作用。道德水平低、礼仪修养差的人和企业，是无信誉可言的，在商场上很难取得成功。而如果能够以诚相待、尊重对方、感情融洽，洽谈就可能取得理想的效果。因此，在洽谈过程的始终都应非常注重礼仪。

【课后训练】

一、简答题

1. 简述主座谈判应遵守哪些礼仪。
2. 简述客座谈判应遵守哪些礼仪。
3. 谈判进行中要遵守哪些礼仪？
4. 简述谈判的语言礼仪。

二、实训操作

城通商贸集团要与美国一家商务代表团在宁波举行一次商务洽谈，集团总经理安排你负责这次洽谈场地的布置，请制作你的布置方案。

三、案例分析

中国某企业与德国某公司洽谈某种产品的出口业务。按照礼节，中方提前10分钟到达会议室。德国客人到达后，中方人员全体起立，鼓掌欢迎。德方谈判人员男士个个西装革履，女士个个都身穿职业装；反观中方人员，只有经理和翻译身穿西装，其他人员有穿夹克衫的，有穿牛仔服的，更有甚者穿着工作服。在洽谈现场，德方人员脸上始终没有出现笑容，反而显示出一丝不快。更令人不解的是，预定一上午的谈判日程，在半个小时内就草草结束，德方人员匆匆而去。

案例思考：为什么预定一上午的谈判日程，在半个小时内就草草结束，德方人员匆匆而去？

项目七

商务仪式活动礼仪

知识目标：

1. 掌握签字文本的准备、签字厅的布置和座次安排。
2. 掌握开业庆典的流程及场地布置。
3. 掌握对剪彩者的选择及礼仪要求。
4. 剪彩时的位次排定。

能力目标：

1. 能够按照礼仪规范进行签字仪式流程设计。
2. 能够独立进行开业庆典的流程策划及场地布置。
3. 能对特定的剪彩仪式进剪彩者的选择。
4. 能对不同场景剪彩仪式进行位次排定。

项目案例导入 意外的"礼物"

2012年8月8日,是南方某市新建南艺大酒店隆重开业的日子。

这一天,酒店上空彩球高悬,四周彩旗飘扬,身着鲜艳旗袍的礼仪小姐站立在酒店大门两侧,她们身后是摆放整齐的鲜花、花篮,所有员工服饰一新,面目整洁,精神焕发,整个酒店沉浸在喜庆的气氛中。开业典礼在酒店前广场举行。

上午11时许,应邀前来参加庆典的有关领导、各界友人、新闻记者陆续到齐。正在举行剪彩之际,天空突然下起了倾盆大雨,典礼只好移至厅内举行,一时间,大厅内聚满了参加庆典人员和避雨行人。典礼仪式在音乐和雨声中隆重举行,整个厅内灯光齐亮,使得庆典别具一番特色。

典礼完毕,雨仍然在下着,厅内避雨的行人短时间内根本无法离开,许多人焦急地盯着厅外。于是,酒店经理当众宣布:"今天能聚集到我们酒店的都是我们的嘉宾,这是天意,希望大家能同酒店共享今天的喜庆,我代表酒店真诚邀请诸位到餐厅共进午餐,当然一切全部免费。"霎时,大厅内响起雷鸣般的掌声。

虽然,酒店开业额外多花了一笔午餐费,但是酒店的名字在新闻媒体及众多顾客的宣传下却迅速传播开来,接下来酒店的生意格外红火。

资料来源:杨眉:《现代商务礼仪》,1版,大连,东北财经大学出版社,2000。

【任务分解】

学习任务7-1:签字仪式及相关礼仪

学习任务7-2:开业庆典及相关礼仪

学习任务7-3:剪彩仪式及相关礼仪

学习任务7-1 签字仪式及相关礼仪

【任务分析】

在商务交往中,签字仪式备受商界人士的重视,签字仪式的举行代表签字双方在某些重大问题上达成了一致协议或某项业务有了突破性的进展。目前世界各国所举行的签字仪式,都有比较严格的程序及礼节规范,这不仅显示出签字仪式的正式、庄重、严肃,同时也表明双方对签署条款的重视及对对方的尊重。因此签字仪式主办方在进行签字仪式前需进行精心的准备,对签字文本、签字时间、地点、人物确定、签字厅的布置等每个环节都不能马虎，必须严格按照礼仪规范进行。不同的的签字仪式各有特点，在我国国内举行签字仪式通常要考虑如下几个方面的问题（见图7-1）。

- 签字文本准备。
- 签字厅选择及布置。
- 签字座次安排。
- 签字仪式流程。

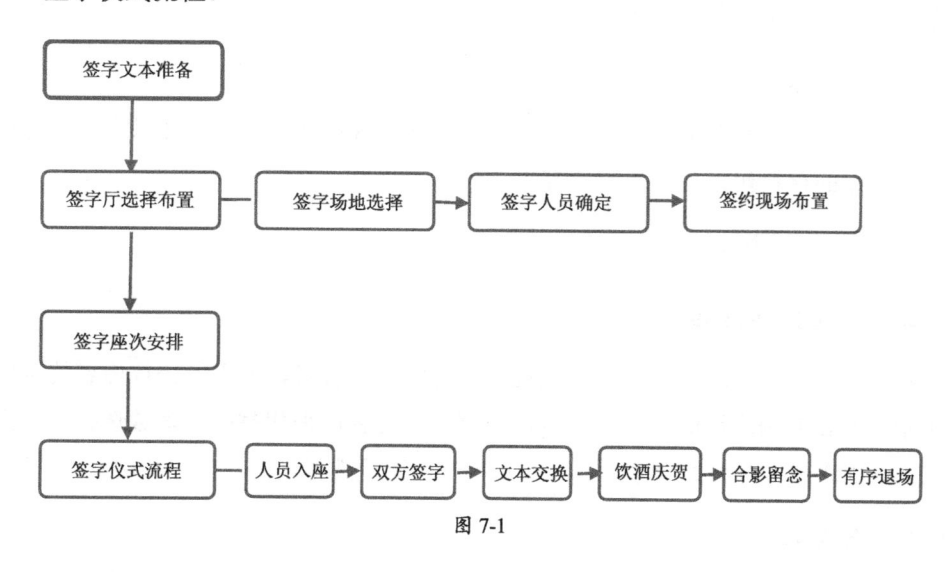

图 7-1

一、签字文本准备

（一）文本定稿

一般谈判的过程就是定稿的过程。谈判结束之后，主客双方应派专人按照达成的协议共同做好待签文本的准备工作。即定稿、翻译、校对、印刷、装订、盖印等一系列工作。文本一旦签署，法律效应自动生效。签约双方除核对谈判内容与文本的一致性外，还要核对各种附件、证明及批件等材料的完整性、真实性和准确性。如在审核中发现问题或有争议，应在正式签约之前及时向双方提出，可通过再次谈判达成谅解和一致，如有必要还应调整签约时间。因此待签文本的准备要慎重严肃。

（二）使用文字的确定

涉外双方缔约，如双方使用不同的语言文字，签字文本应当用双方的文字写成，必要时还可以使用第三种文字。

（三）正本和副本确定、形成

一般情况会谈的正式文本有正本（即签字文本）与副本，正本用于签字后由各方各自保存，或由专门的机构保存。但有时为了工作方便，也会印制若干副本。副本的法定效力、印制数量和各方保存的份数，由签约双方根据实际需要协商确定，并在条款中加以规定。副本一般不用签字、盖章，或者只盖章、不签字。

（四）文本盖章

为了保证文本在签字之后立即生效，一般在举行签字仪式前，先要在签字文本上加盖双方的公章，外交方面的签字文本须事先加盖火漆印。

（五）文本装订

待签文本应用高档精美的纸张印刷，按八大开的规格装订成册，并以真皮、仿皮或其他高档质量的材料作为封皮，以示郑重。

二、签字厅选择及布置

（一）签字场地选择

举行签字仪式的场地，一般视参加签字仪式的人员规格、人数及协议内容的重要程度来确定，有设专用场地的，也有临时以会议厅、会客厅来代替的；多数选择在客人所在的宾馆、饭店或主办方的会客厅、洽谈室举行。无论选择何处，都应征询双方的同意。

（二）签字人员确定

参加签字仪式的人员应在签字仪式之前预先确定好，并向有关方面通报。客方尤其要将出席签字仪式的人数提前通报给主方，以便主方安排。

1. 主签人

签字者的人选要视文件的性质来确定，可由最高负责人签，也可由具体部门负责人签，但双方签字人的身份应该对等。参加签字的有关各方事先还要安排一名熟悉签字仪式详细程序的助签人员，并商定好签字的有关细节。其他出席签字仪式的陪同人员，基本上是双方参加谈判的全体人员，按一般礼貌做法，人数最好大体相等。为了表示重视，双方也可对等邀请更高一层的领导人出席签字仪式。

2. 助签人

助签人首先要非常熟悉签字仪式的流程和注意事项，且认真仔细。其主要职责是在签字过程中帮助签字人员翻揭文本，指明需要签字之处。特别是涉外签字仪式中，因涉及多国文字，各方签字位置不同，一旦签错，就会造成文本作废，甚至导致签字仪式失败。故双方助签人的人选应事先商定。

3. 领导人

为表示对谈判结果的重视和庆贺，签约各方也可以派出身份较高的领导人参加签字仪式，但也应当注意规格大体相等。

4. 主持人

主持人的职责是向全体参加签字仪式的人员介绍致辞人的身份，主持人一般由主办单位担任，但应当同其他各方协商确定主持人的身份。

5. 见证人

见证人主要是参加会谈的人员，各方人数应当大致相当。如有必要还可以邀请律师、公证人员等参加签字仪式。

（三）签字厅现场布置

布置签字厅总体原则是庄重、整洁、清净，一般室内应铺满地毯（见图7-2）。

图 7-2

我国常见的布置为：在签字现场的厅（室）内，设置一个长桌，桌面上覆盖着深冷色台布（应考虑双方的颜色禁忌），桌后只放两张椅子，供双方签约人签字时用。礼仪规范为客方席位在右，主方席位在左。桌上放好双方待签的文本，上端分别置有签字用具（签字笔、吸墨器等）。如果是涉外签约，在签字桌的中间摆一个旗架，分别挂上双方国旗，注意不要放错方向。如果是国内地区、单位之间的签约，也可在签字桌的两端摆上写有地区、单位名称的席位牌。签字桌后应有一定空间供参加仪式的双方人员站立，背墙上方可挂上"××（项目）签字仪式"字样的条幅。签字桌的前方应开阔、敞亮，如请媒体记者应留有空间，配好灯光。

三、签字座次安排

在正式签字仪式中，签字各方对于礼遇均非常在意，因而主办方对于在签字仪式上最能体现礼遇高低的座次问题，应当认真对待，在安排座位时应遵循国际惯例——以右为贵的原则，妥善安排签字人及签字方随员等人员的座次。常见的签字仪式设置和排位方式如下。

（1）并列式。举行双边签字仪式时最常见的形式。它的基本做法是：在签字厅内设置一长桌作为签字桌，并将其面门横放，桌后为签字人员准备两把椅子。双方签字人员居中面门而坐，按照国际惯例，客方居右，主方居左。双方出席仪式的全体人员依身份高低从中央向两侧分站于自己一方签字人的座位后。如果是涉外签字仪式，还应在签字桌中央摆放一个旗架，上面悬挂或叉摆签字双方的小国旗。在我国的签字仪式多采用这种形式（见图7-3）。

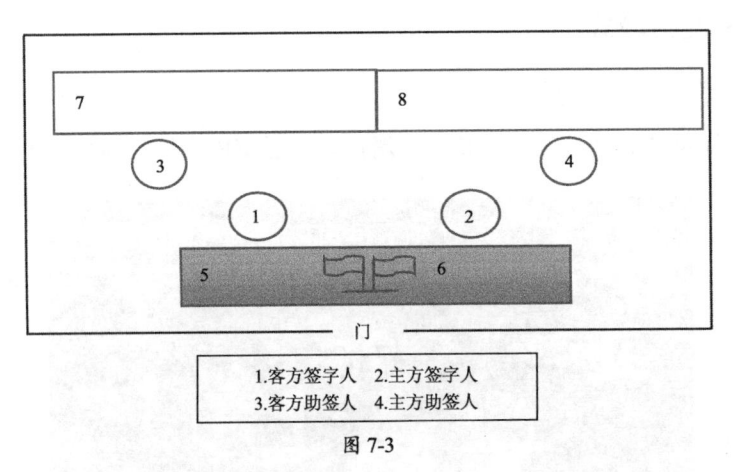

1.客方签字人　2.主方签字人
3.客方助签人　4.主方助签人

图 7-3

（2）相对式。与并列式签字仪式的排座基本相同。二者之间的主要差别，是相对式排座将双方参加签字仪式的随员席移至签字人的对面。双方国旗分别悬挂在各自的签字人员座位后面（见图7-4）。

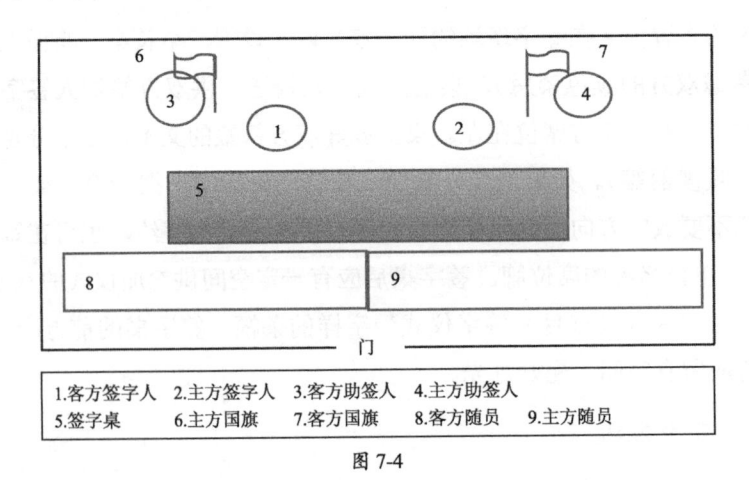

1.客方签字人　2.主方签字人　3.客方助签人　4.主方助签人
5.签字桌　6.主方国旗　7.客方国旗　8.客方随员　9.主方随员

图 7-4

（3）主席式。主要适用于多边签字仪式。其操作特点是签字桌仍须在室内横放，签字席仍须设在桌后面对正门，但只设一个，并且不固定其就座者。举行仪式时，所有各方人员，包括签字人在内，皆应背对正门、面向签字席就座。签字时，各方签字人应以规定的先后顺序依次走上签字席就座签字,然后即应退回原处就座。他们的助签人,则应随之一同行动。在助签时,依"右高左低"的规矩,助签人应站立于签字人的左侧(见图 7-5)。

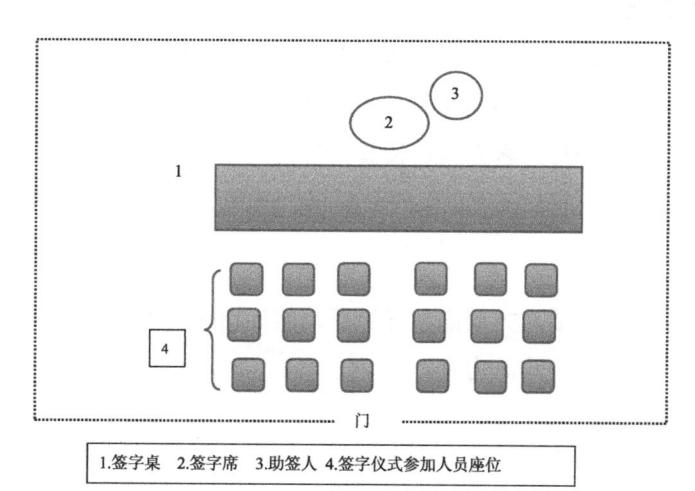

1.签字桌 2.签字席 3.助签人 4.签字仪式参加人员座位

图 7-5

四、签字仪式流程

这一阶段是签字仪式双方最关注的阶段,其操作程序规范、气氛庄重热烈,时间简短紧凑。一般签字仪式流程如下。

(一)仪式开始,人员入座

(1)有关各方人员进入签字厅,按照礼仪次序在指定的位次上坐好。

(2)双方助签人员分别站在本方主签人的外侧,协助翻揭文本,指明签名处,并为业已签署的文件吸墨防洇。

(二)双方主签人签署文本

(1)主签人首先应在本国保管的文本上签字,然后由助签人帮助交换文本。

(2)主签人在对方文本上签字。

(三)合同文本交换

双方主签人签字完毕,应交换正式签署的文本,均保留本方首签的文本。交换后,双方主签人应热烈握手,互致祝贺,而且可以互相交换各自使用过的签字笔,作为纪念。这时全场人员应该鼓掌,表示祝贺。

(四)饮酒庆贺

交换已签订的合同文本后,礼宾小姐应用托盘端上香槟酒,各有关人员一般应在交换文本后当场饮上一杯香槟酒，并与其他方面的人士一一干杯，但要注意不能大声喧哗叫喊，碰杯要轻，一般浅抿一口即可，举止要文雅有风度。

（五）合影留念

根据不同签字仪式场合的要求，有的场合允许从头到尾拍照而不受限制，但有的只允许拍摄其中某一场面。不论哪种要求，在会见外宾时如安排中外双方人员合影留念，一般应请双方人员列成一行，客方人员按其身份自左至右居于右侧。主方人员按其身份自右而左居于左侧。如一行站不开时，则可参照"前高后低"的规则，排成两行或三行。

（六）有序退场

签字仪式完毕后，先请双方最高领导退场，然后请客方人员退场，最后是主方人员退场。整个签字仪式以半个小时为宜。

→【知识链接】

一、涉外签约国旗的悬挂

国旗是一个国家的象征和标志。国际上通常以悬挂国旗的形式表示对自己祖国的热爱和对他国的尊重。在国际交往中，应遵守各国公认的悬挂国旗的惯例。按照国际惯例，在悬挂双方国旗时，应以右方为上，左方为下。两国国旗并挂，以旗本身的面向为准，右方挂客方国旗，左方挂本国国旗，汽车上挂国旗，则以汽车行进方向为准，驾驶员右手为客方，左手为主方。所谓主方与客方，不以活动举行的所在国划分，而以举办活动者为主方。例如，外国代表团来访，在欢迎宴会上，东道国为主方，而在答谢宴会上，来访者则为主人。而在国旗悬挂时，一般不能倒挂，一些国家的国旗由于文字和图案的原因，也不能竖挂和反挂。有些国家甚至明确规定，凡竖挂则需另行制作国旗，将图案转正。正式场合悬挂国旗要把正面面向观众。

各国国旗的式样、图案、颜色、尺寸、比例都是按本国宪法中的有关规定制作的。由于不同国家的国旗比例不同，两面旗帜悬挂在一起时有大有小就会显得不协调。因此在并排悬挂不同比例的国旗时，应注意将旗帜的面积调整得大小相等。

二、签字仪式中的"轮换制"

为了显示机会均等，双方平等，在签署文本时通常的做法是，首先签署应由己方所保存的文本，然后再签署应由他方所保存的文本。依照礼仪规范，每一位签字人在己方所保留的文本上签字时，应当名列首位。因此，每一位签字人均须首先签署将由己方所保存的文本，然后再交由他方签字人签署。此种做法，通常称为"轮换制"。它的含义是：

在文本签名的具体排列顺序上,应轮流使有关各方均有机会居于首位一次,以示各方完全平等。

【课后训练】

一、简答题

以北京国际食品有限公司和宁波和合餐饮公司两家企业为例,两家企业寻求合作和共同发展,决定在宁波合作,进军浙江餐饮市场。两家企业洽谈后,打算在在宁波和合餐饮公司进行签字仪式,请问,签字仪式正式进行前需要准备哪些工作?签字时的座次如何安排?签字仪式的整体流程是怎么样的呢?

二、实训操作

情境设置:A 公司与 B 公司经过多次谈判后,就合作事项达成了共识,计划在 A 公司洽谈室进行草签一份协议。

实训组织:班级 10～15 人为一大组,每组人员作为 A 公司签字仪式筹备小组成员,本次实训每组有两个任务。

1)制定签约仪式策划方案

每组成员进行分工合作,确定本次签字仪式的策划方案(也可让学生在课后完成)。在情境模拟之前由每组代表以 PPT 形式展示本组的策划方案,重点由学生阐述如何进行签字厅的选择和布置。

2)情境模拟

每组同学分别扮演双方签字仪式代表、随员、助签人、主持人、接待人员、记者等角色。在座次安排技能环节演练四种设置和排位方式,模拟签字仪式礼仪。

步骤:

①学生分组讨论,在座位上进行情境细节模拟。

②讨论结束后,按组上台进行模拟演示。

③请台下同学进行点评,补充遗漏知识点,纠正错误知识点。

④教师总结点评。

三、案例分析

签约失礼的结果

中国的一家企业代表前往德国寻找合作伙伴。该企业代表到了德国之后,经过多方努力,找到了一家很有声誉的德国大公司,经过长时间的洽谈,双方决定草签一个协议。

在正式签协议那天，由于中国企业代表有事情耽误了几分钟，结果到达签字厅的时候，德国企业一方人员正在恭候他们的到来，每个人都衣着正式、整齐。但是当中国企业代表进去后，德国公司一方人员毕恭毕敬地向他们鞠了一个90°的大躬，随后集体退出了大厅。两家企业合作功亏一篑，中国企业的努力也随之付诸东流。

案例思考：请问中国企业代表失礼之处在哪里？

（资料来源：杨贺：《商务礼仪》，1版，北京，北京理工大学出版社，2013。）

学习任务 7-2　开业庆典及相关礼仪

【任务分析】

开业庆典，是指在单位创建、开业、项目完工、落成之际，为表示庆贺或纪念，而按照一定的程序所举行的专门仪式。一次成功的开业典礼，有助于企业向社会树立良好的形象，扩大企业社会影响力，同时也是一次绝好的企业自我宣传、企业员工责任心培训的机会。开业典礼基本的要求就是要"热烈、欢快、隆重"，而在筹备开业典礼时，思想上应遵循"热闹、缜密、节俭"三原则。一般开业庆典包括如下两项基本内容。

○ 开业庆典的筹备。
○ 不同开业庆典的具体操作流程。

一、开业庆典的筹备

（一）成立筹备小组及确定主题

开业庆典的举行首先是向社会各界宣布该组织的成立，取得广泛的认同，提高知名度，提高美誉度，树立良好的形象，从而为今后的生存发展创造一个良好的外部环境。该活动牵涉面甚广，影响面巨大，主办方需对其进行认真的筹备，因此成立庆典活动临时筹备小组也是很有必要的。

筹备小组一般由公司各相关部门人员组成，筹备组对开业典礼全程进行全权负责。在筹备小组之内，可根据具体需要，设若干专项小组，分别负责公关、会务、接待、财务等方面的事宜，并各负其责。

（二）选择宣传媒介，做好舆论宣传

开业仪式的主旨在于塑造本单位的良好形象，那么就要对其进行必不可少的舆论宣传，以吸引社会各界对自己的注意，争取社会公众对自己的认可或接受。

1. 舆论宣传的途径

（1）制作单页广告，向公众介绍商品、宣传企业。可通过小区入户宣传或者报纸夹带宣传方式进行。前者是最有效、最直接的方式，后者宣传覆盖面广，目标客户群明确。

（2）手机短信平台的开业预告。可根据目标客户群进行定位发送。

（3）报纸、杂志及网络等媒介传播。

（4）运用电台、电视台等大众媒体进行传播。

（5）在企业建筑物周围设置醒目的条幅、广告、宣传画进行传播。

2. 舆论宣传的内容

宣传的内容一般包括开业具体信息（如开业时间、地点、标题、联系方式等），企业经营范围、特色，开业优惠活动，以及活动当天安排礼品发放信息等。

（三）做好嘉宾邀请

开业典礼一般要邀请有关领导、社会知名人士、同行合作者及新闻记者参加，在力所能及的条件下，要力争多邀请。

邀请工作应提前一周完成，以便被邀请者及早安排和准备。可以采用电话邀请的方式，还可以发传真的方式进行。如想进一步表明诚意与尊重，可以写邀请函由专人提前送达对方手中。一般在典礼开始前一天应再次电话联系邀请嘉宾，以便随时掌握嘉宾情况。

（四）布置活动现场

1. 活动地点选择

在选择具体活动地点时，应结合庆典的规模、影响力及本单位的实际情况来决定。本单位的礼堂、会议厅，本单位内部或门前的广场，均可选择。不过在室外举行庆典时，切勿因地点选择不慎，从而制造噪声、妨碍交通或治安，顾此而失彼。

2. 主现场布置的内容

依据仪式礼仪的有关规范，商务人员在布置庆典现场时，需要注意的两点是：按开业典礼的惯例，举行开业典礼时宾主一律站立，故一般不布置主席台或座椅；为显示隆重与尊客，可在来宾尤其是贵宾站立之处铺设红地毯，还应在醒目位置放置来宾赠送的花篮。

3. 现场环境的美化

为烘托出庆典活动现场的热烈、隆重、喜庆的气氛，首先应做好主席台背景布置：内容含主题、颜色、字体，注意美观大方，颜色以喜庆、热烈为基准。

另外，主办方可在主席台悬挂横幅，如"××有限公司二期工厂竣工典礼"，在现场周围悬挂气球、彩带、彩灯，摆放花篮，可适当张贴宣传标语，也可在现场置办气球拱门或者花环拱门。如有能力，还可以请乐队现场演奏音乐或请表演团现场表演，以营造热闹氛围，但都应适度。

（五）接待宾客

在举行庆典仪式现场，一定要有专人负责来宾的接待服务工作。负责礼宾工作的接待小组，原则上应由年轻、精神、形象较好、口头表达能力和应变能力较强的男女青年组成。接待小组的成员必须以主人翁的身份热情迎客。在接待贵宾时，需由本单位主要负责人亲自出面。

在具体的庆典活动中后勤保障工作仍需要非常重视，后勤保障工作的好坏将直接影响庆典活动的成败。如要设置专门的接待室，以便仪式开始之前让来宾休息、交谈；要有专门的人员负责引导来宾入场、签到、留言及后勤保障工作，包括茶水供应、纪念品发放、现场秩序维护和安保工作，如来宾较多还需提前准备好专门的停车场。

（六）选择馈赠礼品

赠与宾客的礼品，一般属于宣传范畴之内的物品，如能选择得当，定能产生良好的效果。所赠礼品应突出其宣传性、荣誉性、价值性和实用性等特点。一般来说，选用本企业的产品或购买礼品，并在其外表或外包装上印刷本企业的标志、产品图案及广告用语等作为礼品的居多。

二、不同开业庆典的具体操作流程

（一）开幕仪式

在众多的开业典礼中，最常见的首推开幕仪式。开幕仪式仅仅是开业典礼的具体的形式之一，通常是指公司、企业、宾馆、商店、银行在正式启用之前，或各类商品的展示会、博览会、订货会正式开始之前，所正式举行的相关典礼仪式。开幕仪式举行之后，公司、企业、宾馆、商店、银行将正式营业，有关商品的展示会、博览会、订货会将会正式接待顾客与观众（见图7-6）。

依照常规，举行开幕仪式需要较为宽敞的活动空间，所以公司、企业等门前广场、室内大厅等处，均可作为开幕仪式的举行地点。具体开幕仪式流程如图7-7所示。

（1）迎宾。接待人员就位在会场门口接待来宾，来宾签到后，引导来宾就位。

（2）仪式开始。主持人宣布开业典礼正式开始，全体起立，奏乐，宣读重要嘉宾名单。

（3）嘉宾发言。由上级领导和来宾代表致贺词，主要表达对开业单位的祝贺，并寄予厚望。由谁来致贺词事先要定好，以免当众推来推去。对外来的贺电、贺信不必一一宣读，但对其署名的单位或个人应予以公布。

（4）主人致谢。由本单位负责人致答谢词。其主要内容是向来宾及祝贺单位表示感谢，并简要介绍本单位的经营特色和经营目标等。

图 7-6

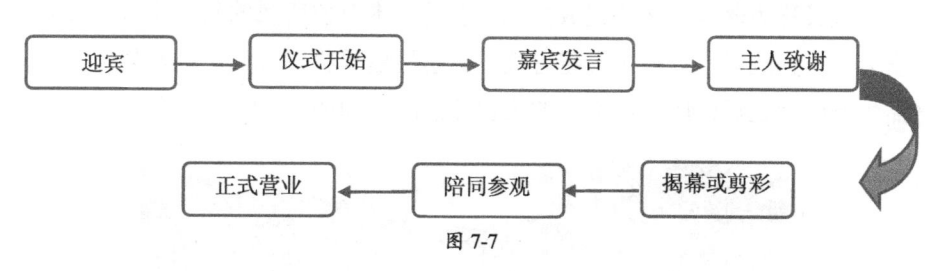

迎宾 → 仪式开始 → 嘉宾发言 → 主人致谢

正式营业 ← 陪同参观 ← 揭幕或剪彩

图 7-7

（5）揭幕或剪彩。由本单位负责人和一位上级领导或嘉宾代表揭去盖在牌匾上的红布或共同剪彩，宣告企业的正式成立。参加典礼的全部人员应鼓掌祝贺，在非限制燃放鞭炮的地区还可燃放鞭炮庆贺。

（6）陪同参观。如有必要，可引导来宾参观，向来宾介绍本单位的主要设施、特色商品及经营策略等。

（7）正式营业。可采取让利销售或赠送纪念品的方式吸引顾客。也可以邀请一些有代表性的消费者参加座谈，虚心听取消费者的意见，拉近与消费者的距离。

（二）开工仪式

开工仪式，即工厂准备正式开始生产产品、矿山准备正式开采矿石时，所专门举行的庆祝性、纪念性活动。一般选择工厂的主要生产车间、矿山的主要矿井等处，作为开工仪式的场所。具体流程如图 7-8 所示。

介绍来宾 ▶ 现场肃立 ▶ 正式开工 ▶ 上岗操作 ▶ 来宾参观

图 7-8

（1）仪式开始，介绍来宾。开工仪式在正式宣布开始时所有参与的人员起立，同时有开工仪式主持者介绍来宾并奏乐。

（2）现场肃立。在司仪的引导下，单位的主要负责人需要与来宾到开工现场 肃立（开工电闸）。

（3）正式开工。所有来宾及工作人员首先对其躬身施礼，然后再动手启动机器或合上电闸。此时在场的所有人员应鼓掌致贺，同时奏响乐曲。

（4）上岗操作。所有人都回到各自的岗位进行操作。

（5）来宾参观。在主要领导人员的带领下陪同来宾参观生产现场。

在此要特别说明的是，在开工仪式中除必要的司仪人员必须身穿礼仪性服饰外，其他参加仪式人员也应该穿干净而整洁的工作服出席开工仪式。

（三）竣工仪式

竣工仪式又称为落成典礼或建成典礼。它是指本单位所属的某一建筑物或某项设施建设、安装工作完成后，或者某一纪念性、标志性建筑物建成后，以及某种意义特别重大的产品生产成功之后，所专门举行的庆贺性活动，如图7-9所示。

图 7-9

举行的地点大多应当选择在落成的建筑物之外或者旁边、新建成的厂区内。具体流程如图7-10所示。

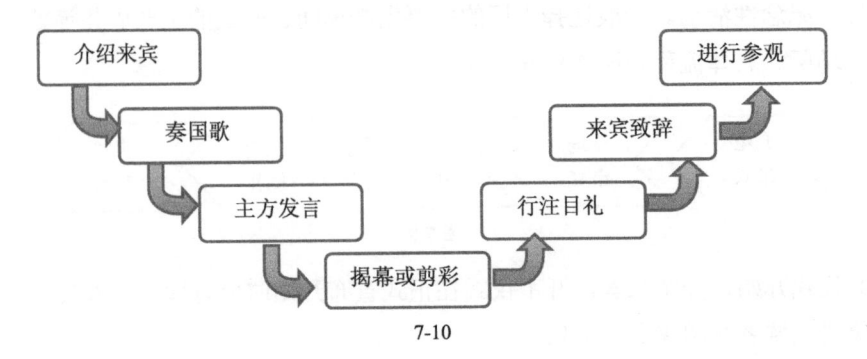

介绍来宾 → 奏国歌 → 主方发言 → 揭幕或剪彩 → 行注目礼 → 来宾致辞 → 进行参观

7-10

(1) 宣布仪式开始，介绍来宾，全体起立。
(2) 奏国歌，并演奏本单位的标志性歌曲。
(3) 本单位负责人发言，以介绍、感谢、回顾为主要内容。
(4) 进行揭幕或剪彩。
(5) 全体人员向刚刚竣工的建筑物郑重其事地恭行注目礼。
(6) 来宾致辞。
(7) 进行参观。

（四）奠基仪式

奠基仪式通常是一些重要的建筑物，如大厦、场馆、楼阁、园林、纪念碑等，在动工修建之初，所正式举行的庆贺性活动（见图 7-11）。

图 7-11

奠基仪式现场的选择与布置，有一些独特的规矩。奠基仪式举行的地点一般应选择在动工修筑的建筑物施工现场。而奠基的具体地点按常规应选择在建筑物正门的右侧。

在一般情况下，用以奠基的奠基石应为一块完整无损、外观精美的长方形石料。在奠基石上，通常文字应当竖写。在其右上款，应刻有建筑物的正式名称。在其正中央，应刻有"奠基"两个大字。在其左下款，则应刻有奠基单位的全称及举行奠基仪式的具体年月日。奠基石上的字体，大都讲究以楷体字刻写，并且最好是白底金字或黑字。具体奠基仪式流程如图 7-12 所示。

来宾介绍 → 奏国歌 → 建筑物介绍介 → 来宾致词 → 正式奠基

图 7-12

(1) 仪式正式开始，介绍领导、来宾上台，全体起立。

（2）奏国歌。

（3）主人对该建筑物的功能及规划设计进行简介。

（4）来宾致词道喜。

（5）正式进行奠基。此时，应锣鼓喧天，或演奏喜庆乐曲。首先由奠基人双手持握系有红绸的新锹为奠基石培土。随后，再由主人与其他嘉宾依次为之培土。

（五）破土仪式

破土仪式，亦称破土动工。它是指在道路、河道、水库、桥梁、电站、厂房、机场、码头、车站等正式开工之际，所专门为此举行的动工仪式。破土仪式举行的地点大多数应当选择在工地的中央或其某一侧。现场要认真的清扫、平整、装饰。具体流程如图7-13所示。

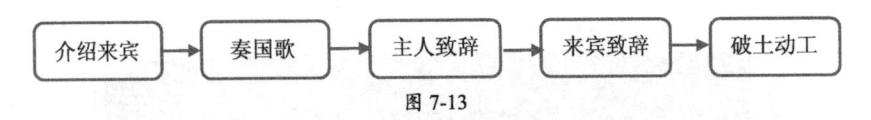

介绍来宾 → 奏国歌 → 主人致辞 → 来宾致辞 → 破土动工

图 7-13

（1）仪式宣布开始，介绍来宾。

（2）全体肃立，奏国歌。

（3）主人致辞。以介绍和感谢为其发言的重点。

（4）来宾致辞祝贺。

（5）正式破土动工。其常规的做法是，首先由众人环绕于破土之处的周围肃立，并且目视破土者，以示尊重。接下来，破土者双手执系有红绸的新锹垦土三次，以示良好的开端，全体在场者一道鼓掌，并演奏喜庆音乐或燃放鞭炮。

（六）通车仪式

通车仪式，大都是在重要的交通建筑，如公路、铁路、地铁及重要的桥梁、隧道等完工并验收合格之后，所正式举行的启用仪式，如图7-14所示。

图 7-14

通车仪式的地点选择均为公路、铁路、地铁新线路的某一端，新建桥梁的某一头，或者新建隧道的某一侧。通车仪式要在现场附近及沿线两旁，应当适量地插上彩旗、挂上彩带；装饰重点应当是进行第一次行驶的汽车、火车、地铁列车；在车头之上，一般应系上红花；在车身两侧，则可酌情插上彩旗，系上彩带，并且悬挂上醒目的大幅宣传性标语。通车仪式具体流程如图7-15所示。

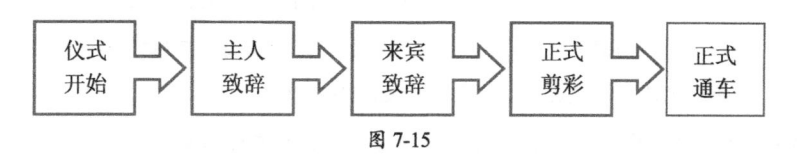

仪式开始 → 主人致辞 → 来宾致辞 → 正式剪彩 → 正式通车

图7-15

（1）工作人员引领领导至主席台相应位置站好。领导上台时，可放音乐或乐队奏乐。宣布仪式开始，主持人宣读领导和嘉宾名单，宣读贺信贺电。

（2）主人致辞。介绍即将通车的新线路、新桥梁或新隧道的基本情况，并向有关方面谨致谢意。

（3）嘉宾代表致辞祝贺。

（4）主持人宣读参加剪彩人员的名单并将剪彩人员邀请至主席台剪彩区域，宣布剪彩开始。剪彩完毕后在场所有人鼓掌。

（5）正式通车。届时，宾主及群众代表应一起登车而行。

（七）下水仪式

下水仪式是指在新船建造完毕下水之时所专门举行的仪式，是造船厂在吨位较大的轮船建造完毕、验收完毕、交付使用之际，为其正式下水起航而特意举行的庆祝性活动。

按照国际上目前通行的做法，下水仪式基本上都是在新船码头上举行的。届时，应对现场进行一定程度的美化。比如，在船动静门口与干道两侧，应饰有彩旗、彩带。在新船所在的码头附近，应设置专供来宾观礼或休息之类用的彩棚。

对下水仪式的主角新船，亦须认真进行装扮。一般的讲究，是要在船头上扎上由红绸结成的大红花。并且在新船的两侧船舷上扎上彩旗，系上彩带。下水仪式具体流程如图7-16所示。

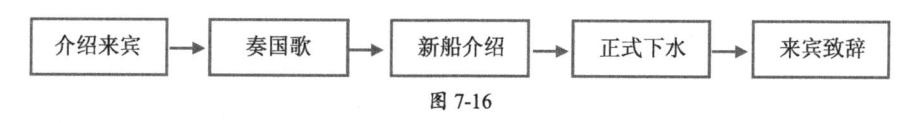

介绍来宾 → 奏国歌 → 新船介绍 → 正式下水 → 来宾致辞

图7-16

（1）仪式宣布开始。介绍来宾，全体起立，乐队奏乐或锣鼓齐奏。

（2）奏国歌。

（3）由主人简介新船的基本状况。例如，新船的吨位、马力、长度、高度、吃水、载重、用途、造价等。

（4）由特邀掷瓶人行掷瓶礼。砍断缆绳，新船正式下水。

（5）来宾代表致词祝贺。

> **"掷瓶礼"的由来**
>
> 这一礼俗在西方国家盛行，近年来也传入我国沿海地区，目的是要渲染出喜庆的气氛。在举行新海轮下水典礼时，总要由船主（或其代表）的夫人将一瓶香槟酒掷在船首击碎，名为"掷瓶礼"。
>
> 在古代，科学技术落后，航海是一个艰苦且又危险的职业。船员遇难事件甚频。每当遇难时，船上尚活着的人便只能将要说的话写在纸上，装入酒瓶，封口后抛向大海任其漂流。希冀能被其他船只或岸上的人发现。所以每当海上风暴骤起或航船逾时未归之际，船员的家属们便集结于岸边，祈祷、期盼亲人能平安地回家。然而摆在人们面前的往往是残酷的事实，人们连这个最基本的愿望都实现不了，在绝望中仅能偶尔见到令人心碎的漂流瓶。
>
> 于是为了祈求平安，便有了开头所说的那种"掷瓶礼"，祝愿海上不再有那样的漂流瓶；并使酒的醇香布满船头，驱邪消灾。所以香槟在船头摔得越碎越好，预示这艘新轮船将永远平安航行。

【知识链接】

一、开业典礼的基本礼仪

（一）主办方的基本礼仪

1. 仪容整洁，着装规范

所有出席和参加开业典礼的人员，都应注意适当地修饰，女士要适当化妆，男士应理发剃须。有条件的企业最好统一服装，能够显示企业特色。

2. 遵守时间，准备充分

主办方人员按照既定方案，严格遵守时间，准时到现场进行准备。整个典礼能够准时开始和结束，以向社会证明企业人员的素质和企业的信用。典礼所需设备及相关物品应提前进行调试和查看，以保证典礼能够顺利进行。

3. 举止文明，态度友好

出席典礼的所有人都应该注意自己的言行举止，不可在典礼的进行中打瞌睡或做其他与典礼无关的事情，不能嬉戏打闹、东张西望、垂头丧气、心不在焉。遇到来宾应主动热情，对来宾的提问积极友善地回答。来宾发表贺词，应主动鼓掌表示感谢，不能随意打断宾客的讲话或向其提出具有挑衅性质的问题等。

4. 时间宜短、程序宜简

庆典活动时间宜短不宜长，一般来说，应以一个小时为其极限。这既是为了确保其效果良好，也是为了尊重全体出席者，尤其是为了尊重来宾。活动程序宜简不宜繁，程序过长过繁，会分散出席者的注意力，会给人一种主次不分的感觉。

（二）宾客的基本礼仪

1. 准时到场

参加人员要注意仪容仪表，为表示对主办方的尊重，应准时参加典礼，为主办方捧场。一般情况下可以提前10～30分钟到场。如果有特殊情况不能到场，应尽早通知主办方，以便对方有所准备。

2. 赠送贺礼

宾客可在典礼前或典礼进行时赠送贺礼，如花篮、牌匾等，并写上贺词。

3. 举止得体

宾客见到主人应向其表示祝贺，并说一些祝兴旺、发财等吉利话语，在致贺词时，要简短精练，注意文明用语，少用含义不明的手势。在典礼进行过程中，参加人员应做一些礼节性的附和，如鼓掌、跟随参观、写留言等。整个典礼参与过程中，宾客要面带微笑，要温和、谦恭、庄重。

4. 礼貌告辞

典礼结束后，宾客离开时应与主办单位领导、主持人、服务人员等握手告别，并致谢意。切不可迫不及待地匆匆离开，或不辞而别。宾客如有特殊情况必须中途离开，应向主办方负责人说明原因，并致歉意。

【课后训练】

一、简答题

1. 根据开业典礼筹备循序的"热烈、缜密、节俭"三原则，举办一次成功的开业典礼需提前筹备的环节有哪些？

2. 开幕仪式、开工仪式、奠基仪式、破土仪式、竣工仪式、通车仪式都属于开业典礼，其仪式流程有何不同？

二、实训操作

1. 情境设置：浙江鸿飞有限公司计划于2014年9月10日周四上午举行一次开工典礼仪式。

2. 实训组织：

（1）利用课余时间组织学生观摩开工典礼仪式。（校外拓展）

（2）策划一份开工仪式活动方案（策划内容应至少包括背景、时间、地点、人员及安排、着装、活动程序、准备工作及任务分配），并以 PPT 的形式每组进行成果展示。

将全班同学分成若干组，每组成员 4～6 人。每组指定 1 名组长和 1 名副组长，由组长进行分工和统筹安排。同学们通过各种途径收集开工典礼的相关资料，进行加工整理，并根据上述情境，最终形成一份开工仪式活动的策划方案。最后由每组推荐一人以 PPT 形式上台展示成果。

一组在展示的同时，另外几组同学进行点评。通过这种方式，让学生了解开业庆典的筹备工作内容和开业庆典的具体运作过程。

三、案例分析

案例一

某酒店失败的庆典

某酒店为庆祝开业，在酒店门口举行隆重而盛大的开业典礼。邀请了全市的重要领导及知名人士到来，同时还邀请了电视台对现场进行记录和报导。典礼开始时，主持人热情洋溢地念祝辞，但是麦克风却不断地发出尖利的声音，令现场人员直捂耳朵，效果也大打折扣。中途主持人讲话时，话筒又突然从支架上掉了下来，摔坏了。等换好话筒后，天又下起了大雨，只好中途暂停。待酒店经理宣布将活动移到酒店大厅进行时，又突然停电了，顿时整个现场一片混乱。

案例思考：通过对上述案例分析，酒店方在开业典礼筹备时违背了什么原则？

（资料来源：孙金明：《商务礼仪实务》，1 版，北京，人民邮电出版社，2013。）

案例二

利时千禧国际酒店开幕仪式

利时千禧国际酒店于 2014 年 5 月 3 日上午 10：00 在酒店正门隆重举行开幕仪式。酒店方邀请了当地重要领导及知名人士到场，并由媒体进行全程报导。

开幕仪式具体流程如下：

1. 庆典当日上午 8 点，双方就计划事宜作最后检查落实。
2. 9：00，乐队开始演奏迎宾乐曲，礼仪小姐迎宾。
3. 9：30 前，秘书组接待来宾，做好登记、纪念品发放事宜。
4. 9：30，威风锣鼓及舞龙舞狮表演开始。
5. 9：45，观众、来宾方阵列队完毕。

6. 9：50，欢快的乐曲声中礼仪小姐引导贵宾入场就座。

7. 10：00，司仪上台宣布利时千禧国际酒店开业庆典仪式正式开始，介绍来宾。

8. 10：05～10：15，司仪：酒店负责人介绍项目情况，致欢迎辞。

9. 10：15～10：25，司仪：来宾代表致辞。

10. 10：25～10：35，司仪：市县主要领导讲话。

11. 10：35～10：45，酒店负责人宣布开业，请贵宾剪彩。嘉宾与业主，鼓乐齐鸣，舞台两侧电动礼炮与彩虹机、特效冷烟花、彩烟相继鸣放。

12. 10：55，司仪：宣布开业庆典圆满结束，主持人邀请主礼嘉宾合影留念，让精彩瞬间在镜头前永远定格。

开业活动到此结束，秘书组引领来宾至酒店用餐。

学习任务 7-3　剪彩仪式及相关礼仪

【任务分析】

剪彩仪式是指商界有关单位，为了庆贺公司设立、企业开工、银行开业、大型建筑物启用、道路开通或展会开幕而隆重举行的一项礼仪性程序。剪彩仪式的主要活动内容是约请专人使用剪刀剪断被称为"彩"的红色缎带，故称为剪彩。能够成功举办好一次剪彩活动，如下几方面是举办方必须考虑的。

○ 剪彩仪式的准备。
○ 剪彩人员礼仪要求。
○ 剪彩位次排定礼仪。
○ 剪彩仪式流程。

从剪彩的发展过程中可以看到，它最初只不过是人们用以促销的一种手段，到了后来，才渐渐地演变为商务活动中的一项重要的仪式，在其发展进程中，其自身也在不断地吐故纳新，有所发展，有所变化。

一、剪彩仪式的准备

剪彩仪式可以单独举行，也可以在庆典中进行，是整个庆典仪式的高潮。剪彩仪式的准备工作与前面介绍的庆典仪式的准备工作相类似，如舆论宣传、拟定人员、请柬发送、现场布置等，但剪彩仪式也有自己特殊的准备工作。

（一）剪彩场地的布置

在正常情况下，剪彩仪式应在行将启用的建筑、工程或者展销会、博览会的现场举行。正门外的广场、正门内的大厅，都是可予优先考虑的。对活动现场要进行布置，做好环境卫生、灯光影响等准备工作。在剪彩之处悬挂写有剪彩仪式的具体名称的大型横幅，更是必不可少的，如"某某商场开张典礼"、"某某大桥通车仪式"。会场四周可适当张灯结彩、悬挂气球等。

（二）剪彩工具的准备

（1）红色缎带，即剪彩仪式之中的"彩"，需全新，扎成大彩球（见图7-17）。而且彩球的数目往往同现场剪彩者的人数直接相关。基本有两种情况：一是花团的数目较现场剪彩者的人数多一个；二是花团的数目较现场剪彩者的人数少一个。

（2）新剪刀（见图7-18），专供剪彩者在剪彩仪式上正式剪彩时使用。剪刀需锋利而且顺手，每位现场剪彩人员人手一把。剪彩结束后，主办方可将每位剪彩者所使用的剪刀经过包装之后，送给对方以示纪念。

（3）白色薄纱手套（见图7-19），是专为剪彩者所准备的。手套需干净，大小适合剪彩人员。

图 7-17 　　　　图 7-18 　　　　图 7-19

（4）托盘，在剪彩仪式上是托在礼仪小姐手中，用作盛放红色缎带、剪刀、白色薄纱手套的。托盘最好是崭新的、洁净的，颜色要与现场气氛相协调，一般为棕色适宜，用时可在其上铺上红色绒布或绸布。

（5）红色地毯，主要用于铺设在剪彩者正式剪彩时的站立之处。地毯铺设的长度和位置要符合礼仪规范。

二、剪彩人员的礼仪要求

剪彩仪式的准备工作，与开业典礼准备工作的内容大致相同，所不同的是要注意对剪彩者的特别邀请和对礼仪小姐的训练。

（一）剪彩者的确定与礼仪要求

1. 剪彩者确定

剪彩者，即在剪彩仪式上持剪刀剪彩之人。可以是一个人，也可以是几个人，但是一般不应多于5人。通常，剪彩者多由上级领导、合作伙伴、社会名流、员工代表或客户代表所担任，因此应当向其发出郑重邀请，可由主办单位领导亲自出面或委派代表专程前往邀请。若是请几位剪彩者同时剪彩，要事先征得每位剪彩者的同意，否则就是对剪彩者的失礼。

2. 对剪彩者的礼仪要求

剪彩者是剪彩仪式的主角，一般具有较高的社会威望，深受大家的尊重和信任，剪彩者的礼仪直接关系到剪彩仪式的效果。因此，作为剪彩者既要有荣誉感，又要有责任感，而这些都要从剪彩者的礼仪中体现出来。

1）剪彩者仪表要庄重、整齐，着装要正规、严肃

剪彩者衣着服饰应大方、整洁、挺刮，可着套装、套群或制服。容貌适当修饰，看上去容光焕发、充满活力，切不可戴帽子、戴墨镜。

2）剪彩者在仪式中应保持稳重的姿态、洒脱的风度和优雅的举止

当主持人宣布开始剪彩时，剪彩者要面带微笑，步履稳健地走向由礼仪小姐扯起的彩带，接过礼仪小姐用托盘呈上的剪刀，并用微笑点头表示谢意，然后聚精会神地将彩带剪断。如果有几位剪彩者，处在外端的剪彩者应用眼睛余光注视中间的剪彩者的动作，力争同时剪断彩带，同时还应注意与礼仪小姐配合，使彩球落于托盘内。剪彩者在剪彩成功后，可以右手举起剪刀，面向全体到场者致意，然后将剪刀、手套放于托盘之内，举手鼓掌。接下来，可依次与主人握手道喜，并列队在引导者的引导下退场。退场一般宜从右侧下台。

3）剪彩者要尊重主办单位，尽力配合仪式进程

剪彩者一定要按照约定的时间提前到达仪式现场。到现场后，可与主办方单位或其他先到一步的嘉宾交谈，不宜独坐一隅。仪式开始后，则应专心听取别人的发言，关注仪式的进程，不宜喋喋不休地与他人谈笑。在后续活动中，也应善始善终，听从主办方的安排。

（二）助剪人员的确定与礼仪要求

助剪者，是指在剪彩一系列过程中，为剪彩者从旁提供帮助的人员。其体现着举办单位的形象和员工的素质，是剪彩仪式中的重要角色。助剪者可以从本企业挑选，也可向社会招募，还可到有关单位去聘请。在人员确定后，主办方应对助剪人员进行必要的分工和演练。

1. 对助剪者的礼仪要求

助剪者，即礼仪小姐。作为礼仪小姐的基本条件是，容貌姣好、仪态端庄大方、年轻健康、气质高雅、反应敏捷、机智灵活。

（1）仪容要高雅。礼仪小姐的最佳妆束应为：化淡妆、盘起头发，穿款式、面料、色彩统一的单色旗袍，配肉色连裤丝袜、黑色高跟皮鞋。除戒指、耳环或耳钉外，不佩戴其他任何首饰。有时，礼仪小姐身穿深色或单色的套裙亦可。但是，她们的穿着打扮必须尽可能的整齐划一。

（2）举止行为要规范。当主持人宣告进行剪彩之后，礼仪小姐即应率先登场。在上场时，礼仪小姐应排成一行行进。从两侧同时登台，或从右侧登台均可。登台之后，拉彩者与捧花者应当站成一行，拉彩者处于两端拉直红色缎带，捧花者各自双手捧一朵花团。托盘者须站立在拉彩者与捧花者身后一米左右，并且自成一行。在剪彩者登台时，引导者应在其左前方进行引导，使之各就各位。当剪彩者均已到达既定位置之后，托盘者应前行一步，到达前者的右后侧，以便为其递上剪刀、手套。待剪彩者退场后，礼仪小姐方可列队由右侧退场。

助剪者在上下场时，都要注意训练有素，走有走姿，站有站姿，井然有序、动作一致。尤其应注意做到的是，始终保持应有的微笑。

（3）工作责任心要强。礼仪小姐在剪彩仪式中，应以良好形象和规范举止在服务中展现本单位的风采，所以礼仪小姐的工作需要细心、耐心和责任心。如遇意外情况，礼仪小姐能够冷静处理。

2. 剪彩仪式中不同助剪者的具体任务

具体而言，在剪彩仪式上服务的礼仪小姐，又可以分为迎宾者、引导者、服务者、拉彩者、捧花者和托盘者。

○ 迎宾者的任务是在活动现场负责迎来送往。
○ 引导者的任务是在进行剪彩时负责带领剪彩者登台或退场。
○ 服务者的任务是为来宾尤其是剪彩者提供饮料，安排休息之处。
○ 拉彩者的任务是在剪彩时展开、拉直红色缎带。
○ 捧花者的任务则是在剪彩时手托花团。
○ 托盘者的任务则是为剪彩者提供剪刀、手套等剪彩用品。

在一般情况下，迎宾者与服务者应不止一人。引导者既可以是一个人，也可以为每位剪彩者各配一名。拉彩者通常应为两人。捧花者的人数则需要视花团的具体数目而定，一般应为一花一人。托盘者可以为一人，亦可以为每位剪彩者各配一人。有时，礼仪小姐亦可身兼数职。

三、剪彩位次排定礼仪

在剪彩仪式中，剪彩位次的排定也很有讲究，因此主办方必须重视。若剪彩者为一人，则其剪彩时居中而立即可。若剪彩者不止一人，则其同时上场，位次排定应遵循如下规矩：中间高于两侧，右侧高于左侧，距离中间站立者愈远位次便愈低，即主剪者应居于中央的位置（见图7-20）。

图7-20

四、剪彩仪式流程

（一）在庆典中的剪彩仪式，只是整个庆典的一个组成部分。如果是单独举办剪彩仪式，一般应包括如下程序（见图7-21）

（1）请来宾就位。在剪彩仪式上，通常只为剪彩者、来宾和本单位的负责人安排座席。在剪彩仪式开始时，应敬请大家在已排好顺序的座位上就座。在一般情况下，剪彩者应就座于前排。若其不止一人时，则应使之按照剪彩时的具体顺序就座。

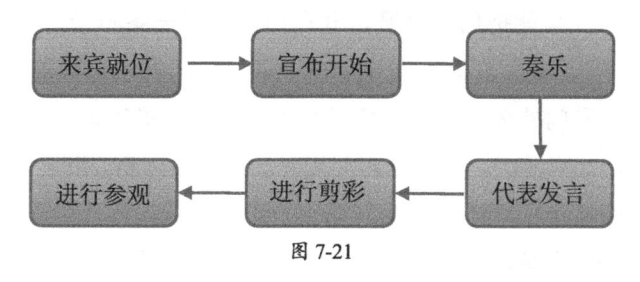

图7-21

（2）宣布仪式正式开始。在主持人宣布仪式开始后，乐队应演奏音乐，现场可施放礼花礼炮，全体到场者应热烈鼓掌。此后，主持人应向全体到场者介绍到场的重要来宾。

（3）奏庆典喜庆乐曲。此刻须全场起立。必要时，可随之演奏本单位标志性歌曲。

（4）代表发言。发言者依次应为东道主单位的代表、上级主管部门的代表、地方政府的代表、合作单位的代表等。其内容应言简意赅，每人不超过三分钟，其重点分别应为介绍、道谢与致贺。

（5）进行剪彩。此刻，全体应热烈鼓掌，必要时还可奏乐或燃放鞭炮。在剪彩前，须向全体到场者介绍剪彩者。

（6）进行参观。剪彩之后，主人应陪同来宾参观被剪彩之物。仪式至此宣告结束。随后东道主单位可向来宾赠送纪念性礼品，并以自助餐款待全体来宾。

一般来说，剪彩仪式宜紧凑，忌拖沓，在所耗时间上愈短愈好。短则一刻钟即可，长则至多不宜超过一小时。

（二）剪彩过程中的注意事项

（1）当主持人宣告剪彩开始后，礼仪小姐即应率先登场。
（2）在剪彩者登台时，引导者应在其左前方进行引导，使之各就各位。
（3）剪彩者行至既定位置之后，应向拉彩者、捧花者含笑致意。
（4）剪彩者依次与主人握手道喜，并列队在引导者引导下退场。

【知识链接】

剪彩仪式的由来

剪彩的来历有两种传说。一种传说，剪彩起源于西欧。古代，西欧造船业比较发达，新船下水往往吸引成千上万的观众。为了防止人群拥向新船而发生意外事故，主持人在新船下水前，在离船体较远的地方，用绳索设置一道"防线"。等新船下水典礼就绪后，主持人就剪断绳索让观众参观。后来绳索改为彩带，人们就给它起了"剪彩"的名称。

另一种传说，剪彩最早起源于美国。1912年，美国一家大百货商店将要开业，老板为了讨个吉利，一大早就把店门打开，并在门前横系一条布带，以引人注目。可是，在离开店前不久，老板的10岁的小女儿牵着一条小哈巴狗从店里跑出来，无意中碰断了这条布带。顿时，在门外久等的顾客鱼贯而入，争相购买货物。

不久，老板又开一家新店，他又让其女儿有意把布带碰断，果然又财源广进。于是，人们认为小女儿碰断布带的做法是一个好兆头，纷纷仿效，用彩带代替布带，用剪刀剪断彩带来代替小孩碰断布带，沿袭下来，就成了今天盛行的"剪彩"仪式。

剪彩，从一次偶发的"事故"发展为一项重要的活动程序，再进而演化为一项隆重而热烈的仪式，其自身在不断地吐故纳新，有所发展，有所变化。例如，剪彩者先是由专人牵着一条小狗来充当，让小狗故意去碰落店门上拴着的布带子。接下来，改由儿童担任，让其单独去撞断门上拴着的一条丝线。再后来，剪彩者又变成了千娇百媚、闭月羞花的妙龄少女。她的标准动作，就是要勇往直前地去当众撞落拴在门口上的大红缎带。到了最后，也就是现在，剪彩则被定型为邀请社会贤达和本地官员，持剪刀剪断由花容月貌的众多佳丽手中所持的大红缎带。

【课后训练】

一、简答题

1. 某酒店即将开张，经理挑选了好日子要举行剪彩仪式。假如你是该酒店经理，需由你来安排剪彩仪式的筹备工作，你该怎么做？

2. 剪彩仪式中对剪彩者与助剪者的礼仪要求是什么？

二、实训操作

1. 情境设置：2014年5月3日，利时千禧国际酒店将举行开业剪彩仪式，请来了李市长和当地各界名流嘉宾参加。

2. 实训组织：全班同学分组进行模拟剪彩仪式。将全班同学分2～3大组。每组指定1名组长和1名副组长。

（1）每组同学在模拟前进行讨论，并制定本组的剪彩仪式策划方案。

（2）根据上述情景，由组长进行分工和统筹安排，每位同学分别扮演仪式中的角色，模拟剪彩仪式。演示剪彩仪式流程、位次排定，重点演练剪彩人员在整个剪彩仪式活动过程中的礼仪技能。

步骤：

① 学生分组讨论，在座位上进行情境细节模拟。

② 讨论结束后，按组上台进行模拟演示。

③ 请台下同学进行点评，补充遗漏知识点，纠正错误知识点。

④ 教师总结点评。

三、案例分析题

剪彩"剪"出多人中暑

2012年7月26日上午，由某市政府负责牵头，多方共同投资新建的活动中心举行了一次隆重的开业剪彩仪式。当地政府领导、投资方负责人、活动中心全体人员及当地各大电视台、报社等主流媒体，纷纷出席了此次剪彩仪式。活动中心专门在前广场搭建了一个约300平方米的主席台，到场来宾近2 000人，现场彩旗飘扬，在38℃的高温下显得气氛十分热烈。剪彩仪式于上午9点半准时开始。作为该市今年重点项目之一，市领导和各界人士对此次活动十分重视。仪式过程中，市领导代表、投资方代表、活动中心负责人、员工代表分别发言，整个发言过程耗时近两个半小时。

高温天气下的日晒让到场来宾无不大汗淋漓，有的甚至衣衫湿透。不一会儿，就有

些来宾因忍受不了酷暑高温而出现胸闷、头晕、恶心的中暑反应，甚至还有一些人当场晕倒。周围的人立刻拨打120急救电话，救护车来了，来宾也被安排到阴凉处休息，现场一片混乱，剪彩仪式也只能无疾而终。

案例思考：此次剪彩为何会无疾而终？剪彩仪式安排上应该注意哪些事项？

（资料来源：孙金明：《商务礼仪实务》，1版，北京，人民邮电出版社，2013。）

参考文献

[1] 徐慧文.礼仪实务.北京：中国人民大学出版社，2014

[2] 靳斓.商务礼仪与交往艺术.北京：中纺音像出版社，2013

[3] 李小丽.商务礼仪与职业形象.北京：北京交通大学出版社，2012

[4] 左显兰.商务谈判与礼仪.北京：机械工业出版社，2014

[5] 刘民英.商务礼仪.上海：复旦大学出版社，2014

[6] 杨丽.商务礼仪.北京：清华大学出版社，2014

[7] 谷静敏.商务沟通与礼仪.青岛：中国海洋大学出版社，2011

[8] 张卫东.现代商务礼仪.北京：电子工业出版社，2010

[9] 金正昆.经理人礼仪.北京：北京大学音像出版社，2009

[10] 林洁.职业形象塑造.北京：中国水利水电出版社，2009

[11] 刘国柱，王振林.现代商务礼仪.北京：电子工业出版社，2009

[12] 基蒂·O.洛克，斯蒂芬·乔·卡奇马莱克（美）.商务沟通.北京：北京邮电出版社，2008

[13] 丁兴良.职业形象.北京：机械工业出版社，2010

[14] 卢新华，康娜.社交礼仪北京：北京大学出版社，2007

[15] 张晶晶.礼仪教程.杨凌：西北农林科技大学出版社，2007

[16] 黄琳.商务礼仪.北京：机械工业出版社，2005

[17] http://www.5qiong.cn/article-27013-1.html

[18] http://jingyan.baidu.com/album/b24f6c82ddf9ce86bee5da42.html？picindex=2

[19] http://www.doc88.com/p-693922776726.html

[20] http://jingyan.baidu.com/article/6c67b1d6d4b2f62786bb1e65.html

[21] http://jingyan.baidu.com/article/fdbd4277233f92b89e3f4832.html

反侵权盗版声明

电子工业出版社依法对本作品享有专有出版权。任何未经权利人书面许可，复制、销售或通过信息网络传播本作品的行为；歪曲、篡改、剽窃本作品的行为，均违反《中华人民共和国著作权法》，其行为人应承担相应的民事责任和行政责任，构成犯罪的，将被依法追究刑事责任。

为了维护市场秩序，保护权利人的合法权益，我社将依法查处和打击侵权盗版的单位和个人。欢迎社会各界人士积极举报侵权盗版行为，本社将奖励举报有功人员，并保证举报人的信息不被泄露。

举报电话：（010）88254396；（010）88258888
传　　真：（010）88254397
E-mail：　dbqq@phei.com.cn
通信地址：北京市万寿路173信箱
　　　　　电子工业出版社总编办公室
邮　　编：100036